고급 한영번역의 기술

이화 통역번역학 총서

고급
한영번역의 기술

ADVANCED KOREAN-ENGLISH TRANSLATION TECHNIQUES

아드리안 부조 · 이지은 지음

이화여자대학교출판부

머리말

국제화가 가속화되고 한국의 세계 경제 참여도가 높아지면서 정확하고 전문적인 한영번역의 필요성 및 중요성은 더욱 커졌으며 그 수요 또한 급증하고 있다. 오늘날과 같은 글로벌 시대에 대외적으로 한국에 대한 정보를 정확하게 소개하고 외국과 보다 활발하게 교류하기 위해서는 한영번역이 중요한 역할을 하는 것이다. 이러한 추세를 반영하듯 한영번역에 관한 책들이 시중에 나와 있기는 하지만 문장이나 짧은 문단을 중심으로 간단한 영작 연습을 하는 데 초점을 맞춘 학습서들이 대부분으로, 각 분야의 다양한 텍스트를 어떻게 번역할 것인지를 체계적으로 다룬 책은 찾아보기 어렵다. 『고급 한영번역의 기술』은 각기 호주 대학과 한국 대학에서 통·번역 교수로 재직 중인 필자들이 보다 심도 있는 한영번역의 기술을 습득하고자 하는 사람들을 위해 그동안의 번역 실무 및 교육 경험을 바탕으로 쓴 실용적인 번역 학습서이다.

이 책은 번역의 정의, 목적 등 기본 개념에 대해 설명함으로써 번역에 대한 이해를 높이고, 번역 현장에서 실질적으로 많이 다루어지는 주요 분야의 텍스트를 번역해봄으로써 번역 실력을 향상시킬 수 있도록 구성되었다. 내러티브에서부터 홍보, 정부행정, 경영경제, 과학기술, 법률에 이르기까지 다양한 장르와 주제에 대한 텍스트의 번역 연습을 통해 자연스럽게 한역번역에 필요한 기술 및 학습법을 익힐 수 있도록 한 것이 특징이다. 이 책이 통번역학부나 통번역대학원에 진학하고자 하는 입시 준비생들과 재학 중인 학생들, 그리고 자신의 한영번역 실력을 보다 향상시키고자 하는 학습자들 모두에게 유용한 연습 교재 및 참고 자료가 되기를 기대해본다.

이 책이 나오기까지 많은 분들이 도움을 주셨다. 텍스트를 실을 수 있도록 허락해주신 저자들과 저작권자들, 번역 학습자 역할을 해준 여러 학생들, 전문적인 자문을 해주신 전의찬 교수님과 김석천 실장님, 송영주 변리사, 최효은 선생님, 유정주 선생님, 그리고 개인적으로 교정을 도와준 정영란 선생님께 감사를 전한다. 아울러 이 책의 출간을 위해 애써주신 이화여자대학교출판부 관계자 여러분께도 감사드린다.

2013년 7월

아드리안 부조 · 이지은

차례

이 책의 특징과 구성

이 책은 번역이란 무엇인지, 번역을 잘하기 위해서는 어떠한 기술과 능력이 필요한지 소개한 실용적인 번역 학습서이다. 번역가가 되고자 공부하는 학생들을 비롯해 자신의 번역 실력을 보다 향상시키고자 하는 학습자들을 위해 실무에서 많이 다룰 만한 주요 분야의 텍스트를 선정하여 이를 번역하고 분석하는 과정을 통해 한영번역의 기술을 효과적으로 익힐 수 있도록 했다. 한 문장이나 한 문단이 아닌 몇 개의 문단으로 구성된 텍스트를 번역해봄으로써 텍스트적 특성을 고려해야 하는 번역의 기술을 익힐 수 있으며, 다년간의 번역 실무 및 교육 경험을 가진 원어민 교수가 공동 집필하여 원어민이라면 어떻게 번역할 것인지에 대한 답을 제시하고 있다는 것이 이 책의 장점이다. 원문을 번역해가면서 독자들은 고급 한영번역의 기술을 요하는 전문 분야의 텍스트를 번역하기 위해서는, 어휘나 언어적 표현에 대한 사전적인 지식만으로는 충분하지 않고 리서치 기술과 함께 번역 전략이 필요함을 공감하게 될 것이다.

이 책은 모두 10장으로 구성되어 있다. 먼저 1장에서는 번역의 정의, 목적 등 기본 개념에 대해 설명하고 있다. 이어지는 2장부터 10장까지는 내러티브, 문화관광, 홍보, 정부행정, 오피니언, 경영경제, 과학기술, 법률, 학술 텍스트 등 텍스트 유형을 정하여 번역해본 후에 해당 장르와 주제와 관련된 번역 문제와 번역 기술을 논한다. 반드시 앞 장부터 순서대로 학습할 필요 없이 관심 있는 주제별로, 텍스트 유형별로 필요한 내용 먼저 취사선택해서 공부할 수 있도록 구성되었다. 각 장은 크게 포커스 텍스트와 번역 과제 1, 번역 과제 2의 세 부분으로 구성되어 각 분야의 관련 텍스트를 번역해보도록 하고 있는데, 번역 과제 1에 비해서 번역 과제 2의 텍스트가 좀 더 난이도가 높은 편이다.

실제 모든 번역 업무는 번역을 필요로 하는 고객이 있고, 번역을 하는 목적이 있다. 이러한 맥락 없이 번역하는 것은 무의미하고 비현실적이기 때문에 이 책에서는 번역할 텍스트마다 번역문의 기능과 독자 등을 고려해 번역 연습을 하도록 했다. 번역을 시작하기 전 준비 단계에서는 먼저 한국어 원문을 읽은 후 아래의 질문에 대한 답을 찾아야 한다. 이러한 질문들은 실제 번역 업무를 할 때 고려해야 하는 중요한 사항들이다. 이를 염두에 두고 텍스트를 분석적으로 읽은 후 참고 자료를 찾아가면서 스스로 정해 놓은 시간 안에 번역을 해보기 바란다.

누가 쓴 글인가(Who)?
무엇에 관한 글인가(What)?
누구를 위한 글인가(For whom)?
글을 쓴 목적은 무엇인가(Why)?
어디에/어떤 매체에 글이 실리는가(Where)?
어떻게 메시지를 전달하는가(How)?

번역을 한 다음에는 자신의 결과물과 비교해볼 수 있도록 참고 번역문을 제시했다. 참고 번역문 앞에 나와 있는 주의할 어휘와 표현은 번역 과정에서 번역자가 조사하고 유의해야 할 사항들을 추려놓은 것이다. 제시된 번역문에서 참고할 만한 내용에는 각주를 달아 추가로 설명을 했다. 참고 번역문에 이어서 나오는 번역 분석에는 적절한 예문과 함께 오류가 있는 부자연스러운 예문을 함께 들어 비교해볼 수 있도록 했다. 이를 통해 학습자들은 자신의 번역에 대해 분석·평가할 수 있는 능력을 키울 수 있고 앞으로 유사한 오류를 피하기 위해서는 어떤 번역 전략을 사용해야 할 것인지 판단할 수 있을 것이다. 번역 분석에서 한국어 원문의 문장 중 일부만 제시한 경우 영어 예문도 그에 해당하는 부분만 제시했으므로 전체 문장에 대한 번역은 참고 번역문을 참조하기 바란다.

번역 분석에 나와 있는 예문들 중에서 좋은 번역문은 'OK'로 표시했고, 그렇지 않은 예문들은 어떤 오류가 있는지 구체적으로 알려주기 위해 아래의 코드를 붙였다. 오류 유형을 확인할 때 참고하도록 한다.

번역 오류 코드

// Parallelism: 종속절이 주절과 호응을 이루지 않거나 같은 품사가 아닌 단어들로 열거가 된 경우 등 대구가 깨어진 상태임을 표시한다.
This restaurant is clean, cheap, fast service and convenience. (//)
This restaurant is clean, cheap, offers fast service, and is convenient. (OK)

A Article: 부정확한 정관사와 부정관사의 사용으로 인한 오류임을 표시한다.
She did a good research. (A)
She did good research. (OK)

AWK Awkward expression: 매우 부자연스러운 표현임을 나타낸다.
He was born in healthy condition. (AWK)
He was a healthy baby. (OK)

CS Clause structure: 구문 구조에 문제가 있음을 표시한다.
As Jones states, that on-line learning cannot help weak students. (CS)
As Jones states, on-line learning cannot help weak students. (OK)

GEN Gender: 성 구별 오류를 표시한다.
When the overseas student lives in Australia, he finds many problems. (GEN)
When overseas students live in Australia, they find many problems. (OK)

IN Inaccurate: 의미가 왜곡되거나 부정확함을 나타낸다.

INC Incomplete: 중요한 정보가 생략되어 불완전함을 표시한다.

LIT Literal: 지나친 직역임을 나타낸다.
Our country language is difficult for foreigner. (LIT)
Our language is difficult for foreigners to learn. (OK)

N Number: 단·복수 구분이나 불가산명사 등 수와 관련된 언어 사용이 부정확함을 나타낸다.
He did many researches on this problem. (N)
He did a lot of research on this problem. (OK)

NUM Numerical: 숫자 표기가 잘못되었음을 표시한다.
There are 3 reasons why this is so. (NUM)
There are three reasons why this is so. (OK)

P Punctuation: 구두점 사용이 잘못되었음을 표시한다.
He went to the bank, but, it was closed. (P)
He went to the bank, but it was closed. (OK)

PS Passive: 수동태 사용이 틀렸음을 표시한다.
It was analysed that GDP was raised 3% last year. (PS)
Analysis showed that GDP rose by 3% last year. (OK)

PR Preposition: 전치사 사용이 잘못되었음을 표시한다.
He did a lot of research for this issue. (PR)
He did a lot of research on this issue. (OK)

TS Transition signal: 연속하는 절을 연결할 때 사용하는 접속사와 같은 언어 장치를 뺐거나 잘못 사용했음을 나타낸다.
He studied hard and therefore he failed. (TS)
He studied hard but he failed. (OK)

VF Verb form: 동사 형태 오류를 표시한다.
He has did well. (VF)
He has done well. (OK)

VT Verb tense: 동사 시제 오류를 표시한다.
Since 2001 the US fought a war against terrorists. (VT)
Since 2001 the US has fought a war against terrorists. (OK)

WF Wrong word form: 품사 오류를 표시한다.
He contribution a lot of money to the school. (WF)
He contributed a lot of money to the school. (OK)

WO Word order: 어순 오류를 표시한다.
He leaves always his bag behind. (WO)
He always leaves his bag behind. (OK)

WW Wrong word: 단어 선택이 부적절하거나 의미가 통하지 않음을 나타낸다.
AIDS is very popular in some African countries. (WW)
AIDS is very widespread in some African countries. (OK)

이 책의 참고 번역문에서 제시한 표현보다 더 나은 번역을 할 수 있는 독자들도 분명히 있을 것이다. 같은 의미를 전달할 수 있는 방법이 한 가지만 존재하는 것이 아니기 때문에 자신의 표현이 참고 번역문에 제시된 표현과 같지 않아도 적절한 번역일 수 있다는 점을 이해하기 바란다. 또한 주의할 어휘와 표현과 참고 번역문에 나오는 표현을 모범 답안처럼 여기고 다른 맥락에서도 그대로 사용할 수 있다고 생각하는 것은 금물이다. 맥락이 의미를 결정하고 상황에 따라 번역하는 방식이 달라질 수 있기 때문에 참고 번역문 역시 다른 맥락에서는 부적절한 번역이 될 수 있다.

각 장의 마지막 부분에 있는 핵심 번역 기술에서는 알아두어야 할 번역 기술과 참고할 만한 번역 전략에 대해 간단히 설명했다. 전반적으로 이 책은 번역학과 언어학적인 기초 개념에 바탕을 두기는 했지만 어려운 이론적인 용어를 많이 사용하지 않았고 실제 번역에 유용한 이론과 개념 정도만 소개하여 관심 있는 독자들이 참고 자료로서 이 책을 활용할 수 있도록 했다.

다시 정리하자면 다음과 같은 단계를 밟으면서 이 책을 활용할 수 있다.

1. 번역할 한국어 원문을 읽고 원문 분석 단계를 거친다.
2. 번역의 목적과 기능, 그리고 번역문의 독자 등을 고려하면서 사전과 참고 자료를 활용해 자신이 정해 놓은 시간 안에 번역을 한다.
3 전체 텍스트의 번역을 마친 후 주의할 어휘와 표현과 참고 번역문을 읽어 보고 자신의 번역문과 비교해본다.
4. 번역 분석에 제시된 예문들을 확인하면서 스스로 문제점을 파악하고 참고 번역문을 통해 유용한 표현과 효과적인 번역 방법을 익힘으로써 자신의 번역 수준을 향상시킬 수 있는 전략을 수립한다.

원문 텍스트를 제대로 이해하고 영어로 재해석하여 적절한 번역문을 생산하기 위해서는 각 단계별로 위와 같은 올바른 과정을 거쳐야 한다. 그리고 전문 번역가가 되기 위해서는 무엇보다 번역이 커뮤니케이션 행위임을 알아야 한다. 이 책에 포함된 27개의 텍스트를 번역하는 과정에서 독자들이 번역에 대한 이해의 폭을 넓히고 관련 지식과 노하우를 쌓아갈 수 있기를 바란다.

1장

번역의 기본 개념

번역과 번역 능력

번역의 등가성

번역의 목적

번역 오류

Advanced Korean-English Translation Techniques

Translation is not a matter of words only: it is a matter of making intelligible a whole culture.

– Anthony Burgess

고급 수준의 영어 학습자들은 번역 훈련에 필요한 기초적 언어 기술을 가지고 있다고 볼 수 있다. 그러나 영어를 잘한다고 자동적으로 번역을 잘하는 것은 아니다. 전문 번역사가 되고 싶은 번역 학습자들이 넘어야 할 가장 높은 산은 학교 과제물로 번역을 하는 단계에서 전문 직업인으로서 번역을 할 수 있는 단계로 옮겨가는 것이다. 등산을 잘하기 위해서는 기본적으로 필요한 체력이 있고 그 외에도 갖추어야 할 장비와 기술이 있는 것처럼 번역가가 되기 위한 산을 넘는 데에도 필요한 장비와 기술, 그리고 체력이 있다. 그것이 무엇인지 알 수 있도록 이 장에서는 번역의 의미를 비롯해 번역과 관련된 몇 가지 주요 개념을 설명하고자 한다.

오랫동안 번역을 가르쳐온 경험을 토대로 보면, 학생들은 무엇보다 읽기 편하고 자연스러운 영어로 표현해내는 데 어려움을 겪는다. 영어 학습을 위해 직역 위주로 번역해온 학생들에게는 번역이라는 행위가 원문 메시지를 이해하고 영어로 같은 메시지를 정확하게 전달함으로써 커뮤니케이션을 가능하게 하는 것이라는 개념이 생소할 뿐 아니라 쉽게 이해하기 어렵다. 무엇보다 전문 번역가가 되려면 번역이 커뮤니케이션 행위임을 알고, 이 과정에 대한 책임을 감당할 수 있어야 한다.

번역과 번역 능력

번역이란 무엇인가?

번역은 원문의 메시지를 다른 언어로 다시 표현하여 전달하는 행위이다.

출발어 텍스트 (원문) → 도착어 텍스트 (번역문)

번역문(번역학 용어로는 도착어 텍스트 또는 목표 텍스트라고 칭함)을 읽으면서 원문(번역학 용어로는 출발어 텍스트 또는 원천 텍스트라고 칭함)을 읽는 것과 같은 느낌을 주는 것은 대단히 어려운 일이지만 번역자가 지향하는 최고의 목표는 원문의 의미를 전달하면서 번역문이 아닌 원래 그 언어로 쓰여진 글처럼 읽히게 하는 것이라 할 수 있다.

번역 작업을 위해 필요한 능력이란?

번역을 제대로 해내기 위해 필요한 지식과 기술을 가리키는 '번역 능력'은 다시 말해 번역하는 법을 아는 능력이다. 번역 작업에 관련된 두 언어에 대한 숙달 정도, 즉 이중언어 능력도 매우 중요한 요소이기는 하나 이것이 곧 가장 중요한 번역 능력이라고 할 수는 없다. 언어 능력이 번역을 하기에 필요조건은 될 수 있지만 충분조건은 아니다. 언어 능력만으로 전문적인 번역가가 될 수 없는 이유는, 번역을 하는 데에는 출발어(원문 언어)와 도착어(번역문 언어)의 해당 문화를 알아야 하고, 텍스트와 관련된 배경 지식과 함께 다른 기술과 능력이 필요하기 때문이다. 번역가라는 직업은 기본적으로 글로 먹고 사는 일이기 때문에 텍스트 분석 능력과 작문 실력, 표현력을 갖추어야 하며, 이외에도 끈기, 인내심과 신중함이 있어야 전문가다운 번역을 해낼 수 있다. 또한 번역을 업으로 하려면 번역 과정을 즐길 줄 알아야 한다.

번역 능력에 대해 여러 번역학자들이 제시한 모델이 있지만 공통적인 요소를 추리면 다음과 같다. 번역 능력의 축을 이루는 요소는 두 가지 언어를 원어민과 같이 구사할 수 있는 능력과 출발어의 표현을 같은 의미의 도착어의 표현으로 바꿀 수 있는 언어 치환 능력으로 크게 나눌 수 있지만, 전문 번역가

수준의 번역을 할 수 있으려면 주제에 대한 지식과 문화 능력 등을 두루 갖추어야 한다. 번역 능력은 이렇게 복합적인 능력이고, 이것이 효과적이고 통합적으로 기능하여 좋은 번역이 나온다. 특히 출판물 번역의 경우 전문적인 글쓰기 및 편집 능력도 포함된다.

다른 언어로 재표현할 수 있는 언어 능력

번역 능력에 대해 좀 더 상세히 설명하자면 번역 과정에 대한 이해가 필요하다. 번역 능력의 핵심은 원문을 이해하고 분석하여 도착어로 재표현할 수 있는 기술인데 이는 원천 텍스트의 저자와 독자, 목표 텍스트의 독자, 그리고 번역 목적에 대한 이해가 바탕이 되어야 한다. 번역에서 필요한 언어 능력은 회화나 작문 실력에만 국한되지 않고, 출발어와 도착어의 어휘, 문법 및 구문 지식과 화용적pragmatic 지식을 포함해 관련 전문 용어에 대한 포괄적인 지식을 필요로 한다. 언어에 대한 화용적 지식은 해당 사회문화적 맥락에서 적절한 언어 사용에 대한 지식을 말한다. 문법 지식을 바르게 알고 있다고 해도 다양한 사회 맥락에서 적재적소에 맞는 표현을 모르면 실수하기 쉽다.

화용적 지식이 무엇인지 이해하기 쉽도록 간단한 예 두 가지를 들겠다. 한국에서 대학교수 직급은 미국 시스템을 따라 조교수assistant professor, 부교수associate professor, 정교수professor로 나뉘나 호칭은 대부분 교수, 즉 'professor'라고 부르는 경향이 있다. 그래서 한국 학생들이 외국인 대학 교수에게 이메일이나 대화에서 'Professor 아무개'라고 부르는데 영국이나 호주식 대학제도에서 'professor'는 모든 교수가 오를 수 있는 자리가 아니라 해당 분야의 전문가 중의 전문가로 인정을 받아야 하는 명예로운 직이다. 영국이나 호주 대학의 교수에게 'professor'라고 부르는 것은 상대를 당황하고 불편하게 할 수 있으므로 이런 사실을 알고 호칭을 바로 쓸 수 있어야 한다. 바로 이런 것이 화용적 지식의 예라 할 수 있다.

또 다른 예로는 필자를 포함하여 국제회의 참석자들이 모여 식사하는 자리에서 같은 테이블에 앉아 있던 중국인 교수가 먼저 자리에서 일어나면서 'I go.'라고 말한 것을 들 수 있다. 처음에는 필자도 무슨 소리인지 의아했으나 중국어 표현을 그대로 영어로 바꿔 말한 것임을 이내 깨달았다. 'Excuse me.'를 사용하면서 먼저 일어나 실례한다고 말하는 영어식 인사법에 대한 화용적 지식이 부족했던 탓에 모국어인 중국어식으로 표현한 것이다.

담화 능력

번역 단위는 단어가 아니다. 최소한 절이나 문장, 또는 전체 텍스트 차원에서 접근해야 한다. 번역을 잘하기 위해 필수적인 담화discourse 능력은 언어 지식 중 상위 개념이다. 언어학 용어인 담화는 실제 사용하는 모든 종류의 구어 및 문어 텍스트를 뜻하며, 담화 능력은 텍스트 유형과 장르 차이에 대한 지식, 담화 맥락과 언어사용역register에 대한 이해, 텍스트성textuality에 대한 지식을 갖추고 효과적으로 의사소통할 수 있는 능력을 말한다. 번역가는 기본적으로 번역문의 내용뿐 아니라 문체와 글쓰기 방식이 원문과 같은 커뮤니케이션 효과를 유지하도록 해야 하므로 출발어와 도착어의 담화적 지식을 모두 갖추어야 한다. 원문을 읽는 독자들이 이해하는 수준과 동일하게 번역문을 읽을 독자가 이해할 수 있도록 하기 위해서는 장르적 특성을 고려하여 도착어 문화권에서 제 기능을 할 수 있는 텍스트로 번역해야 하며, 이 때문에 번역의 목적과 목표 텍스트의 기능을 고려하는 것이 중요하다. 간단히 말해, 원문과 같은 의미와 효과를 가진 목표 텍스트를 생산할 수 있는 능력이 번역가에게 필요한 담화 능력에 포함된다.

원문에 대한 분석이 제대로 이루어지지 않으면 좋은 번역이 나올 수 없다. 크리스천 노드Christiane Nord는 자신의 저서 *Translation as Purposeful Activity*에서 번역을 위한 원문 분석을 할 때 다음과 같은 요소를 살펴볼 것을 제안했다.

–주제

–내용(암시와 응결성 포함)

–전제(독자가 안다는 것을 가정한 내용)

−글의 미시적 · 거시적 구조
−비언어적 요소(삽화, 이탤릭체, 부호 등)
−어휘(언어사용역, 전문 용어, 방언 사용 여부)
−문장 구조

번역가는 분석 단계에서는 원문을 완벽히 이해해야 하고, 원문의 메시지를 자연스러운 도착어로 표현하기 위해서 문화적 · 언어적 차이를 인식하여 적합한 표현과 스타일을 사용해야 한다. 많은 경우, 한국어와 영어는 언어 및 문화적 이질성으로 인해 등가적 표현을 찾기가 쉽지 않다. 한국어를 영어로 옮기는 과정에서 어순, 수, 시제 등의 문법적인 차이로 인한 번역 문제와 함께 문화와 사고 논리의 차이에 기인한 문제도 번역의 질에 영향을 미칠 수 있다.

일반적으로 영어 문장에 비해 한국어 문장은 길고 복잡하며, 문장과 문장 또는 문단과 문단 사이의 연결성이 조금 부족하거나, 같은 말이 자주 되풀이되기도 한다. 이외에도 한국어와 영어는 논리 전개 방식이 다르고 언어 담화 관습상 차이가 있기 때문에 번역 학습자는 우리말의 구조나 한국적인 표현에 얽매이지 말고, 영어의 논리와 담화 관습에 맞게 글을 옮길 수 있는 능력을 개발해야 한다.

언어 외적 지식과 리서치 능력

위에서 말한 화용적 지식이나 담화 능력은 언어적 지식의 범주에 속한다. 번역을 잘하기 위해서는 언어 외적 지식과 능력도 중요하다. 즉, 출발어와 도착어 문화권에서 기호적 차이에 대한 지식, 시사 상식 및 경제, 인문, 사회, 문화, 과학, 기술 등 각 분야에 대한 지식을 갖추고 있어야 한다. 또한 모든 분야의 지식을 통달할 수 없기 때문에 전문가다운 번역문을 생산하기 위해서는 필요한 정보 및 자료를 검색 · 조사할 수 있는 리서치 능력이 필수적이다.

오늘날 인터넷에서 웬만한 참고 자료를 손쉽게 찾을 수 있지만 이러한 도구는 번역자의 머리 안에 있는 지식을 보조하는 정도로만 이용하는 것이 좋다.

계속 외부의 참고 자료에 의존하다 보면 스스로 처리할 수 있는 능력이 떨어지므로 효율적인 번역을 위해서는 주요 내용은 기억해두도록 한다. 직업적으로 사례를 받고 번역할 때 같은 원문에 대한 번역문이 이미 존재하는 경우는 거의 없지만 목표어로 쓰여진 원문과 유사한 내용의 텍스트(병렬 텍스트)를 인터넷 등에서 검색하여 번역할 때 참고할 수 있다. 병렬 텍스트를 잘 찾아서 활용하는 것도 잘 모르는 분야의 텍스트를 번역할 때 매우 중요한 능력이라고 할 수 있다.

참고 자료 활용 능력

앞으로 이 책에서 거듭 강조하겠지만 번역할 때 사전을 맹신해서는 안 된다. 텍스트의 톤이나 언어사용역과 문맥에 맞는 표현을 선택할 때에는 사전의 정보가 분명히 한계가 있다. 한국어에서 영어로 번역을 할 때에는 용례가 나와 있는 영영사전이 도움이 되므로 한영사전은 단어 확인용으로 사용하고 영영사전을 많이 활용하는 것이 좋다. 유의어사전thesaurus을 비롯한 각종 사전과 스타일 가이드 등 모든 참고 자료도 활용한다.

인터넷도 잘 사용하면 유용한 도구가 될 수 있으나 잘못 사용할 경우에는 독이 된다. 번역을 공부하는 학생들이 자신들이 번역한 문장이 목표어에 존재하는지 인터넷 검색을 많이 하는데 인터넷 맹신에 따른 부작용이 있으니 주의해야 한다. 무엇보다 인터넷상에는 언어 사용에 대한 품질 관리가 되지 않기 때문에 구글에서 같은 표현이나 비슷한 문장을 찾았다고 해서 그것이 문법적으로 맞고, 번역 맥락에 적합한 표현이라는 보장이 없다. 따라서 특정한 문장을 찾아보기 위한 용도로 인터넷 검색을 하기보다는, 장기적 관점에서 원문 주제와 관련된 배경과 주제 지식을 익히고 해당 장르의 영어 병렬 텍스트를 찾아서 언어적 특성을 익히는 것이 낫다.

확인하는 습관

장소나 단체 기관명 등을 번역하는 경우 꼭 리서치하고 확인하는 습관을 들이는 것이 중요하다. 간단한 예로 이탈리아를 영어 번역문에 'Italia'라고 쓴다면 기본적인 영어 지식도 없는 번역자로 보여서 번역 품질에 대한 신뢰를 잃게 된다. 영어 원어민이라 해도 출판물이나 글을 다루는 사람들은 스타일 가이드를 자주 참고하게 된다. 좋은 번역을 하기 위해 표준 영문뿐 아니라 법률, 비즈니스, 과학 등 전문 분야의 스타일 매뉴얼도 이용해서 일관성 있고 전문가다운 스타일을 지키기를 권한다. 영국 영어, 미국 영어, 호주 영어, 캐나다 영어와 같이 지역별로 차이가 있는 영어 철자와 표현 등의 정보를 수록한 스타일 가이드도 참고할 수 있다.

시간 관리 능력

전문 번역사에게는 시간 관리 능력도 필요하다. 시간 관리 능력이란 번역 과제를 주어진 시간 내에 효율적으로 번역해내는 능력이기도 하다. 기본적으로 일, 수면, 휴식이 균형 잡힌 생활을 해야 한다. 때로는 마감 시한 때문에 시간에 쫓겨 단기적으로 수면 부족에 시달리면서 일하는 경우도 있지만 불규칙한 생활 습관으로는 지속적으로 좋은 결과물을 낼 수 없다는 점을 명심한다. 번역할 때에는 자신의 지적·인지적 능력이 최상의 컨디션을 발휘할 수 있도록 한다. 마감 시한을 맞추는 것은 물론 번역 품질을 관리하기 위해 충분한 시간을 들여서 번역해야 한다. 수정revision과 검독proofreading에도 반드시 시간을 할애해야 한다.

전문 번역사로서의 자세와 책임감

전문 번역사는 개인적으로 일하기도 하지만 팀으로 프로젝트 번역일을 함께 할 경우가 많으므로 문제 해결 능력과 함께 다른 팀원들과 잘 협력해 일할 수 있는 능력과 자세를 갖추는 것도 중요하다. 또한 전문가답게 윤리의식 및 번역 결과물에 대해 책임을 지는 태도를 갖추어야 하며 클라이언트를 대하고 일을 처리하는 것도 프로페셔널답게 할 수 있어야 한다.

번역의 등가성

번역문은 항상 출발어로 된 원천 텍스트가 존재하고 이를 바탕으로 한 도착어 텍스트, 즉 목표 텍스트가 있다. 등가equivalence는 목표 텍스트가 원천 텍스트의 번역이라고 간주할 수 있게 하는 원천 텍스트와 목표 텍스트의 관계를 가리킨다.[1] 등가는 원천 텍스트와 목표 텍스트가 각 텍스트 맥락과 해당 언어 및 문화권에서 같은 메시지와 효과를 가져야 한다는 개념이다. 그렇지만 언어와 문화적 배경이 다른 두 가지 텍스트가 등가를 갖기 어려운 점이 있기 때문에 번역은 '등가를 찾아가는 과정'이라고 보는 것이 맞다. 등가는 객관적으로 정확하게 측정할 수 없기 때문에 상대적이고 주관적인 개념이다. 때로는 출발어의 언어 구조와 문법이 도착어에 존재하지 않고 또 목표어 문화권에 존재하지 않는 의미나 개념이 출발어 텍스트에 있기 때문에 최대한 등가를 지향하기 위해, 다시 말해 최대한 근사치에 가까운 텍스트를 생산하기 위해 출발어 텍스트와 도착어 텍스트 사이에서 중재 내지 조정을 하는 것이 번역사의 역할이다.

번역에 관한 담론에서 직역literal translation과 의역free translation에 관한 논쟁을 자주 접하게 된다. 원문의 형식에 충실한 번역 내지 문자적 의미에 충실한 번역을 직역이라고 하는데 부적절한 직역의 경우 자연스럽게 읽히지 않을 뿐 아니라 정확하지 않은 경우가 많다. 글이 얼마나 잘 읽히는가의 문제를 가독성readability이라고 하는데, 직역은 가독성에 방해가 될 수 있고 의미를 왜곡시킬 수 있다. 이는 결국 번역자에 대한 신뢰를 잃게 만드는 결과로 이어질 수 있다.

등가는 다시 원문 형식을 중심으로 번역하는 '형식적 등가'와 원문의 효과와 동일한 효과를 가진 목표 텍스트를 생산하는 '역동적 등가'로 구분할 수 있다.[2]

---

1 *Routledge Encyclopedia of Translation Studies*를 포함한 많은 번역학 서적에서 등가를 다룬다.

2 최초로 형식적 등가와 역동적 등가의 개념을 사용한 번역학자는 유진 나이다Eugene Nida이며, 이 개념은 웬만한 번역 이론 서적에 소개되어 있다.

전자를 직역, 후자를 의역으로 볼 수 있다. 특별히 언어 분석과 비교를 위해 형태소 또는 단어별로 주석을 달아야 할 경우를 제외하고 대부분의 번역은 '의미의 등가'를 추구한다는 원칙에 입각해서 직역이 나을지, 의역이 나을지 판단할 수 있을 것이다.

앞에서 들었던 화용적 지식에 관한 예도 직역이 문제가 될 수 있음을 잘 보여준다고 생각되지만 문자적 의미literal meaning를 따른 번역과 맥락적 의미contextual meaning를 고려한 번역의 차이에 대해 또 다른 예를 들어 설명하겠다.

'재미 좋으십니까?' 필자가 길을 가다가 들은 중년 남성들 사이의 인사말이었다. 이 인사말이 소설이나 글에 나와서 영어로 번역한다고 가정해보자. 같은 의미를 담아내기 위한 표현을 생각하면서 여러 가지 선택 가운데 문자적 의미를 따른 'Are you having fun?'이라는 번역과 안부 인사라는 맥락상의 실질적 의미(이를 전문 용어로는 화용적 의미라고 함)를 기초로 한 'How's it going?'이라는 번역 중에서 무엇이 더 나은 번역일까? 이 인사말은 정말 재미를 느끼는지 묻는 것이 아니라 안부를 묻는 남자들의 인사법의 하나라는 점을 생각하면 어느 쪽이 더 나은 번역인지 알 수 있다.

직역은 흔히 경전이나 성경, 법률 번역에서 사용하는 번역 기법으로 거론된다. 종교 경전이나 성스러운 텍스트는 해석하는 데 지극히 조심스럽기 때문이다. 법률 텍스트도 직역을 선호하기는 마찬가지이지만 고려할 것이 한두 가지가 아니다. 번역의 주목적이 의미를 전달하기 위한 것인지, 최대한 문자적으로 번역하여 원래 의미에 대한 별도의 해석을 하기 위한 것인지 등 번역의 목적에 따라 번역 스타일과 전략이 달라지게 된다.

번역의 목적

번역을 할 때에는 원문이 어떤 목적으로, 어떤 기능을 하기 위해 쓰여졌으며, 누구를 위해 텍스트를 번역하는 것인지를 고려해야 한다. 실제 번역 업무를 하게 될 때 번역을 의뢰하는 사람이 왜, 누구를 위해 번역을 하는 것인지 어떤 종류의 번역이 필요한지 알려주는 경우도 있지만, 때로 클라이언트가 어떤 종류의 텍스트가 필요한지에 대해 모호하거나 심지어 부정확한 생각을 가지고 있을 때도 있다. 이러한 경우 번역자의 능력과 책임감에 따라 번역 전략과 향방이 결정된다고 할 수 있는데, 경험이 풍부하고 유능한 번역자라면 번역 상황을 토대로 번역의 기능과 목적을 유추할 수 있다. 현실감 있는 번역 연습을 위해 이 책에서는 원문 텍스트별로 누가 어떤 목적으로 번역을 의뢰했는지를 설명하는 간단한 번역 브리프를 제시했다. 원문이 쓰여진 의도와 번역하는 목적, 번역 텍스트의 기능, 번역 텍스트를 누가, 어디서, 언제, 어떻게 읽을 것인지 등 번역과 관련된 정보를 번역자가 알아야 적합한 번역 방식을 선택할 수 있다. 실제 번역 업무가 현실과 동떨어진 번역 학습과 가장 크게 다른 점은 바로 독자가 실제로 존재하고 번역하는 목적과 이유가 있다는 것이다.

이 책에서는 각 장마다 텍스트를 번역하기 전 준비 단계에서 번역 브리프를 보고 누구를 위해 어떤 목적으로 번역하는 것인지 파악한 후, 대상 독자를 염두에 두고 번역하는 연습을 하게 될 것이다. 이러한 정보를 기초로 번역문의 독자가 누구인지, 즉 일반 대중을 상대로 한 글인지 전문가를 상대로 한 글인지 고려해야 한다. 또한 무엇을 위한 글인지, 그 목적을 분명히 해야 한다. 정보 전달을 위한 글인지, 설득하기 위한 글인지, 생각이나 사상을 표현하기 위한 글인지에 따라 번역 스타일도 달라질 것이기 때문이다. 이와 같은 사항을 염두에 두고 번역에 임해야 적절하게 번역할 수 있다.

번역의 대상이 되는 텍스트는 다양한데 번역의 목적과 성격에 따라 자주 언급되는 유형은 다음과 같다.[3]

- 정보적 텍스트: 신문 기사나 보고서와 같이 정보 전달이 목적인 텍스트는 정보의 손실 없이 충실한 번역을 해야 한다.

3 이는 Reiss & Vermeer(1984)에 제시된 텍스트 유형 분류에 따른 것이다. 참고 문헌 참조.

- 표현적 텍스트: 문학 작품과 같이 심미적 목적이 있는 텍스트는 원문에 최대한 충실하게 번역해야 한다.
- 호소적 텍스트: 모든 번역이 커뮤니케이션 행위이지만 특히 광고와 같이 커뮤니케이션 효과를 중시하는 텍스트의 경우 원문의 재생보다는 번역문 자체의 설득력이 중요하다. 목표 텍스트 독자 중심으로 번역해야 하며, 일반 번역과 다르고 나라마다 마케팅 방법의 차이도 있기 때문에 특수한 번역이다.

그 밖에 출판을 위한 번역인지, 또는 소집단이나 개인의 정보 파악을 위한 요약 번역인지 그 목적에 따라 번역 방식도 차이가 있을 수밖에 없다.

- 출판을 위한 번역: 저자의 평판이 번역가에게 달려 있으므로 검독 과정을 반드시 거치고 번역 품질 관리에 주의를 기울여야 한다.
- 정보 파악을 위한 번역: 소규모 집단이 원문의 내용을 파악하기 위한 목적이기 때문에 신속하고 정확한 내용 전달이 중요하고 스타일을 포함한 그 외 품질 요소는 부차적이다.
- 텍스트 요약 번역: 개요를 알고자 하는 목적이기 때문에 전체 내용을 세부 사항까지 다 번역하기보다는 필요한 부분이나 관련 있는 부분만 번역하거나 대략적인 내용 위주로 요약 번역문을 만들어야 한다. 핵심 내용을 파악해 요약하는 기술이 필요하다.

번역 오류

번역을 평가하는 기준은 여러 가지가 있지만 크게 보면 원문의 내용과 스타일에 대한 충실성, 번역문에 사용된 언어의 정확성과 적합성으로 구분할 수 있다. 이 책의 번역 분석에서는 앞서 설명한 바와 같이 코드를 사용해 번역 오류의 특징을 구분했는데 일반적으로는 한영번역 오류를 다음과 같이 네 부류로 나눌 수 있다.

1. 맞춤법과 구두점 표기 원칙에 어긋난 오타 및 오기(예: I like icecreem.)
2. 어순과 관계된 구문 오류(예: Rice like me.)
3. 의미 오류(예: The knight killed a teaspoon.)
4. 담화 관습에 어긋난 오류(예: I go.)

1번부터 3번까지의 오류에 대해서는 굳이 추가 설명이 필요 없다. 4번의 담화 관습에 어긋난 오류는 앞서 설명한 바와 같이 장르 관습에서 벗어나거나 부자연스러운 표현, 비논리적 글 등이 포함되며 담화 능력과 직결된다. 담화 관습은 또한 특정 장르의 특성과 밀접한 관계가 있다. 언어학자들은 장르를 특정한 상황에서 발생하는 '담화 유형'이라고 정의하면서 각 장르마다 특징적인 패턴과 구성 방식이 있다고 말한다. 언어학자인 브라이언 폴트리지Brian Paltridge는 장르를 구어와 문어 담화를 사용하여 원문에 가깝게 둬야 하는 방식이라고 정의했다.[4] 장르에 맞는 번역을 하기 위해서는 단순히 언어뿐 아니라 전문 분야에서 커뮤니케이션 목적을 실현하기 위해 필요한 규칙을 습득해야 한다. 이것은 어쩌면 문법보다 더 익히기 어려울 수도 있지만 언어 지식이 쌓여갈수록 장르를 포함한 담화 지식 수준은 높아진다.

또한 장르적 특징에 포함되기는 하지만 번역을 할 때 구어와 문어 텍스트의 차이를 고려해야 한다. 구어적 텍스트를 번역할 경우도 많지만 번역은 대개 문어적 텍스트를 대상으로 한다. 문어 텍스트의 격식성formality을 위반하는 것도 번역 오류에 해당하며 이에 대해서는 이 책에서 앞으로 분석할 것이다.

---

4 참고 문헌 Paltridge(2006: 84) 참조.

2장

내러티브

포커스 텍스트 뉴스레터 기쁜 소식

번역 과제 1 월드비전을 만난 지 벌써 4년,
두 번째 희망을 만나러 갑니다

번역 과제 2 장애를 극복한 수영선수 이야기

핵심 번역 기술 어휘 지식

Advanced Korean-English Translation Techniques

All meanings, we know, depend on the key of interpretation.

– George Eliot

모든 텍스트에는 어느 정도 스토리가 포함되어 있으나 텍스트 유형에 따라 스토리 비중이 약한 글과 그렇지 않은 글이 있다. 예를 들면, 사업 계약 관계를 다룬 문서는 스토리가 있는 내러티브narrative 텍스트가 아니다. 대부분의 텍스트는 이 두 가지 유형의 중간 정도에 속한다고 볼 수 있다. 텍스트 내의 스토리적 요소, 바꿔 말해 내러티브를 의식하고 원문 텍스트의 의미를 생생하게 전달해야 성공적인 번역이라고 할 수 있다. 특히 창의적인 문학 텍스트나 생활의 경험에 관한 텍스트를 번역할 때에는 스토리라인을 재생하는 것이 필요하다.

내러티브는 논리적으로, 그리고 심리적, 시간적으로 일관성이 있다. 경험 세계에 대한 메시지를 전달하기 위해 알려지고 공유하는 사실에 기초하기 때문에 논리적 일관성이 있고, 또 인간 행동의 보편적인 원칙에 기초하기 때문에 심리적 일관성이 있다. 반드시 순서대로 제시되는 것은 아니지만 과거, 현재, 미래라는 시간적 흐름이 있다. 따라서 이러한 원문의 내적 구조에 유의하면서 목표 텍스트가 효과적인 내러티브가 될 수 있도록 번역해야 한다. 이때 시각화visualization 전략을 사용하는 것도 유용하다.

이 장에서 번역하게 될 텍스트는 NGO 단체의 소식지에 실린 두 개의 내러티브 텍스트와 구술 내러티브를 글로 옮긴 텍스트 하나로 구성된다. 번역을 하다 보면 느끼겠지만 격식성 있는 글보다 묘사적이거나 감정 표현이 많은 글의 번역이 더 어려울 경우가 있다. 이 장에 나오는 내러티브와 같은 영어 텍스트를 많이 접하지 않았다면 번역할 때 함정에 빠지거나 실수할 부분이 분명히 있을 것이다. 내러티브는 전문적이고 격식성이 높은 텍스트보다 어휘 밀도가 높지 않아 상대적으로 쉽다고 생각할 수 있으나 자연스러운 목표 언어 표현을 구사할 줄 알아야 제대로 번역할 수 있다. 이제부터 포커스 텍스트를 시작으로 본격적인 번역 연습에 들어가겠다.

포커스 텍스트 뉴스레터 기쁜 소식

난민인권센터로부터 아래의 뉴스레터 기사를 영문으로 번역해달라는 요청을 받았다고 가정하고 번역해보기로 한다.

기쁜 소식

지난 2010년 4월, 이란에서 이메일 한 통이 도착했습니다. 조금은 어눌하지만 장문의 한국어로 된 이메일이었습니다. 자신의 계정으로 이메일을 보낼 경우 당국으로부터 감시를 받을 것을 우려하여 친구의 메일계정을 통해 보낸다며 시작된 이 이메일의 내용은 충격적이었습니다.

R씨는 2000년대 초반 한국에 이주노동자로 왔지만 공장의 부도와 부모님의 수술비 등으로 돈을 벌지 못하고 오히려 빚을 져야만 했습니다. 빚을 갚기 위해 위험을 무릅쓰고 미등록 외국인 노동자로 지내던 중, 2009년 6월, 이란 대사관 앞에서 반정부 민주화 시위에 참여하게 됩니다. 이 당시 이란의 대통령 선거가 끝난 뒤 부정선거 논란으로 반정부 민주화 시위가 벌어졌기 때문입니다.

그런데 문제는 이 시위에 참가했던 R씨의 신원이 이란 대사관 측에 드러난 것입니다. 대사관과 끈이 닿아 있는 누군가로부터 협박을 받은 며칠 뒤 집에 있던 R씨는 출입국관리 공무원들에게 단속된 뒤 한국에서 추방이 되었습니다. 그런데 더 큰 문제가 추방 후 기다리고 있었습니다. R씨가 공항에 도착하자마자 사복의 정보요원들에게 체포되어 며칠 동안 감금된 채 심문을 받았고, 폭행과 고문까지 당했습니다. 정치적인 활동을 하지 않겠다는 각서를 쓴 끝에 풀려났지만, 풀려난 뒤에도 정보요원들의 감시와 협박 속에 지내야 했고, 당국의 방해로 취업을 하지도 못해서 극심한 어려움을 겪어야 했습니다. 결국 최후의 수단으로 다시 이란을 탈출할 생각을 했습니다.

두 달 넘게 저희 난센과 이메일을 통해 상담을 한 끝에 R씨는 한국행을 결정하였고, 원래 신분증으로는 출국이 금지되어 있기 때문에 브로커를 통해 가짜 여권을 만들고, 비자를 발급받았습니다. 그런데 R씨가 한국에 도착한 후 난민 신청을 접수시키려고 했을 때 R씨가 가짜 여권으로 입국하였기 때문에 신원 확인이 될 때까지 난민 신청을 받아줄 수 없고, 위법 사실이 밝혀질 경우 구금될 수 있다는 말을 듣게 되었습니다. 난민 신청도 하지 못하고 발길을 돌려야 했던 R씨는 고민 끝에 캐나다에 가서 다시 난민 신청을 하기로 했습니다. 작년 뜨거운 여름 어느 날 그렇게 떠나 보낸 R씨가 얼마 전 캐나다에서 난민 인정을 받았다는 반가운 소식을 보내왔습니다.

출처: 난민인권센터 뉴스레터 2011년 10월자 기사 중에서 발췌

번역 준비

번역을 통해 메시지를 정확하게 전달하기 위해서는 원문의 성격과 목적을 확실히 이해해야 한다. 원문에 대한 분석이 번역에 앞서 이루어져야 목표 텍스트 생산 과정에서 어휘와 구문 선택에 관한 결정을 잘할 수 있다. 번역을 시작하기 전에 먼저 다음과 같은 기본적인 사항을 짚어보아야 한다.

누가 쓴 글인가(Who)? 난민인권센터에서 일하는 활동가가 썼다.

무엇에 관한 글인가(What)? 난민신청자에 대한 글이다.

누구를 위한 글인가(For whom)? 원문의 목표 독자는 난민인권센터 회원이나 후원자 등 난민 문제에 관심 있는 한국인들이지만, 번역문의 독자는 난민 NGO 활동에 관심이 있는 외국인 및 한국에서 난민 신청을 준비하거나 신청 중인 외국인들이다.

글을 쓴 목적은 무엇인가(Why)? 한국에서 난민 신청조차 못하는 어려움을 겪었지만 해외에서 성공적으로 난민 지위를 인정받은 반가운 사연을 소개하기 위해 쓴 글이다.

어디에/어떤 매체에 글이 실리는가(Where)? 난민인권센터 웹사이트에 영문으로 올라갈 것이다.

어떻게 메시지를 전달하는가(How)? 1인칭 시점 내러티브식으로 이야기를 풀어가고 있다.

주의할 어휘와 표현

- R씨 익명화하기 위해 R씨라고 쓴 점을 감안해서 영어로 Mr. R 또는 R이라고 번역하기 쉬운데 이렇게 쓸 경우 차갑고 비인격적인 느낌을 주고 부자연스럽다. 영어에서는 대문자 이니셜 한 자로 익명화하는 관습이 없다. 대신 영어권에서는 가명을 사용해서 지칭하는데 이것이 알파벳 한 자로 쓰는 것보다 실존 인물의 이야기라는 느낌을 줄 수 있다.
- 미등록 외국인 노동자 불법 체류 노동자의 다른 표현으로 an illegal migrant worker, an illegal alien worker 등으로 번역할 수 있다.
- 심문 interrogation. 신문과 심문은 의미가 유사하면서도 차이가 있다. police interview 또는 courtroom examination은 신문에 해당하며, 취조와 심문은 interrogation이 맞다.
- 출입국관리 공무원 immigration authorities나 immigration officials 등으로 번역한다.
- 난민 난민을 refugees, 난민신청자를 asylum seekers 등으로 번역할 수 있다. asylum seekers를 비호신청자로 칭해 구별하기도 한다. '난민 인정'은 the granting of refugee status, granting refugee status로 번역할 수 있고 '난민 인정을 받았다'는 have been granted refugee status라고 표현할 수 있다.

참고 번역문

Good news

In April 2010 an e-mail arrived from Iran. It was in Korean, but not very well written. The writer began by saying that he was using a friend's e-mail account because he was afraid his own account was being monitored by the authorities, and he told a startling story.

In the early 2000s Rashid (not his real name) came to Korea as a foreign worker but as his employer went out of business without paying him and his parents needed surgery, he was unable to make any money, and in fact went into debt. In order to pay off the debt Rashid took the risk of working as an illegal migrant worker, and while doing so, in June 2009 he took part in an anti-Iran government rally outside the Iranian Embassy in Seoul calling for democratization. This was at the time when many such demonstrations were being held in protest against voting irregularities in the wake of presidential elections.

However, his identity became known[1] to the Embassy and several days after receiving threats from someone connected with the Embassy, he was detained while at home, investigated by the Korean immigration authorities and deported. However, an even bigger problem lay ahead. The moment he arrived at Tehran Airport he was arrested by plainclothes intelligence agents, detained for several days, investigated, assaulted and tortured. He was released after signing a statement pledging not to engage in any political activity,[2] but he continued to be kept under surveillance and threatened. He could not find a job because of official obstruction and experienced serious economic difficulties. Finally, he had had enough and thought of escaping from Iran.

After communicating with us at Nancen for over two months, Rashid decided to come to Korea again, but as his identity papers indicated that he was forbidden to leave the country, he obtained a false passport through a broker and was issued with a visa. However, when we helped him apply for refugee status after he arrived in Korea, we learnt that the authorities would not accept the application until his identity was confirmed as he had entered Korea on a false passport. If they found out that he had broken the law,[3] he could be imprisoned. Faced with having to turn around and go back to Iran without even making an application, after much deliberation, he decided to go to Canada and again seek refugee status. Then, we received the happy news that Rashid, to whom we had said goodbye on a hot summer's day last year, had recently been granted refugee status.

1 'became known' 대신에 'was exposed' 또는 'was revealed' 등을 쓸 수 있다.

2 각서를 'statement'로 번역하고 약속했다는 내용을 'pledging'을 사용해 표현했다. 때에 따라 증인 앞에서 사실대로 진술한 내용을 기재하는 'statutory declaration'인지 문맥에 비춰 판단해야 한다. 'He was released on a written oath that he would not participate in any political activity.'와 같이 'written oath'을 사용해 번역할 수도 있다.

3 위조 여권을 소지하고 입국한 것과 전에 미등록 상태로 불법 체류한 것도 위법 행위로 볼 수 있다. 위법 사실이 무엇인지 원문에서 명확히 밝히지 않아 번역문에서도 명시화하지 않았다.

번역 분석

1 지난 2010년 4월

In April 2010 ... (OK)

In April last year ... (OK)

In April 2010 last year ... (AWK)

Last April in 2010 ... (AWK)

이 글은 2011년에 작성된 텍스트로 2010년은 이미 과거이기 때문에 한국어 원문으로는 '지난 2010년'으로 표현을 했다. 그렇지만 영어로 번역할 때 '지난'과 '2010년'을 같이 사용하면 중복적 표현이 되어 글이 부자연스럽고 어색해진다.

2 지난 2010년 4월, 이란에서 이메일 한 통이 도착했습니다. 조금은 어눌하지만 장문의 한국어로 된 이메일이었습니다.

In April 2010 an e-mail arrived from Iran. It was in Korean, but not very well written. (OK)

In April 2010 an e-mail arrived from Iran. It was an e-mail which was a lengthy text in Korean, and not very well written. (AWK)

한글 원문에서 '이메일'이 한 문단에 네 번이나 나오는데 이는 대명사보다 보통명사를 많이 사용하는 한국어의 특징 때문이라고 할 수 있다. 위 두 번째 번역문을 보면 원문에 이메일로 썼다고 해서 다른 단어로 대체하지 않고 계속 영어로 그대로 옮겨놓아 부자연스러운 문장이 되었다. 한글과 달리 영어에서는 이처럼 같은 명사를 반복해서 사용하는 것을 피한다. 이 문장이 포함된 원문 문단에 이메일이 네 번 나오지만 참고 번역문에는 두 번만 쓴 것도 이러한 이유 때문이다. 따라서 한국어 텍스트에서 반복해 나오는 단어라고 해서 영어 번역을 할 때 똑같이 되풀이해 쓸 필요는 없다. 영어의 응결성 장치를 활용해야 영어다운 텍스트가 된다. 응결성에 대해서는 3장에서 자세히 설명하도록 할 것이다.

3 자신의 계정으로 이메일을 보낼 경우 당국으로부터 감시를 받을 것을 우려하여 친구의 메일 계정을 통해 보낸다며 시작된 이 이메일의 내용은 충격적이었습니다.

The writer began by saying that he was using a friend's e-mail account because he was afraid his own account was being monitored by the authorities, and he told a startling story. (OK)

The e-mail, sent from the sender's friends' account since the sender was worried about the authorities' surveillance, was shocking. (AWK)

The letter began by saying that he was using a friend's e-mail account because he was afraid his own account was being monitored by the authorities. (CS)

원문에 있다고 해서 단어를 일대일로 대응시키는 것이 번역이 아니다. 한국어로는 '책 내용이 재미있었다'고 말하지만 영어로는 'The book was interesting.'이라고만 하면 된다. 아직 번역이 미숙한 학습자들은 사전적 대응어를 가장 먼저 사용하는 경향이 있다. 그래서 '이메일의 내용'을 번역하면서 불필요하게 'e-mail contents'를 쓰기도 한다. 또한 두 번째 번역 예문처럼 '충격적'이라는 표현에 'shocking'을 쓰기 쉽지만 맥락을 고려하여 적절한 어휘 표현인지 생각해보아야 한다. 영어 원어민에게 'shocking'은 이 상황에서 사용하기에는 너무 강한 어휘이다.

한글 원문에서는 이메일을 보낸 사람을 'R씨'로 칭하고 있다. 남성인지 여성인지 성별은 알려지지 않았지만, 번역문에서는 남성 이름 'Rashid'라는 가명을 사용하기로 했으므로 두 번째 예문의 'sender'라는 표현은 딱딱하고 사람 냄새가 나지 않는다. 게다가 반복해서 사용되어 부자연스럽다. 또한 이메일의 시작 부분에 감시 받을 것을 우려해 친구의 이메일을 사용했다는 내용이 번역에서 누락되었고, 주어 'the e-mail'과 서술어 'was shocking' 사이의 거리가 너무 멀다. 세 번째 번역문에서는 주어인 'The letter'와 'he'가 서로 일치하지 않는다.

The e-mail that started with the writer stating he was using his friend's e-mail account because he was worried about the possibility of the government censoring his e-mail was a startling one. (OK BUT...)

The e-mail started with the writer stating he was using his friend's e-mail account because he was worried about the possibility of the government censoring his e-mail, and his story was a startling one. (BETTER)

위 첫 번째 번역문에 문법적 오류가 없는데도 불구하고 두 번째 번역문이 더 나은 이유는 불필요한 관계대명사를 쓰지 않았기 때문이다. 불필요한 관계절은 텍스트의 격식성을 지나치게 높이고, 내러티브의 자연스러운 흐름을 막고 복잡하게 만든다. 스토리 속의 사건이 간단한 언어로 논리적으로 명료하게 전개되는 것이 좋기 때문에 내러티브 텍스트에서는 'and', 'but', 'because' 등과 같은 접속사를 사용하는 것이 좋다.

4 R씨는 … 한국에 이주노동자로 왔지만 …

Rashid (not his real name) came to Korea as a foreign worker ... (OK)

The person concerned – let's call him Rashid – came to Korea as a migrant worker ... (OK)

Mr. R came to Korea as a foreign worker ... (AWK)

R came to Korea as a foreign worker ... (AWK)

The person concerned – let's call him R – came to Korea as a foreign worker ... (AWK)

한글 원문에서는 실명을 밝히지 않고 익명화하기 위해 주인공을 'R씨'라 칭했다. 이러한 한국 담화 관습이 영어권에서 그대로 통할 것으로 생각하고 따라 하면 안 된다. 한국어와 영어에서 사람을 가리키는 방식의 차이를 고려해야 한다. 영어에는 '김모 씨'에 해당하는 표현이 없다. '어떤'이라고 할 때 'a certain …'이라는 표현을 쓸 수 있을 때가 있는데, 이는 사람을 밝히기 꺼린다는 뉘앙스가 있고, 주로 비판적인 의미를 내포할 때 사용한다(예: A certain person, whom I won't mention, hasn't paid what he owes me.). 그렇다고 그냥 'Kim'이라고 하는 것도 부적절하기 때문에 위와 같이 이름이 다 밝혀지지 않았을 때는 남녀에 따라 Mr.나 Ms.를 붙여서 '김모 씨'는 'Mr. Kim' 등으로 옮기는 것이 좋다. 영어 내러티브에서 흔히 사용하는 것처럼 평범한 이란계 이름 'Rashid'를 가명으로 사용한 번역자의 결정은 실명이 'Rashid'가 아닌 이상 문제될 것이 없다.

5 그런데 더 큰 문제가 … 기다리고 있었습니다.

However, an even bigger problem lay ahead. (OK)

However, the even bigger problem lay ahead. (A)

독자는 '더 큰 문제'가 무엇인지 모르기 때문에 정관사를 사용하는 것은 옳지 않다.

6 풀려난 뒤에도 정보요원들의 감시와 협박 속에 지내야 했고, …

He was released after ..., but he continued to be kept under surveillance and threatened. (OK)

Even after his release, he continued to live under the surveillance of security agents and felt threatened by them. (OK)

Even after his release, he had to live under intelligence personnel's watch and threat. (WW)

세 번째 번역문은 어휘력이 부족해 부적절한 어휘 선택을 한 것이 문제이다. 'intelligence'는 국가 안보와 관련되어 전략적 정보를 수집하는 행위를 가리킬 때 사용한다. 'personnel' 역시 관료주의적 냄새가 나며, 'watch'는 구체적이

지 않다. 'threat' 는 '돈을 안 내놓으면 어떻게 하겠다'는 말과 같이 구체적이고 적대적인 협박에 사용되는 단어이므로 문맥상 적합한 선택이 아니다. 'the threat of rearrest'나 'the threat of further interrogation' 등 구체적인 위협 내용이 뒤따르면 괜찮다.

7 R씨는 한국행을 결정하였고, …

Rashid decided to come to Korea ... (OK)

Rashid decided to go to Korea ... (WW)

'go'는 화자로부터 사물이 멀어질 경우, 'come'은 가까워질 경우에 사용한다는 사실을 기억해야 위와 같은 실수를 피할 수 있다. 이 경우 텍스트를 쓴 사람은 한국에 있기 때문에 R씨가 한국으로 오는(come) 것이다. 글을 쓴 사람이 어디에 있는지 정보가 없었다면 'go'를 사용해도 문제가 없을 것이다. 비슷한 용법에 대한 예로 'I won't be able to go to your party on Saturday.'라고 표현하면 'go'로 인해 파티를 여는 주체(you)가 파티에 없을 것이라는 뜻이 되기 때문에 의미상 어색하다.

8 원래 신분증으로는 출국이 금지되어 있기 때문에 브로커를 통해 가짜 여권을 만들고, 비자를 발급받았습니다.

As his identity papers indicated that he was forbidden to leave the country, he obtained a false passport through a broker and was issued with a visa. (OK)

Since he was forbidden from leaving the country, he made a fake passport and a visa through a broker. (PR/WW/LIT)

He obtained a false passport through a broker and was issued with a visa as his identity papers indicated that he was forbidden to leave the country. (WO)

출국할 수 없었다는 의미를 'he couldn't leave the country'라고 할 수도 있지만 당국에서 금지했다는 의미를 살리는 차원에서 'forbidden to leave the country'라고 쓰는 것이 더 적절한 표현이다. 또한 두 번째 번역 예문에 'made a fake passport'라고 표현했는데, 본인이 직접 위조 여권을 만드는 것은 아니기 때문에 'make'가 아닌 'obtain'이라는 동사가 적절하다. 상황을 고려하지 않고 어휘에만 매달리면 이와 같이 주인공을 위조 여권을 제조한 사람으로 만들게 된다. 위조 여권을 만드는 범죄자가 아니라면, 일반적으로 '여권을 만들다'라는 한국적 표현은 '여권을 발급받다'는 의미임을 생각해야 한다.
첫 번째 번역문과 세 번째 번역문의 차이는 설명절의 위치이다. 신분증으로 출국할 수 없었다는 문제가 원인이 되어 위조 여권을 구한 것이기 때문에 이유를 설명하는 'as ...'절이 앞에 와야 정보 흐름이 자연스럽다.

9 … 난민 신청을 접수시키려고 …

... apply for refugee status ... (OK)
... register as a refugee ... (WW)

난민 신청에 대한 배경 지식이 없어 두 번째 문장과 같은 번역 오류가 나온 것으로 볼 수 있다. 난민으로 인정받기 위해서는 먼저 난민 지위를 신청해야 하고, 이에 대한 심사를 거친 후 지위를 인정받는다. 난민 신청은 'refugee (status) application' 또는 'application for refugee status' 등으로 번역한다.

10 난민 신청도 하지 못하고 발길을 돌려야 했던 R씨는 고민 끝에 캐나다에 가서 다시 난민 신청을 하기로 했습니다.

Faced with having to turn around and go back to Iran without even making an application, after much deliberation, he decided to go to Canada and again seek refugee status. (OK)

He decided to go to Canada and again seek refugee status after much deliberation, faced with having to turn around and go back to Iran without even making an application. (WO)

두 번째 번역문은 문장 구조와 순서에 문제가 있다. 문장에서 정보의 흐름을 분명하게 하려면 항상 사건의 순서를 짚어보아야 한다. 여기서 R씨가 본국에 돌아간 후 겪은 문제가 먼저이고, 그래서 여러 방안을 생각해본 후 캐나다로 가기로 한 것인데 번역문에서는 사건의 순서가 뒤죽박죽되어버렸다.

11 작년 뜨거운 여름 어느 날 그렇게 떠나 보낸 R씨가 얼마 전 캐나다에서 난민 인정을 받았다는 반가운 소식을 보내왔습니다.

Then, we received the happy news that Rashid, to whom we had said goodbye on a hot summer's day last year, had recently been granted refugee status. (OK)

Then, not long ago, we received the happy news that Rashid, whom we had sent away last year on a hot summer's day, was recently granted refugee status. (VT)

항상 동사 시제에 유의해야 한다. 시제에 대한 문법적 실수가 의미를 바꿀 수 있기 때문이다. 난민 인정을 받은 것은 난민인권센터에서 R씨로부터 편지를 받기 전에 일어난 일이므로 동사 'grant'는 과거 시제가 아닌 과거완료 시제로 쓰는 것이 맞다.

번역 과제 1 월드비전을 만난 지 벌써 4년, 두 번째 희망을 만나러 갑니다

한 구호단체에서 회원에게 발송하고 홈페이지에 올리는 국문 소식지의 내용 일부를 영문으로 번역하여 웹사이트에 싣기로 했다. 대외 홍보 자료 및 네트워킹에 활용하기 위한 아래 텍스트의 번역을 의뢰받았다고 가정하고 번역을 해보기 바란다.

월드비전을 만난 지 벌써 4년, 두 번째 희망을 만나러 갑니다

방글라데시 방문을 마음먹고 가방을 챙기면서부터 설레기 시작했다. 어떤 일들이 있을지, 어떤 희망을 만나게 될지, 어떤 천사들을 만나게 될지 기대에 부푼 꿈을 안고 공항으로 향했다.

방글라데시의 수도 다카에 도착하자마자 본 것은 물질의 풍요와 빈곤이었다. 한 장면 안에 더러움과 깨끗함이 공존했다. 예쁜 원피스를 입고 곱게 땋아내린 머리를 한 아이는 콜라병을 쥐고 야무지게 빨대로 콜라를 마시고 있었다. 그런데 바로 그 옆에는 땟물이 줄줄 흐르는 얼굴로 남들이 버린 콜라병을 줍고 있는 아이가 있었다. 아이들 대부분은 학교를 가지 못하고 폐지와 병을 팔아 살림에 보탠다고 했다. 그렇게 한 달 내내 버는 돈이 3−10달러.

가난 때문에 학교에 가지도 못한 채 일을 하고 있는 아이들이 너무 많았다. 가슴이 먹먹해졌다. 숙연해졌다. 내 관점으로 볼 땐 너무나 어이없고 힘든 상황인데도 그 아이는 웃고 있었다. 나는 단 한 번이라도 힘든 상황에서 그렇게 웃었던 적이 있는가. 항상 짜증 내고 불평하며 더 나은 환경에서 살고 싶어 했던 나 자신을 돌아보게 되었다. 많은 변화가 필요했다. 하지만 내가 할 수 있는 것은 없었다. 어린아이의 손을 잡아주는 것과 바라보며 그 아이들에게 웃음 지어주는 것, 그뿐이었다.

나는 영양센터에서 영양죽 만드는 것을 도왔다. 타국에서 온 내가 죽을 만들기 위해 곡식을 빻고, 볶는 모습이 재미있는지 내 행동 하나하나에 웃음이 끊이지 않았다. 아이들과 함께 웃다 보니 행복해졌다.

이번 여행에서 나는 쓰레기더미 위에서 환하게 웃음 지었던 아이에게서 웃는 법을 다시 배웠다. 열심히 살자. 그 아이를 보면서 내가 나에게 외쳤던 말이다. 사랑과 희망을 위해서 치열하게 살겠다고 다짐하니 이 세상이 덜 버겁게 느껴졌다. 월드비전은 내게 희망을 보여주었다. 사랑만이 희망임을 잊지 않고 살아야겠다. 이 세상에 많은 아이가 우리의 사랑으로 희망을 안게 되길 바란다.

출처: 『월드비전』 2011년 9·10월호 박정아 월드비전 홍보대사의 글 중에서 발췌

번역 준비

텍스트 분석에 필요한 다음의 질문에 스스로 답해본 후 번역을 시작하기 바란다.

누가 쓴 글인가(Who)? 월드비전 홍보대사가 쓴 글이다.

무엇에 관한 글인가(What)? 방글라데시로 봉사 여행을 갔던 경험에 대한 소감문이다.

누구를 위한 글인가(For whom)? 원문의 목표 독자는 월드비전 회원이나 후원자들이지만 번역문의 독자는 한국 월드비전 활동에 관심 있는 외국인들일 것이다.

글을 쓴 목적은 무엇인가(Why)? 방글라데시의 가난한 아이들을 통해 힘을 얻고 온 봉사 활동 경험을 나누고 어려움 속에서도 희망을 잃지 말자고 격려하기 위해 쓴 글이다.

어디에/어떤 매체에 글이 실리는가(Where)? 월드비전 영문 웹사이트와 출판물

로도 배포되는 뉴스레터에 실릴 예정이다.

어떻게 메시지를 전달하는가(How)? 글쓴이가 1인칭 시점에서 내러티브식으로 이야기를 풀어내고 있다. 방글라데시를 방문하기로 마음먹고 가방을 챙기면서부터 설레기 시작했다는 첫 문장부터 개인의 경험을 비격식적 문체로 풀어낸 글임을 보여준다.

주의할 어휘와 표현

- **설레기 시작했다** 여기에서 '설레다'는 여행에 대한 기대감이지 로맨틱한 감정이 아니기 때문에 적절한 표현을 선택해야 한다. flutter는 'My heart began to flutter with excitement.'와 같이 로맨틱한 느낌을 표현하므로 본문의 의도와 거리가 있다.
- **천사** angels라고 번역하기 전에 다시 생각해보아야 한다. 말 그대로 직역하면 날개 달린 천사를 생각하기 쉬워 원문이 전하고자 하는 뜻이 정확히 전달되지 않을 가능성이 있다.
- **웃고 있었다** 한국어로 '웃다'는 표현은 smiling과 laughing을 둘 다 포함하기 때문에 문맥에 따라서 smiling, laughing, smiling and laughing 중에 선택해야 한다. 이 맥락에서는 구체적으로 하나를 선택하기보다는 둘 다 사용하는 것이 낫다.
- **열심히 살자** 문화적 차이에 민감하게 언어를 사용해야 함을 보여주는 좋은 예이다. '열심히 공부하자'에서 '열심히'는 hard를 쓰면 된다. 그런데 '살자'와 같이 쓰일 때 '열심히'에 딱 맞는 영어 부사를 찾기 어렵다. sincerely, wholeheartedly, earnestly 등을 떠올릴 수 있지만 이 부사어들은 종교적이거나 동기 부여를 하는 상황 이외에는 그리 많이 쓰이지 않는 편이고 격식성이 있어서 이 텍스트 번역에서는 엄밀한 의미의 등가어가 아니다. '열심히'의 대응 표현을 찾는 데 급급하면 'live life to the fullest'라는 영어식 표현을 찾아내기 어렵다. 물론 이런 표현을 손쉽게 금방 구사할 수 있는 묘책은 없다. 다양한 텍스트를 많이 읽고 들으면서 비격식적인 표현을 열심히 익히는 길밖에 없다.

참고 번역문

Four years as a World Vision sponsor: my second journey of hope

The sense of excitement and anticipation about going to Bangladesh first hit me when I was packing my bags. What would I find there? What hopes for the future would people have there? What special people would I meet? These questions filled my thoughts as I headed for the airport.

The first thing I noticed when I reached Dhakar, the capital of Bangladesh, was the contrast of material wealth and poverty. Everywhere there was filth and cleanliness side by side. Next to a child in a pretty dress and delicately braided long hair sipping a bottle of Coke, you would find a grimy-faced kid gathering up the same empty discarded Coke bottles. Most children can't go to school and have to eke out a living selling waste paper and bottles. For this they make between three and ten dollars a month.

It shocked me to see so many children working just because they were too poor to go to school,[1] but I was amazed that they[2] were still smiling and laughing despite leading what to me was a terribly difficult life.[3] Had I ever been able to smile or laugh like that in tough situations? I reflected on myself, and how I constantly get annoyed and complain about things, always wanting to live somewhere better. Many things had to change, but meanwhile all I could do was hold hands with the children and give them a smile.

At a nutrition center run by World Vision I helped prepare soup. Perhaps because of the novelty of having a foreigner helping to prepare food in this way, grinding and frying the grain they couldn't help smiling and laughing at everything I did. I joined in the laughter and this gave me a happy feeling.

During this trip I learnt how to laugh again from these kids who so freely laughed even while sitting on top of a garbage dump. Live life to the fullest – that was the message these kids seemed to call out to me. I came to feel that when you commit yourself to fully giving out love and hope to others, then the world becomes a more manageable place. World Vision showed me what hope was. Love can only live while we do not lose hope. May the children of the world come to have hope through our love.

1 한 문장으로 번역하기 애매한 '가슴이 먹먹해졌다'를 효과적으로 표현하기 위해 두 문장인 원문 '가난 때문에 학교에 가지도 못한 채 일을 하고 있는 아이들이 너무 많았다. 가슴이 먹먹해졌다.'를 'It shocked me to see so many children working just because they were too poor to go to school.'로 번역했다.

2 원문의 '그 아이'는 쓰레기를 줍고 있는 아이 하나를 가리킬 수도 있지만 그런 아이들이 한둘이 아닐 것이므로 정관사를 사용한 단수 명사가 아닌 복수로 번역했다.

3 '가슴이 먹먹해졌다. 숙연해졌다'를 개인적인 비극에 대한 반응을 의미하는 'My heart felt heavy.'로 번역하기에는 가난한 그들의 상황을 보고 따뜻한 연민을 느끼길 바라는 문맥이라 적합하지 않다. 이 두 문장을 따로 번역하거나 사전적 의미로 표현하면 너무 무겁고 심각한 느낌을 주므로 바로 뒤의 문장과 연결해 '... but I was amazed that ...'으로 번역했다. 'solemn'과 같은 형용사를 사용하기에는 원문의 맥락과 거리가 멀다. 'a sobering reality'와 같은 표현도 시간이 지나서 상황을 깨닫는 상황에 걸맞다(예: 'the sobering reality of economics post-GFC). 보통 이런 상황을 맞닥뜨린 사람은 즉각적인 느낌을 받으므로 어울리지 않는 표현이다.

번역 분석

1 어떤 희망을 만나게 될지, …

What hopes for the future would people have there? (OK)

What hopes will I encounter there? (AWK)

원문의 형식에 집착하면 실수하기 쉽다는 것을 보여주는 예이다. 희망을 만난다는 은유적 표현을 번역하기에 앞서 어떻게 표현하는 것이 원문의 의미를 보존하면서 자연스러운 영어 표현이 될지 생각해야 한다. 한국어와 달리 영어로는 'hope'와 'encounter'를 같이 사용할 수 없다. 첫 번째 번역 예문과 같이 표현하든지 아니면 'What could I expect to do there?' 등과 같이 원문에서 약간의 거리를 두어 번역하는 것이 좀 더 자연스러운 영어 표현이라 할 수 있다.

2 방글라데시의 수도 다카 …

Dhakar, the capital of Bangladesh, ... (OK)
Dhakar, which is the capital of Bangladesh, ... (SLIGHTLY AWK)

적은 단어와 간단한 구로 표현할 수 있을 때 불필요하게 절을 쓸 필요가 없다. 두 번째 번역 예문과 같이 관계대명사를 넣으면 설명조가 되고, 격식성을 띠게 된다. 또한 독자가 다카가 방글라데시의 수도라는 사실을 모른다는 것을 암시하기 때문에 굳이 이렇게 쓸 필요가 없다. 단, 독자가 모른다는 점을 확신할 때는 'which is/who was' 등 관계절을 사용하도록 한다. 아래의 예문을 비교해 보자.

Jim, who was my best friend in primary school, ...
(화자는 청자가 Jim을 모른다고 생각한다.)
Jim, my best friend in primary school, ...
(화자는 청자가 Jim을 안다고 생각한다.)
Syngman Rhee, who was the first President of the Republic of Korea, ...
(화자는 청자가 이승만이라는 인물에 대해 들어보지 않았을 것이라 생각한다.)

Syngman Rhee, the first President of the Republic of Korea, ...
(화자는 청자가 이승만이라는 인물에 대해 들어봤을 수 있다고 생각한다.)

3 아이들 대부분은 학교를 가지 못하고 폐지와 병을 팔아 살림에 보탠다고 했다.

Most children can't go to school and have to eke out a living selling waste paper and bottles. (OK)
Most children can't go to school and sell waste paper and discarded bottles to contribute to their household income. (AWK/LIT)

'contribute to household income'은 '살림에 보탠다'는 원문의 형식을 살린 표현인데, 보고서와 같은 텍스트에서는 쓸 수 있지만 이 내러티브 텍스트에서 사용하기에는 너무 격식성이 높고 딱딱한 느낌이다. 따라서 두 번째 번역문은 이 글의 성격과 다소 맞지 않은 표현이라고 하겠다.

4 내 관점으로 볼 땐 너무나 어이없고 힘든 상황인데도 …

... despite leading what to me was a terribly difficult life. (OK)
... from my perspective, it was a ridiculous and difficult situation. (AWK)

어이없는 상황이라고 해서 두 번째 번역문과 같이 'ridiculous'를 쓰거나 또는 'outrageous'를 쓰면 아이들의 생활을 모욕하는 듯한 잘못된 인상을 주기 때문에 주의해야 한다. 어이없고 힘든 상황은 바꿔 말하자면 아이들이 쓰레기를 줍고 어른처럼 생계를 도와야 하는 삶을 말한다. '내 관점으로 볼 때'가 있다고 해서 'from my perspective'로 옮길 필요는 없다. 이미 상황에 대한 묘사에는 내 판단이 들어 있기 때문이다. 첫 번째 번역문에서는 이 부분을 'what to me was'로 간단하게 처리했다.

5 나는 영양센터에서 영양죽 만드는 것을 도왔다.

At a nutrition center run by World Vision I helped prepare soup. (OK)

At a nutrition center run by World Vision I helped prepare nutritious soup. (AWK)

자연스러운 목표 언어로 표현하려면 신중히 생각해야 한다. 영양센터에서 만드는 죽은 당연히 영양을 제공하기 위한 목적이므로 두 번째 번역문과 같이 'nutritious soup'이라고 쓰는 것은 부자연스럽고 의미가 중복된 느낌을 준다. 원문에 영양센터에 대한 설명은 없으나 월드비전이 운영하는 곳으로 충분히 짐작할 수 있다. 따라서 정보를 추가함으로써 영어 독자들이 맥락 정보를 좀 더 수월하게 읽을 수 있게 한 것이다.

I helped prepare soup at a nutrition center run by World Vision. (OK)

At a nutrition center run by World Vision I helped prepare soup. (BETTER)

장소와 같은 맥락 정보를 문장 맨 앞에 두는 것은 'I'로 시작하는 문장보다 강한 느낌을 준다. 보통 영어 문장에서는 이러한 부사절을 주절 앞에 둔다. 특히 내러티브 텍스트에서는 행동을 말하기 전에 먼저 배경과 맥락 정보에 대해 소개하는 것이 일반적이다. 여기에 대해서는 앞으로 몇 차례 더 설명할 것이다.

6 열심히 살자. 그 아이를 보면서 내가 나에게 외쳤던 말이다.

Live life to the fullest – that was the message these kids seemed to call out to me. (OK)

'Let me live my life to the fullest!' I shouted to myself while I was watching that child. (AWK/IN)

두 번째 번역문에서 '열심히 살자'의 번역 표현은 나로 하여금 인생을 만끽하며 살도록 하라는 뜻이 되기 때문에 정확하지 않고 이상하다. 또한 'I shouted to myself'는 '내가 나에게 외쳤던'을 직역한 것인데 아이를 보면서 나 자신에게 소리친다는 것은 말이 되지 않는다. 한글 원문의 의미는 자기가 느낀 점 내지 자신에게 다짐한 것이라고 봐야 맞다. 원문이 의미하는 바를 번역해야지 언어적 형식을 그대로 옮겨서는 정확한 번역이 될 수 없다는 점을 보여주는 예이다.

7 사랑과 희망을 위해서 치열하게 살겠다고 다짐하니 이 세상이 덜 버겁게 느껴졌다.

I came to feel that when you commit yourself to fully giving out love and hope to others, then the world becomes a more manageable place. (OK)

After I decided to live my life more fiercely/passionately for love and hope, this world seemed less burdensome. (WW)

'치열하게 산다'는 말도 영어로 옮기기 힘든 표현이다. 굳이 원문 형식에 매달리면 두 번째 번역문처럼 어색한 표현이 되고 만다. 'live my life fiercely'나 'live passionately' 모두 부자연스러운 표현이다.

8 사랑만이 희망임을 잊지 않고 살아야겠다. 이 세상에 많은 아이가 우리의 사랑으로 희망을 안게 되길 바란다.

Love can only live while we do not lose hope. May the children of the world come to have hope through our love. (OK)

I will live, not forgetting that love is the only hope. I hope many children in the world embrace hope with our love. (AWK)

내러티브 텍스트 번역에서는 자연스러운 표현을 사용하는 것이 중요하기 때문에 원문에 가까운 번역 대신 목표 텍스트의 자연스러움을 우선적으로 고려했다. 그러한 관점에서 두 번째 번역문은 원문 형식에 충실하기는 하나 영어로는 부자연스러운 표현이라 적절하지 못한 번역이다.

번역 과제 2 장애를 극복한 수영선수 이야기

한 교회에서 목사님의 설교문을 영어로 번역하여 교회 웹사이트에 올림으로써 좀 더 많은 사람들과 감동적인 메시지를 나누고자 한다. 아래 설교문의 번역을 맡게 되었다고 가정하고 번역해보기 바란다.

장애를 극복한 수영선수 이야기

자폐성 2급 장애를 가지고 있는 청년 김진호 군은 2005년도 체코에서 열린 장애인 수영선수권대회에서 200미터 배영 세계 신기록을 세우며 금메달을 획득했습니다. 그리고 이어 2009년도에 체코에서 열린 글로벌 게임에서 자신의 기록을 갱신하면서 또다시 금메달을 땄습니다. 스물 여섯이 된 진호 군은 지금 2012년 런던 장애인올림픽을 준비하고 있습니다. 진호 군은 평생 자신의 세계 속에 갇혀 지내야 하는 그런 장애를 부모님과 함께 더불어 조금씩 극복해가고 있습니다.

진호 군은 원래 2대 독자로 건강하게 태어났다고 합니다. 그런데 자라면서 조금 이상한 행동을 보이기 시작했습니다. 길 가다가 잡은 엄마의 손이 느슨해지면 금방 어디론가 튀어가고 위험한 일을 당할 뻔한 일이 한두 번이 아니었습니다. 시간이 흐르면서 부모와 자식 간에 교감이 이뤄지지 않는다는 느낌을 받았습니다. 진호 군이 네 살 때였던 1997년 병원에서 자폐아라는 판정을 받았습니다. 당시만 해도 잘 들어보지 못하고 생소했던 병명이었습니다.

부모님은 충격에 빠졌습니다. 왜 이런 일이 우리에게 일어나는가 화도 나고, 슬펐습니다. 우리가 잘못한 것이 있는가 죄스럽고 미안했습니다. 그리고 길거리에서 느껴지는 차가운 시선에 마음 아프고 고통스럽기도 했습니다.

자폐아에게서 흔히 볼 수 있는 것이지만 진호의 경우는 자해를 자주 해서 부모님이 속상하기 그지 없었다고 합니다. 어르기도 하고 야단치기도 했지만 아무 소용이 없었습니다. 때로는 화장실에 데리고 가서 배드민턴 채로 때리고 야단치기도 했습니다. 차라리 죽어버렸으면 좋겠다는 마음이 들었고, 자폐아 자녀가 교통사고로 죽었다는 어느 부모의 얘기를 들었을 때 부럽다는 생각마저 들었다고 합니다.

장애인을 둔 가족은 평생 고통과 함께 삽니다. 자폐아 자녀를 둔 가족들은 외출할 때 가둬놓고 나갑니다. 오해하는 사람들은 학대하는 것이 아닌가 생각하지만 통제하기 어렵기 때문에 위험을 감수하기보다 차라리 방안에 가둬놓고 나가는 방법을 택한다고 합니다. 또 다른 형제의 혼사길이 막힐까 봐 자폐 사실을 쉬쉬하면서 숨기기도 합니다. 자폐아라는 선고를 받는 것도 고통스럽지만 하루하루 자폐아를 키우며 살아가는 것이 다른 사람에게 떠넘길 수 없는 힘든 일입니다.

진호 군의 어머니도 힘겨워 어느 날 어린 아들을 안고 아파트에서 뛰어내리려는 생각을 했습니다. 그런데 그 즈음 이웃 아파트 주부가 투신자살했다는 소식을 듣고 너무 끔찍하게 느껴지고 그런 식으로 생을 마감해서 안 되겠다는 마음이 들어 마음을 돌이키게 되었습니다. 그 후 아들 진호로 인해서 어머니 유현경 씨가 예수님을 만나게 되었습니다. 그때는 지푸라기라도 잡고 싶은 심정이었습니다. 전도한 분을 따라 구역예배에 참가하였습니다. 그런데 진호가 어지럽히고 난장판을 만들어놓았는데 구역 식구들은 아무도 싫다는 내색을 하지 않았습니다. 도리어 진호를 위해서 따뜻하게 손잡고, 간절하게 기도해주었습니다.

출처: 높은뜻 광성교회 이장호 목사 2011년 5월 22일자 설교문 중에서 발췌 및 정리

번역 준비

문화마다 장애를 보는 시각이 다르고 같은 언어권에서도 시대에 따라 언어 표현에 민감한 정도가 다르다. 어떠한 어휘와 구가 적절할지 자신이 없다면 'disablility'와 장애인에 대해 검색해보는 것도 좋다. 텍스트 분석에 필요한 다음과 같은 질문에 스스로 답해본 후 이를 토대로 번역문을 작성해보기 바란다.

누가 쓴 글인가(Who)? 목사님이 쓴 글이다.

무엇에 관한 글인가(What)? 주일예배 설교에 포함된 감동적 일화이다. 장애에 대한 텍스트라는 점을 주목해야 한다.

누구를 위한 글인가(For whom)? 원문은 설교를 듣거나 설교문을 읽는 신자들이지만 영어 번역문의 목표 독자는 교회의 영문 웹사이트 방문자들이다.

글을 쓴 목적은 무엇인가(Why)? 크게 보면 선교와 복음전도가 목적이고, 작게 보면 장애를 극복한 수영선수의 감동적인 스토리를 통해 어려운 상황에 있는 사람들을 격려하고자 함이다.

어디에/어떤 매체에 글이 실리는가(Where)? 교회 웹사이트에 영어 번역문이 올라갈 것이다.

어떻게 메시지를 전달하는가(How)? 내러티브식으로 이야기를 풀어내고 있는데 이 텍스트가 설교에 사용된 예화라는 점을 간과할 수 없다. 본문의 마지막 문단은 글의 성격과 목적을 강하게 암시한다.

주의할 어휘와 표현

- **자폐성 2급 장애** 한국에서는 장애 정도에 따라 장애인 등급 판정을 하는데 영어권 독자가 Class 2 autism이라는 표현을 보고 어느 정도의 장애를 의미하는지 알기 어렵고, 그렇게 등급으로 분류한다는 점도 쉽게 이해하기는 어려울 것이다. 그렇지만 굳이 역자 주를 삽입하면서까지 추가 정보를 제시할 필요가 없는 것은

이 글이 정보성 텍스트가 아니기 때문이다.

- **대회** 대회는 games, tournament, championships, meeting, competition 등의 표현이 가능한데 맥락에 따라 어떤 것이 적합한지 판단해야 한다. 여기서의 수영 대회는 고유명사로서 공식 영어 명칭이 World Para-Swimming Championships 라는 것을 리처치를 통해 먼저 확인한다. 대회명은 공식 명칭을 써야 한다.
- **자신의 기록을 갱신하면서** 자신의 기록을 깨고 신기록을 세운 것이므로 better his own record 또는 break his own record라는 표현을 쓸 수 있다.
- **2대 독자** 독자라는 의미를 전달해주기 위해 the only son of an only son이라고 쓸 수 있다. 그렇지만 한국적인 친족 개념과 명칭은 영어와 다르기 때문에 복잡하고 영어권 독자에게 다소 생경한 느낌을 줄 수 있다.
- **교감** 상황에 따라서 sharing feelings/emotions/affections/sympathy/communication 중에서 어떤 표현이 적합할지 생각해야 할 것이다.
- **혼사길이 막힐까 봐** 매우 한국적인 표현이다. 영어적 논리로 생각하면 결혼할 수 없게 되다, 결혼할 수 있는 가능성이 떨어진다는 뜻으로 풀어서 번역할 수 있다.
- **지푸라기라도 잡고 싶은 심정** 한국적인 은유로 직역을 해서는 의미가 통하지 않는다. 무슨 짓이라도 하고 싶은 절박함을 표현하면 된다. 은유 번역에 대해서는 7장에서 별도로 설명을 할 것이다.

참고 번역문

The swimmer who triumphed over disability

At the 2005 World Para-Swimming Championships held in the Czech Republic, young Kim Jin-ho, who was a Class 2 autism competitor, set a new world record in the 200 meters backstroke and gained a gold medal. Then at the 2009 Global Games, also held in the Czech

Republic, he bettered his own record and again took out the gold medal. Now twenty-six, Jin-ho is preparing for the 2012 London Paralympics. Step by step, alongside his parents, he is triumphing over the disability which all his life has confined him to his own little world.[1]

Jin-ho was born the only son of an only son. He was a healthy baby, but as he grew he showed unusual behavior traits. When walking with his mother, he would let go of her hand and run off, nearly coming to grief several times. It seemed to them that he didn't share the normal bond of affection between parent and child, and in 1997 when he was four years old he was clinically assessed as being autistic. Even at that time it was not a very widely known or understood condition.

His parents were stunned by this. They felt a mixture of anger and sorrow that such a thing could happen to them. They felt both guilty and sorry, asking themselves whether it was retribution for some sin they had committed. In public their hearts turned sick with pain as they felt themselves under the gaze of cold, disapproving eyes.

They were constantly haunted by the fact that, as often happens with autistic children, he could unwittingly cause himself physical harm. As he grew up, he threw tantrums[2] and there was nothing they could do, and at times they would take him to the toilet and try to discipline[3] him with a badminton racket. They began to think they would be better off if he were to die, and felt envious of the parents when they heard of an autistic child who had died in a car accident.

Families with disabled members face many trials throughout life. When families with an autistic child go out they have to make sure the child is securely confined. Other people who do not understand may see this as cruel but because it is difficult to restrain them, it is better to secure them inside rather than placing them in danger outside. Moreover, they keep the fact that they have an autistic child a secret as it may affect the marriage prospects of the brothers and sisters. It is distressing to have a child diagnosed as autistic, but also caring for them day to day is an even more difficult task that cannot be left to other people to perform.

Jin-ho's mother felt overwhelmed and had thoughts of taking her child and jumping off the apartment building, but just at this time she learned that a housewife in a neighboring apartment had done just that. This made her feel how horrible it would be to do such a thing, ending one's life in this fashion, and it turned around her whole way of thinking.[4] Soon after this, through her son's situation, the mother, Ms Yu Hyun-gyong came to Jesus. Her mind was in such a state that she felt she would try anything. Someone invited her to join a small bible prayer group in a local church. There she found the people did not turn away from Jin-ho when his behavior disrupted the group's activities, and instead warmly welcomed and embraced them and constantly prayed for them.

1 'has imprisoned him in his own world'라고 표현할 수도 있다.

2 아이의 행동에 초점을 두어 'throw tantrums'라고 표현했다. 영어 논리 전개상 'As he grew up, he threw tantrums'를 넣어주는 것이 내용에 변화를 주지 않고 자연스럽다고 보았다. 바로 앞의 문장에서 진호가 자해를 해서 부모님이 속상했다는 내용이 나오는데 자해했을 때 어르거나 심하게 야단친다는 뜻은 아니고 떼쓰거나 고집부릴 때 어르거나 야단치는 것으로 해석했다.

3 텍스트의 유형과 기능을 고려해 '때리다'를 'hit'으로 번역하면 아동폭력의 이미지를 떠올릴 수 있으므로 목표 문화권의 정서를 감안해 'discipline'이라는 어휘를 사용했다.

4 'she changed her mind'라고 간단히 표현하지 않은 이유는 'change one's mind'는 물건을 사려다 마음을 바꾼 것과 같이 사소한 경우에 쓰기 때문이다. 다음 두 가지 예문을 비교해보면 알 수 있다. I was going to buy that PC but I changed my mind. vs Using the new Mac has turned around my whole way of thinking about PCs.

번역 분석

1 장애를 극복한 수영선수 이야기

The swimmer who triumphed over disability (OK)

The swimmer who overcame disability (OK)

The story of the swimming competitor who overcame his disability (AWK)

—

세 번째 번역문은 몇 가지 이유로 부적절한 번역이다. 문자적인 번역은 절대 안전하지 않다. '수영선수'라는 한국어 표현을 번역할 때 영어로는 굳이 선수를 번역하지 않는다. 수영선수도 'swimmer'라고 쓰면 충분하다. 'swimming competition'은 있어도 'swimming competitor'라는 표현은 쓰지 않는다. 이 텍스트에서 말하는 'swimmer'가 수영을 즐기는 사람인지 대회에 출전하는 수영선수인지 모호하다고도 할 수 있겠지만 문맥을 살펴보면 이 모호성은 해소된다. 첫 번째와 두 번째 번역문에서는 '이야기'를 의미하는 'story'를 넣지 않았는데, 그것은 이 글이 내러티브 텍스트라는 것을 독자가 쉽게 알 수 있고, 제목에 넣으면 불필요하게 길어지기 때문이다.

2 200미터 배영 세계 신기록을 세우며 금메달을 획득했습니다.

He set a new world record in the 200 metres backstroke and gained a gold medal. (OK)

He set a new world record in the 200 metres backstroke by winning a gold medal. (PR)

—

세계 신기록을 세우는 것과 금메달을 따는 것과는 분리 가능한 일이고 금메달을 따서 세계 신기록을 세우는 것은 아니므로 전치사 'by'를 쓴 것은 맞지 않다.

3 그리고 이어 2009년도에 체코에서 열린 글로벌 게임에서 …

Then at the 2009 Global Games, also held in the Czech Republic, ... (OK)

Then at the 2009 Global Games, held in the Czech Republic, ... (TS)

2005년 열린 대회에 이어 2009년 대회도 체코에서 열렸다. 원문에는 명시화되지 않았지만 영어로 번역할 때는 'also'가 포함되어야 논리가 통한다. 이렇게 영어에 필요한 요소를 번역문에서 사용하는 것은 불필요한 첨가가 아니라 필요한 첨가 사항이다.

4 … 장애를 부모님과 함께 더불어 조금씩 극복해가고 있습니다.

He is triumphing over the disability which ... (OK)

He is coming to terms with the disability which ... (OK)

He is overcoming his disability which ... (WW/IN)

많은 학생들이 적절한 어휘의 선택이 번역에서 얼마나 중요한지 과소평가한다. 이 텍스트에서 어휘 선택 문제는 알려진 치료책이 없고 집중적인 치료를 받아도 삶의 질적 향상은 크게 없다는 자폐증의 특성에 대한 이해에서 출발해야 한다. 그런 의미에서 '장애를 극복하다'는 표현을 번역할 때 가난을 극복하는 것과 같이 고칠 수 있는 상황에 사용하는 'overcome'을 쓸 수 없다는 점을 알아야 한다. 영어 논리로는 어려운 환경에도 불구하고 긍정적인 성과를 이룸으로써 'triumph over adversity'라고 하는 것에 더 가깝다. 'triumph'를 사용한 예문 두 가지를 아래에 제시한다.

Her triumph over the tragedy of losing her baby touched us all.

The courage shown by many prisoners of conscience under torture is a triumph of the human spirit.

5 건강하게 태어났다고 합니다.

He was a healthy baby. (OK)

He appeared to be healthy. (OK)

He was born healthily. (AWK)

He was born in normal condition. (AWK)

영어와 한국어의 통사적 차이를 잘 보여준다. 영어에서는 이런 방식으로 부사(구)를 사용하지 않는다. 원문의 형식이 '… 했다고 합니다'라서 일종의 간접 인용이지만 아기의 건강 상태에 초점이 맞추어져 있으므로 다른 문장과 마찬가지로 단순한 평서문으로 번역하는 것이 적절하다.

6 이상한 행동을 보이기 시작했습니다.

He showed unusual behavior traits. (OK)

He showed strange behavior traits. (WW)

단어의 일대일 대응이 되지 않는다는 것을 잘 보여주는 예이다. '이상한'이라고 해서 'strange'가 딱 맞아 떨어지지는 않는다. 특히 사람의 행동을 이상하다고 할 때는 그렇다. 'strange'는 정상적인 행동과 다르다는 의미가 포함되어 있다. 본문의 맥락상 'behavior which was out of the ordinary' 혹은 'abnormal behaviour'가 적절한 표현이다.

7 … 위험한 일을 당할 …

... coming to grief ... (OK)

... getting in trouble ... (IN)

—

'come to grief'는 불운이나 안 좋은 일을 당한다는 표현인데 이 맥락에서 적절한 번역이다. 반면, 두 번째 예문의 표현은 자발적으로 다른 사람에게 나쁜 짓을 한다는 뜻을 내포하기 때문에 원문이 의미하는 바와는 다른 부정확한 번역이다.

8 병원에서 자폐아라는 판정을 받았습니다.

He was clinically assessed as being autistic. (OK)

He was diagnosed with autism. (OK)

He was assessed at a hospital as being autistic. (AWK)

—

자폐아 판정은 전문의가 하는 것이라는 전제가 성립하기 때문에 세 번째 예문의 'at a hospital'은 불필요하다. 원문의 표현을 하나하나 번역문에 다 포함시켜야 정확한 번역이라는 생각 때문에 생긴 문제이다.

9 당시만 해도 잘 들어보지 못하고 생소했던 병명이었습니다.

Even at that time it was not a very widely known or understood condition. (OK)

Even at that time it was not a very widely known or understood illness. (WW)

—

여기서 병은 'illness', 'sickness', 'disease'라고 번역하기에 적절하지 않은 감이 있다. 이런 점이 바로 맥락에 따라 적절한 어휘 선택을 할 줄 아는 능력과 관계된다. 정신질환이 아닌 발달장애의 성격을 가진 자폐증에는 'illness', 'sickness', 'disease'를 쓸 수 없다.

10 부모님은 충격에 빠졌습니다.

His parents were stunned by/at this. (OK)

His parents were stunned with the diagnosis. (PR)

영어의 전치사를 정확하게 사용하는 것이 쉽지는 않다. 아래의 예문을 보면 물리적인 도구는 'with'와 함께 사용하고 'by'는 정서적 영향과 함께 쓰며, 'at'은 물리적 상황에 대한 반응과 함께 쓰는데 'by'와 'at'은 서로 바꿔 쓸 수 있다. 한글 원문에서 가리키는 충격의 의미는 영어로는 'shocked'보다 'stunned'에 더 가깝다.

The cattle were penned and then stunned with an electric cattle prod. (OK)

I'm stunned by the news. I thought he was an honest man. (OK)

I'm stunned with the news. I thought he was an honest man. (PR)

11 우리가 잘못한 것이 있는가 죄스럽고 미안했습니다.

They felt both guilty and sorry, asking themselves whether it was retribution for some sin they had committed. (OK)

They felt both guilty and sorry, asking themselves whether it was retribution for some sin they committed. (VT)

원문을 읽어보면 부모님이 느꼈던 죄책감은 아이의 문제를 발견하기 이전의 과거 행실에 잘못한 것이 있는지에 대한 것임을 알 수 있다. 따라서 첫 번째 번역 예문과 같이 'commit' 동사의 과거 시제가 아닌 과거완료 시제를 사용해야 한다.

12 자해를 자주 해서 …

He could unwittingly cause himself physical harm. (OK)

He could cause himself physical harm. (INC)

번역을 하다 보면 원문의 의미가 애매모호할 때가 종종 있다. 영어로 'cause oneself physical harm'이라고 하면 정신병적인 징후인 자해self-mutilation를 한다는 인상을 주므로 이렇게만 쓴다면 원문의 의미를 정확하게 표현하지 못한다. 자폐 아동은 무엇이 위험한지 잘 인지하지 못해 스스로를 다치게 하는 것이기 때문에 'unwittingly'라는 부사를 넣음으로써 의도적인 자해라는 의미를 없앨 수 있다.

13 어르기도 하고 야단치기도 했지만 아무 소용이 없었습니다.

They tried mollifying him, and they tried shouting at him, but nothing worked. (OK)

They tried to stop him by coaxing/pacifying or scolding him, but to no avail. (WW)

They tried to stop it by scolding him and coaxing him, but it was no use. (WW)

참고 번역문에서는 아들을 주어로 하여 표현을 했는데 위 예문들에서는 부모를 주어로 하여 번역을 했다. 원문에 가깝게 번역한 것이 첫 번째 번역문으로 어르다, 야단치다 등의 표현을 우회적으로 번역했다. 두 번째, 세 번째 번역문은 대구 구문으로서의 구조가 약하다. 단어 위주로만 대응하여 번역하면 어휘별 특성이 있기 때문에 대구가 살지 않는다. 동사 'coax'는 'coax someone to do something specific'과 같이 써야 한다. 위 문장의 구문 형태를 유지하려면 'coaxing' 대신 'pacifying', 'mollifying'을 쓸 수 있는데 여기에서는 'mollifying'이 더 적합하다. 'scold'를 쓰면 구식 영어의 냄새가 난다.

14 또 다른 형제의 혼사길이 막힐까 봐 자폐 사실을 쉬쉬하면서 숨기기도 합니다.

Moreover, they keep the fact that they have an autistic child a secret as it may affect the marriage prospects of the brothers and sisters. (OK)

Many families hush up that they have an autistic child with worry that he might stand in the way of his sibling's marriage. (AWK)

혼사길이 막힌다는 것은 결혼하기 힘들 수 있다는 뜻인데 두 번째 번역문은 결혼생활에 장애가 된다는 의미도 될 수 있기 때문에 정확성이 떨어지는 표현이다. 게다가 'with worry that'이라는 표현도 어색하며, 'hush up'은 목적어나 목적절이 뒤따를 수 없으므로 문법에 맞지 않다. 아래 'hush up'을 사용한 예문을 보자.

Many families hush up that they have an autistic child, worried that this might harm the marriage prospects of their other children. (OK)

Many families hush up that they have an autistic child, worried that he might stand in the way of his siblings' marriage. (GEN)

영어에서는 성·수 구분이 뚜렷하기 때문에 번역을 할 때 단·복수만큼이나 성별 구분을 잘못해 실수를 하기 쉽다. 위의 두 번째 번역문은 'his siblings'를 보면 알 수 있듯이 자폐아를 남성으로 제한하여 여성 자폐아를 제외해버렸다. 미국에서는 성차별적인 'policeman'이라는 단어를 쓰지 않고 'police officer'를 쓰도록 하는 등 성차별 반대 문화가 지배적이다. 문화는 언어와 긴밀한 관계가 있으므로 번역을 할 때 이 점에 유의해야 한다.

핵심 번역 기술 어휘 지식

번역을 하는 것을 건축에 비유한다면 어휘는 벽돌과 같다. 벽돌집을 짓는 데 벽돌은 핵심적인 요소이다. 번역을 공부하면서 짧은 시간 안에 정확한 어휘를 구사할 수 있도록 훈련을 쌓는 것이 중요하다. 초보자들의 경우 체계적인 어휘 학습이 부족하기 때문에 복잡하고 추상적인 개념이나 견해를 표현하는 것이 어려우며, 특정 장르에 속하는 고급 표현을 잘 구사하지 못한다. 그리고 번역을 할 때 단순히 사전이나 단어집에 의존하는 경향이 있다.

번역을 잘하기 위해 어느 수준의 어휘 지식이 필요한지에 대해서 간단히 답할 수는 없지만 고급 수준의 어휘력이 필요하다는 것은 분명하다. 어휘력을 초급, 중급, 고급으로 구분한다면, 초급 단계는 발음과 철자를 아는 수준이다. 중급 단계는 의미에 관한 수동적인 지식을 갖추고 있는 수준으로 어휘의 변형을 할 줄 알기 때문에 굳이 사전을 보지 않아도 되는 정도이다. 중급 단계에서부터 언어의 사회언어학적, 화용적 차원에 대해 눈을 뜬다. 그렇지만 전문적인 번역을 하기에는 턱없이 모자란 수준이다. 중급 수준의 어휘력으로는 격식성에 대한 감이 부족하여 다음과 같은 실수를 하기 쉽다.

a. I'm a bit off-color ? maybe I've got a bit of gastroenteritis.
b. How many students are partaking of this course?
c. The President has OK'd a state funeral for a military hero.

위 세 개의 예문은 공통적으로 밑줄 친 어휘 선택에 문제가 있다. 비격식적인 문장에서 a와 같이 굳이 'gastroenteritis'와 같은 의학 전문 용어를 쓰는 것보다는 'stomach bug'가 적절하고, b 역시 'partaking of'보다는 활용도가 높은

do 동사를 사용하여 'doing'으로 번역하는 것이 좋다. 반면 c와 같이 격식성이 필요한 문장에서는 'ok'보다는 'approve'가 적합하다. 이러한 어휘 선택에 관한 지식은 중급 이상은 되어야 갖출 수 있다.

이 장에서 살펴본 번역 분석 예문을 통해서도 어휘 선택이 번역의 질을 좌우함을 알 수 있었다. 고급 단계, 즉 전문 번역가 수준이 되려면 단어의 사용과 빈도에 관한 패턴뿐 아니라 같이 사용되는 어휘(연어), 사용 가능한 맥락과 뉘앙스까지 알 정도로 단어를 충분히 활용할 수 있어야 한다. 이런 단계에 이르기 위해서는 많은 시간을 투자하고 노력을 기울여야 함은 물론이다. 어떤 학습자도 남과 똑같이 해서 성공할 수 있다는 보장이 없다. 자기가 할 수 있는 목표, 즉 현실적인 목표와 접근 방식을 정하고 필요한 어휘 수준에 도달할 수 있는 계획을 세울 필요가 있다.

수동적 어휘 vs 능동적 어휘

듣거나 보면 아는 단어이지만 번역을 할 때 스스로 쉽게 생각해내서 쓸 수는 없는 단어들이 있을 것이다. 이는 아직 능동적 어휘 지식 수준에 도달하지 않았기 때문이다. 꾸준히 좋은 텍스트를 많이 읽고 다양한 어휘를 접하면서 이를 활용해보는 연습을 해야 전문적인 수준으로 올라갈 수 있다. 어휘 지식을 다음과 같이 5단계로 구분하기도 한다.[1]

1. noticing('무슨 의미일까' 생각하는 단계)
2. comprehending('아 그런 뜻이구나' 알게 되는 단계)
3. situational/experimental use('이런 상황에 쓸 수 있는 것 같다'는 직관이 생기는 단계)
4. internalizing(내재화하는 단계)

1 참고 문헌 Wesche & Paribakht(1996) 참조.

5. fully comprehended output(숙지하고 사용하는 단계)

번역사로서 능동적으로 어휘를 사용할 수 있으려면 마지막 다섯 번째 단계의 어휘 지식을 소유해야 한다.

어휘의 깊이와 폭

단어장을 통해 어휘를 공부하면 양적으로 많이 습득할 수는 있겠지만 사회, 문화, 역사적 맥락에 대한 이해를 넓히기 어렵기 때문에 정확히 활용할 수 없는 1차원적인 얄팍한 지식에 머물게 된다. 단순히 어휘 사이즈를 키우는 데 그치지 말고 상식을 함께 쌓음으로써 어휘와 관련된 사회, 문화, 역사적 맥락을 같이 익혀야 부자연스럽고 어색한 번역을 피할 수 있다. 또한 특정 어휘와 동의어, 등위어coordination, 상위어superordination 관계에 있는 어휘를 알아야 표현이 풍부해질 수 있다. 동의어는 'fall'과 'autumn'과 같이 의미가 같은 말을 가리킨다. 등위어는 'salt', 'pepper', 'sugar' 등과 같이 같은 범주, 즉 여기서는 양념류에 속하는 말을 가리키며, 상위어는 이를 통틀어 'condiments'로 부르는 것처럼 일반적이고 포괄적인 어휘를 가리킨다. 이외에도 언어사용역, 연어 등 다음과 같은 정보를 알아야 깊이 있는 어휘 지식을 갖추었다고 할 수 있다.

- 빈도: 사전에 나와 있다고 해서 실제로 많이 사용되지 않을 수 있기 때문에 실제 자주 사용되는지 단어에 대한 지식이 있어야 한다.
- 언어사용역: register로 더 많이 알려져 있는 언어사용역은 언어를 사용하는 사회적 집단과 맥락에 따라 달라지는 언어 스타일을 가리킨다. 앞서 보았듯이 비격식성 표현을 써야 할 때 격식성 표현을 쓰면 어색한 결과를 낳는다.
- 연어: 말이든 글이든 커뮤니케이션을 하면서 단어 하나만 단독으로 쓰이는 경우는 거의 없기 때문에 어떤 단어와 같이 자주 사용되는지 알아야

한다. 쉽게 말해 연어는 두 개 이상의 단어가 반드시 같이 사용되거나 자주 사용되는 현상을 가리키며 영어로 collocation이라 칭한다. 연어 정보를 안다는 것은 어휘 지식뿐 아니라 화용 지식도 갖추었다는 것을 의미하는데, 원어민들도 연어 사용 시 실수를 하기도 한다. 예를 들자면 틀니를 'fake teeth'라고 하지 않는 것과, 음식 재료를 열거할 때 'butter and bread'라고 쓸 수 있는 몇몇 경우를 제외하면 'bread and butter'라고 쓴다는 것은 연어 정보를 알아야 가능하다. 형용사나 명사도 같이 쓰이는 단어가 따로 있다. 예를 들면 형용사 'blonde'는 명사 'chair'와 같이 쓰이지 않지만 'woman'과는 같이 쓰이는데 이와 같은 연어 법칙을 알아야 좋은 번역을 할 수 있다.

- 대응어 관계: 학습자들은 영어 단어에 해당하는 대응어가 한국어에도 있다고 생각하는 경향이 있다. 원문에 있는 내용을 모두 번역하는 것은 맞지만 모든 글자 하나하나를 다 번역해야 하는 것은 아니다. 원문과 다른 언어와 문화 및 담화 관습 체계에 기초한 번역문은 그 자체로서 목표 언어권, 즉 영어 사용자들 사이에서 의미가 통하고 자연스러운 표현이어야 한다.

효과적인 어휘 학습 방법

암기와 같은 직접적인 학습법이 안전하다고 생각할 수 있지만 단어 사용에 있어서 좀 더 전문적인 수준으로 나아가는 데에는 한계가 있다. 대부분의 학습자들이 교육받은 원어민 수준의 어휘 실력을 갖추기는 어렵지만 문맥을 통해 유추할 수 있는 능력을 키울 수 있다. 기존에 가지고 있는 지식과 개인 경험을 바탕으로 의미를 유추할 수 있는 기술을 닦는 것이 중요하다. 이러한 능력을 강화하기 위해서는 모르는 단어가 나올 때마다 사전에 의지하기보다는, 폭넓은 독서를 정기적으로 하는 습관을 기르는 것이 중요하다. 적절히 사용하면 사전은 매우 유용한 참고 자료가 되지만 지나치게 의존하면 부작용이 따르다. 잘 모르는 단어가 있을 때 즉시 사전에서 찾아보기보다는 어근 형태를 살펴보고 문맥을 바탕으로 의미를 유추하는 능력을 계발해야 한다. 그리고 의미를 확실히 모른다고 해서 사전을 찾느라 읽기를 멈추지 말고 텍스트의 스타일과 논리의 흐름, 의미를 파악하도록 노력해야 한다. 그러면 읽기가 즐거워질 것이다. 교육학 연구를 보면 독해력과 깊이 있고 풍부한 어휘 습득 간의 상관관계가 뚜렷하고, 단어 암기보다 폭넓은 독서가 제2언어 어휘 학습에 더 효과적이다.

전문 번역사 수준에서 필요한 어휘 능력은 마음 먹는다고 해서 쉽게 갖출 수 있는 것은 아니다. 지속적으로 갈고 닦아야 가능하다. 어휘를 정확하게 구사하는 능력이 좋아질수록 쓸 수 있는 어휘의 폭이 넓어지고 깊이가 깊어지면서 사전을 의지하는 정도가 줄어들고, 또한 의미 유추 능력이 좋아지면서 글을 읽는 속도와 효율성이 좋아질 것이다.

3장

문화관광

포커스 텍스트 관광안내문 울릉도

번역 과제 1 임자도

번역 과제 2 금강산 초입 건봉사 계곡엔 1500년이 흐른다

핵심 번역 기술 텍스트의 응결성

Advanced Korean-English Translation Techniques

Translation wields enormous power in constructing representations of foreign cultures.

– Lawrence Venuti

관광 관련 텍스트에는 정보를 제공하는 글에서부터 창의적인 스타일의 글까지, 여행 브로슈어에서부터 웹사이트, 기사문에 이르기까지 그 종류가 다양하다. 다른 분야도 마찬가지이지만 문화관광 분야의 글을 번역하기 위해서는 여러 가지 번역 기술이 필요하다. 그중에서도 관광지를 소개하는 글이나 여행에 관한 글은 가본 사람의 눈을 통해 독자들이 생생하게 그 장소를 그려볼 수 있도록 해야 한다는 점에서 시각화visualization가 중요한 번역 전략이다. 이 장에서는 여행과 관련된 텍스트를 다루게 되는데 번역 과제 텍스트에 나오는 문장을 예로 들어 시각화를 활용한 어휘 선택에 대해 설명하겠다.

숲에 둘러싸인 호젓한 이 길이 건봉사에 이르러 끝이 난다. 절 앞 주차장.

위 원문의 길을 영어로 번역할 때에는 어떤 종류의 길이냐에 따라 어휘 선택이 달라진다. 인도footpath인지 차도road인지 구분해서 써야 하기 때문이다. 적절한 단어를 선택하려면 맥락을 따져봐야 하는데 이때 장소를 그려보는 것이 매우 중요하다. 절까지 차로 접근한다면 이런 경우의 길은 'road'여야 한다.

효과적인 관광 텍스트 번역이 되려면 번역문을 통해 관광여행 정보를 접한 독자가 가보고 싶다는 느낌이 들도록 해야 관광 텍스트의 원래 번역 목적에 잘 부합한다. 이러한 커뮤니케이션 효과를 은근히 노리는 관광 텍스트의 특성을 잘 살리려면 어휘를 포함한 텍스트 스타일을 잘 이해해야 한다. 이 장에 제시된 텍스트와 같이 관광 관련 국문 텍스트는 비교적 격식성을 갖춘 편이지만 비슷한 유의 영어권 텍스트는 비격식성을 띤 스타일이 주를 이룬다. 이러한 점을 감안할 때 한영번역에서는 약간의 스타일 조정이 필요할 수도 있다.

포커스 텍스트 관광안내문 **울릉도**

한 지방자치단체가 관광지로서 울릉도의 매력과 특성을 외국인 관광객들에 알리고자 한다. 아래 텍스트의 영어 번역을 의뢰받았다고 가정하고 번역해보자.

울릉도

울릉도를 제대로 여행하기 위해선 최대한 길게 일정을 잡는 것이 좋다. 비싼 교통비를 생각해서라도 2, 3일의 일정으로 머물다 가기엔 아쉬움이 너무 크기 때문이다. 유람선 일주와 4륜 택시를 타고 일주도로(내수전 – 섬목 4.4km 구간 미개통)를 한 바퀴 둘러본 후 배 탑승 전 여유시간을 이용해 도동항 좌우 산책로를 거니는 것으로 울릉도를 다 둘러본 것으로 여긴다면 이는 울릉도의 반의 반도 보지 못한 것이다. 설악산에 비유한다면 일주도로나 유람선 관광은 한계령을 넘어와 외설악의 권금성 케이블카 한번 타보는 것이고 독도 방문은 셔틀버스를 타고 내설악 백담사를 한 바퀴 둘러보는 것이라고나 할까.

여기에 일 년 중 맑은 날이 50일에 불과한 울릉도에서 탁 트인 망망대해와 해안 절벽, 그리고 주변 섬들이 그려내는 절경과 형언할 수 없이 맑은 바닷물의 제대로 된 바다색을 감상하고 싶다면 넉넉한 일정을 잡아두는 편이 좋다. 여행 일정이 길수록 그 행운을 잡을 수 있는 기회도 높아질 것이다.

울릉도는 출발 전 일정 계획을 세우고 미리 예약을 해두는 것이 필요하다. 성수기에는 배편 예약이 우선이며 기간이 정해지면 세부 일정 및 여행 형태에 따라 숙박까지 미리 확보해 두는 것이 중요하다.

도동항 주변은 어촌 마을의 활기를 보여주며 다양한 먹거리, 여행의 편리 등을 제공하는 한편 단체 여행객이 많고 교통 수단의 출발지인 만큼 다소 번잡한 느낌을 지울 수 없다. 반면 도동항을 벗어나면 그림 같은 해안 절경을 품에 안은 숙소도 찾을 수 있으며 나리분지처럼 깊은 산속에서 무수히 많은 별과 함께 밤을 지새울 수도 있다. 특히 인근 해수욕장이나 나리분지 등지에서 야영도 가능하다.

출처: https://korean.visitkorea.or.kr/kor/ut/what/recom/content/cms_view_318536.jsp

번역 준비

번역을 통해 메시지를 정확하게 전달하기 위해서는 원문의 성격과 목적을 확실히 이해해야 한다. 원문에 대한 분석이 번역에 앞서 이루어져야 목표 텍스트 생산 과정에서 어휘와 구문 선택에 관한 결정을 잘할 수 있다. 번역을 시작하기 전에 먼저 다음과 같은 기본적인 사항을 짚어보아야 한다.

누가 쓴 글인가(Who)? 번역을 의뢰한 쪽이 지방자치단체이기 때문에 원문의 저자는 그 단체의 홍보 담당자일 가능성이 크다.

무엇에 관한 글인가(What)? 관광지로서 울릉도의 매력에 대한 정보를 전달하는 글이다.

누구를 위한 글인가(For whom)? 영어 번역문을 읽을 독자는 울릉도에 관심을 가질 만한 외국인 관광객들일 것이다.

글을 쓴 목적은 무엇인가(Why)? 울릉도에 대해 소개함으로써 외국인 관광객들을 유치하기 위한 글이다.

어디에/어떤 매체에 글이 실리는가(Where)? 번역문은 지역 내 관광 정보를 소개하는 지방자치단체 웹사이트와 대외 홍보용 여행 블로그에 실린다.

어떻게 메시지를 전달하는가(How)? 섬에 대한 묘사와 정보 제공에 초점을 맞춰 서술한 글이다.

주의할 어휘와 표현

- **2, 3일의 일정으로 머물다 가기엔 아쉬움이 너무 크기 때문이다** '2, 3일의 일정'은 너무 짧고, 보지 못하는 것이 많아 아쉽다는 의미를 담고 있다. '아쉽다'는 한국적인 표현이므로 영어로는 우회적으로 표현할 수 있는 방법을 찾아야 한다.
- **일주도로** 섬 외곽을 따라 돌아야 일주하는 셈이므로 the island's perimeter road로 표현할 수 있다.
- **산책로** 굳이 산책을 위한 길이라고 번역할 필요가 없다. 앞에서 설명한 대로 영어에서는 길도 종류별로 구분해 쓴다는 사실을 알면 어휘 선택이 쉬워진다.
- **한계령, 외설악, 내설악, 독도** 원문에서 울릉도 관광을 설악산에 비유한 내용이 나오는데 영어권 독자들이 고유명사인 한계령, 외설악, 내설악, 독도와 같은 지명을 알고 있을지 고려해보아야 한다. 외국인들에게 생소하다면 이해를 돕기 위해 어느 정도의 설명이 필요할지 결정한다. 텍스트의 목적을 고려해 설악산에 관한 정보가 얼마나 관련성 있고 중요한지 판단해야 한다.
- **망망대해** the vast sea라고 번역해도 되겠지만 섬은 4면이 바다이므로 vast surrounding sea가 좋겠다.
- **먹거리** food 또는 foodstuffs 등이 대응어이나 번역은 항상 단어의 일대일 대응이 아니라 텍스트 차원에서 다루어야 한다. 원문의 '다양한 먹거리를 제공한다'는 의미는 다양한 식당이 있어 음식 선택의 폭이 넓다는 정도로 해석 가능하다.
- **여행의 편리** '편리'라고 하면 convenience를 떠올리기 쉬우나 이렇게 직역을 하게 되면 추상적인 개념이 되어버리거나 화장실을 연상하게 된다. 정확히 무엇을 가리키는지 짚기 쉽지는 않지만 문맥상 먹거리에 이어서 나오므로 여행 편의 시설을 가리키는 것으로 볼 수 있다. 방문객을 위한 시설 facilities for visitors 정도로 번역하는 것도 가능하고 참고 번역문에서와 같이 travel option이 다양하다는 의미로 표현해도 무난하다.
- **그림 같은 해안 절경** 아름다운 풍경을 영어에서나 한국어에서 그림 같다고 하는데, 영어에서는 주로 postcard에 빗대어 쓴다. picture-postcard views of brilliant coastal scenery 또는 picturesque views of coastal areas로 번역할 수 있다.

• 나리분지 한영사전에는 계곡의 대응어로 basin과 valley가 나오는데 basin은 지리 용어이고 일상적인 표현은 아니기 때문에 일반 여행자를 위한 자료에는 valley가 적합하다.

참고 번역문

Ulleungdo Island

For a proper trip to Ulleungdo Island it's a good idea to take as much time as possible. This is because you'll[1] feel you've missed out on a lot if you stay there for just two or three days, if only because of the expense of getting there. While you might feel that you've seen Ulleungdo if, after taking a boat around the island and taking a 4WD taxi around the island's perimeter road (not yet open to traffic for the 4.4 km between Naesujeon and Seommok), you then take a stroll around Dodong harbour while waiting for the boat to leave, you won't have seen even a fraction of it.[2] To make a comparison with visiting the Seorak Mountains, taking a taxi or boat around the island is like taking the cable car up Gwongeumseong Fortress in Outer Seorak after driving over Hangyeryeong Pass, while a visit to Dokdo Island is like taking a shuttle bus tour to Baekdamsa Temple in Inner Seorak.

Ulleungdo has only about fifty days of clear weather a year, and so it's a good idea to leave enough time if you want to appreciate the superb vista of the vast surrounding sea, the shoreline cliffs, the off-shore islands, or the colour of the sea with its indescribably clear waters. The longer you stay, the better your chances.

For Ulleungdo, you should plan your itinerary and book your

accommodation in advance. During the peak season booking your boat ticket is a must, and it's important to settle on your accommodation in the light of your detailed itinerary and the type of trip you're making.

While the Dodong Harbour area offers the lively atmosphere of a fishing village with various eating and travel options,[3] it can feel somewhat crowded with the many tour groups and transport departure points. On the other hand, if you get away from Dodong, you can find accommodation with picture-postcard views of brilliant coastal scenery, and in places deep in the mountains such as Nari Valley you can spend the night in the company of a myriad of stars. You can also camp out on nearby beaches, or else in Nari Valley.

1 'will' 대신 'would'를 쓰면 지나치게 가정적이고 친근감을 주지 못한다.

2 길고 복잡한 문장을 정확하게 번역하기 위해서는 주절과 다른 절과의 관계를 파악하는 것이 중요하다. 이 문장에서 주절과 조건절의 관계를 분석하면 '…와 …를 한 후 …라고 여긴다면 …를 보지 못한 것이다'로 정리할 수 있다. 문장 구조를 영어로 정리하면, 'If you think that you've seen all of Ulleungdo by [doing A] after [doing B] and [doing C] then you haven't seen [anything]'과 같다.

3 먹거리와 여행의 편리를 'with many restaurants and travel programs'라고 표현하면 너무 격식적이 된다. 도동에 있는 먹거리는 길거리 음식에서부터 작은 식당에서 찾을 수 있는 음식까지 다양한 음식을 가리킨다. 'travel program'은 보통 여행 일정이 적힌 종이를 말하는데, 여기서 여행의 편리는 여행자들에게 필요한 편의시설로 해석된다.

번역 분석

1 울릉도

Ulleungdo Island/Ulleung Island (OK)

the island, Ulleung (AWK)

원문에 여러 지명이 나오는데 그중 '울릉도'의 경우 외국인들은 '도'가 섬을 말한다는 점을 모르기 때문에 'Island'를 써서 Ulleungdo Island라고 표기하는 것이 무난하다. 이때 'do'를 빼고 'Ulleung Island'라고 해도 좋다. 경상도Gyeongsang-do, 충청도Chungcheong-do와 같이 '도'가 지방 행정 구역을 의미하는 것은 아니므로 –do로 표기할 필요 없이 Ullengdo로 붙여 쓴다.

2 울릉도를 제대로 여행하기 위해선 …

For a proper trip to Ulleungdo Island ... (OK)
In order to see Ulleungdo properly ... (OK)
In order to travel Ulleungdo properly ... (AWK)

'세계 여행을 하다travel the world', '스페인에 여행가다travel to Spain'라는 표현에는 travel이 쓰이지만 '울릉도를 여행하다'에서는 'travel'을 써서 번역하지 않는 것이 좋다. 이 동사는 'travel Ulleungdo'처럼 직접 목적어를 필요로 하는 타동사로 사용하지 않기 때문이다. 일대일 단어 대응식으로 번역하게 되면 표현이 어색할 뿐 아니라 의미까지 왜곡할 수 있다는 것을 보여주는 예이다.

3 최대한 길게 일정을 잡는 것이 좋다.

It's a good idea to take as much time as possible. (OK)
We recommend that you plan for as long a stay as possible. (OK)
We recommend that you plan as long an itinerary as possible. (OK)
We recommend that you stay as long as possible. (OK)
It is recommended that you stay as long as possible. (OK BUT...)
You had better make your schedule as long as possible. (AWK/WW)
It is recommended to plan for as long a stay as possible. (AWK/PS)

한영번역을 할 때에는 때로 사고의 전환이 필요하다. '길게 일정을 잡는 것이 좋다'는 뜻은 '여행지에서 오래 있는 것이 좋다', '머무는 시간이 길게 일정을 잡는 것이 좋다'는 의미이다. 따라서 'take as much time as possible', 'stay as long as you can' 등으로 번역하는 것이 좋다. 그 외에 동사 'plan'을 사용한 'plan for as long a trip as possible', 'plan a suitable itinerary', 'plan on staying as long as possible' 등도 괜찮은 표현이다. 여섯 번째 번역문에 사용된 'make your schedule as long as possible'은 어색한 직역적 표현이라 할 수 있다. 'schedule'은 약속과 관련된 일정을 가리킬 때 사용하며 여행에서 일정을 말할 때는 'itinerary'를 사용한다. 그렇지만 'make your itinerary as long as possible' 역시 영어를 모국어로 사용하는 사람이 사용할 만한 표현이 아니다. '… 하는 것이 좋다'는 구문을 번역할 때 'It is recommended …'와 같이 수동태를 사용하는 경우가 많은데 일곱 번째 번역문처럼 부자연스러운 표현이 될 가능성이 높다. 다섯 번째 번역문은 불필요하게 격식성이 높다. 관광 정보를 다루는 텍스트의 특성상 비격식적이고 직접적인 커뮤니케이션이 효과적이다. 그런 맥락에서 1인칭 복수 주어 'we'를 사용하여 두 번째부터 네 번째 번역문과 같이 'We recommend'로 시작하거나 2인칭 주어를 사용하여 'You need to/You should arrange an itinerary to stay as long as possible.'로 번역하는 것이 좋다.

영어 구문론에서 'Strong subjects and strong verbs make strong sentences.'라는 기본 원칙이 있다. 'It is' 나 'There are'로 시작하는 문장을 지나치게 많이 쓰는 것보다 아래 제시한 대안을 활용해볼 만하다.

... try to stay as long as possible. (OK)

... it is recommended to plan as long an itinerary ... (AWK)

... plan on to staying longer if you want to enjoy the breathtaking ocean views ... (OK)

... it would be a good idea to stay long enough if you want to enjoy the breathtaking ocean view ... (AWK)

It is necessary to arrange an itinerary ... (OK BUT...)

You should arrange an itinerary ... (BETTER)

4 비싼 교통비를 생각해서라도…

... if only because of the expense of getting there. (OK)

... if only because of the cost of the trip. (OK)

... if only because of expensive charge for transportation. (AWK)

... if only because of big transportation expense. (AWK)

... if only because of considering travel expenses. (AWK)

비용에 해당하는 영어로는 'cost', 'charge', 'fee', 'expense' 등을, 교통은 'transportation', 'transport', 'travel' 등을 떠올릴 수 있다. 각 단어마다 뉘앙스와 쓰임이 조금씩 다르므로 사전에만 의지하면 용례를 정확히 알 수 없는 경우가 많아 위험하다. 'expensive charge for transportation', 'big transportation expense', 'considering travel expenses' 모두 원어민이 사용하지 않는, 격식성이 높고 부자연스러운 표현이다. 본문에서 '비싼 교통비를 생각해서라도'의 의미는 교통비가 많이 든 만큼 더 오래 머물러야 후회하지 않는다는 뜻이다. 'Try to do better, if only to please your parents(부모님을 기쁘게 해드리기 위해서라도 더 잘하도록 노력해라).'와 같이 'if only'를 사용하여 '해서라도'의 의미를 살릴 수 있다.

5 … 배 탑승 전 여유시간을 이용해 도동항 좌우 산책로를 거니는 것으로 …

... take a stroll around Dodong harbour while waiting for the boat to leave, ... (OK)

... take a stroll around Dodong harbor before boarding the boat back to the mainland, ... (OK)

... take a stroll around Dodong harbour while waiting for a boat, ... (AWK)

... take a stroll around Dodong harbor before boarding, ... (INC)

원문에는 그냥 '배'라고 나오고 어떤 배인지에 대해 추가 설명은 없지만 문맥상 여행객들이 육지로 돌아가기 위해 타는 배를 말하는 것임을 알 수 있다. 얼마나 배가 자주 운항하고 있는지 확인해보면 더욱 좋겠지만 시내버스와 같이 자주 있지는 않을 것이기 때문에 세 번째 번역문과 같이 'waiting for a boat'라고 하는 것도 부적절하고, 네 번째 번역문과 같이 'boarding'이라고만 하면 맥락이 없는 상황에서 무엇을 탑승한다는 것인지 정보가 없어서 정확한 번역이 아니다.

6 이는 울릉도의 반의 반도 보지 못한 것이다.

You won't have seen even a fraction of it. (OK)

You've only seen a small part of Ulleungdo. (OK)

You've only seen half of a half of Ulleungdo. (AWK)

You've only seen a quarter of Ulleungdo. (AWK)

You've only seen the tip of the iceberg. (IN)

'반의 반도 보지 못한 것'은 관용적인 한국어 표현이다. 영어로는 이에 대한 대응 표현이 없기 때문에 전체의 일부분만 본 것이라는 의미를 좇아 번역하면 된다. 위의 예문처럼 1/2, 1/4만 본 것이라는 표현은 너무 직역적인데다 원문의 효과를 전하지 못한다. 다섯 번째 예문의 경우 '빙산의 일각'이라는 관용적 표현을 생각해낸 것까지는 좋지만 'tip of the iceberg'라는 표현에 내포된 의미, 즉 '숨어 있는 나머지 부분의 잠재적 위험'을 생각할 때 이 맥락에서는 적절하지 않다.

7 그림 같은 해안 절경을 품에 안은 숙소도 찾을 수 있으며…

You can find accommodation with picture-postcard views of brilliant coastal scenery. (OK)

You can find some accommodation surrounded by a postcard scenery of spectacular coastal view. (AWK)

—

한글 원문에는 숙소가 해안 절경을 품에 안았다고 표현했지만 아무리 큰 숙소라고 해도 숙소가 절경을 품을 수는 없다. 실제로는 숙소가 해안 절경에 가까이 있거나 숙소 주위에 해안 절경이 있다는 뜻이다. 따라서 'accommodation embracing postcard scenery'가 아닌 'accommodation surrounded by postcard scenery'나 'accommodation set against postcard scenery'가 맞는 표현이다. 'view'를 쓰게 되면 한 지점에서 바라본 경치라는 의미를 내포하므로 두 번째 번역 예문과 같이 'view'를 사용하는 것보다 'views'가 낫다.

8 특히 인근 해수욕장이나 나리분지 등지에서 야영도 가능하다.

In particular, you can also camp out on nearby beaches, or else in Nari Valley. (OK)

Especially, you can also camp out in nearby beaches, or else at Nari Valley. (PR/TS)

—

한국어에는 없는 영어의 전치사를 정확하게 쓰는 것은 쉽지 않다. 섬, 해변, 바다, 해안 등과 같이 노출된 장소에서 위치를 가리킬 때는 'on'을 사용하고, 계곡, 숲, 방, 동굴과 같이 폐쇄된 장소에서 위치를 가리킬 때는 'in'을 사용한다. 한영번역 학습자들이 '특히'를 무조건 반사적으로 'especially'로 번역하는 경우가 있는데 문장 첫 부분에 'especially'나 'particularly'를 쓰는 것은 부적절하다. 참고 번역문에서는 굳이 넣지 않았으나 'in particular'는 문두에 써도 괜찮다.

번역 과제 1 임자도

지방자치단체의 지역 홍보 영문 웹사이트에 소개할 임자도 관광 정보의 번역을 의뢰받았다고 가정하고 번역해보기 바란다. 잘 알려지지 않은 섬을 해외의 잠재적인 관광객들에게 홍보하고자 하는 목적이다.

임자도

임자도(전남 신안군 임자면)는 모래섬이다. 조류에 파도에 밀려, 아니면 바람에 흩날려 억겁 세월 쌓인 모래로 덮였다. 들길도, 집안 마당도, 산등성이도 모두 고운 모래다. 집집마다 금 안 간 벽이 없다. 모래땅에 지은 탓이다. 물에 만 밥에도 고운 먼지모래는 늘 보인다. 오죽하면 이런 말까지 나왔을까. "임재(임자도) 처녀는 모래 서 말 먹어야 시집간다"고.

그런 모래섬이니 해변이 기막힌 것은 당연지사. 큰 바다에 면한 섬 서북쪽의 해안에는 멋진 모래언덕(사구) 해변이 12km나 펼쳐져 있다. 국내 최장 해변이라고 알려진 '대광해수욕장'이다. 반달 모양의 해변 모래밭은 길기도 길다. 끝까지 걷는 데 세 시간이나 걸린다.

물 빠진 해변은 더욱 장관이다. 폭 300m의 황금빛 모래사장이 파란 하늘과 어울려 멋진 풍경을 선사한다. 경사도 거의 없어 평지처럼 보인다. 그 해변에서는 뻘밭의 개흙을 전혀 찾아볼 수 없다. 몽땅 모래다. 그 모래는 입자도 고와 자동차를 타고 시속 100km로 달릴 수도 있다.

드넓은 모래 벌판. 축구장도 되고 족구장도 된다. 아이들에게는 모래성 쌓는 놀이터다. 아침이면 싱그러운 바람과 함께 산책하기에 좋다. 저녁이면 고깔섬 너머로 지는 해넘이와 멋진 노을을 바라보기에 좋다. 해변에 친 그물에는 하루 두 번 썰물 때마다 고기가 걸린다. 그 고기 떼어 내 저녁상에 올리는 한

가로운 어촌 풍경도 만난다. 요즘은 밴댕이와 숭어가 많이 걸린다.

출처: 동아일보 2006년 6월 23일자 기사 '숨어있는 서 · 남해안 해수욕장 8곳' 중에서 발췌

번역 준비

누가 쓴 글인가(Who)? 여행 전문가가 썼다.

무엇에 관한 글인가(What)? 잘 알려지지 않은 관광지 임자도에 관한 소개글이다.

누구를 위한 글인가(For whom)? 원문은 한국 독자들을 대상으로 하지만 번역문은 지방자치단제 웹사이트를 방문하는 외국인들을 대상으로 한다.

글을 쓴 목적은(Why)? 임자도를 알리고 관광지로서 관심을 끌기 위한 글이다.

어디에/어떤 매체에 글이 실리는가(Where)? 인터넷 매체에 실리게 된다.

어떻게 메시지를 전달하는가(How)? 직접 여행해본 사람으로서 섬에 있는 해수욕장과 풍경을 사실적으로 묘사하고 있다.

주의할 어휘와 표현

- 억겁 불교에서 쓰는 표현으로 영원한 시간을 가리키므로 매우 긴 세월이라 볼 수 있다. over thousands of years나 over a long period of time 등으로 번역할 수 있다.
- 모래땅 sand land라는 표현은 없으므로 sand로 쓴다.
- 물에 만 밥 물에 밥을 만다는 것은 밥이 주식인 한국 사람만 알 수 있는 문화이다. 굳이 생경한 식습관을 설명할 필요는 없다.
- 말 한 말은 18리터 정도에 해당한다. 국제 표준 도량형 단위가 아닌 '말'이나 '평', '돈', '근'은 영어권 독자들의 이해를 돕기 위해 주를 달거나 괄호 안에 보충 설명을 넣으면 좋다.

- **모래언덕** 모래섬은 sand island 또는 sandy island 중에 선택하면 되는 데 비해 모래언덕은 sand hill 대신 dune을 많이 쓴다.
- **물 빠진 해변** 조류는 tides이다. 물 빠진 해변은 썰물일 때의 해변을 가리킨다. the beach at low tide 또는 beach at ebb tide로 표현 가능하다.
- **뻘밭** 갯벌, 개펄을 가리키므로 mud flats라고 하면 된다. mud에 이미 개흙의 의미가 포함되어 있다.
- **입자** 보통 particle이라고 하지만 굳이 이 단어를 쓰지 않아도 된다. 입자가 곱다고 할 때 'The sand is fine.'이라고 하면 된다.
- **족구장** 족구는 영어에 없는 단어이다. 족구라는 개념을 어떻게 영어로 표현할까 고민하기 전에 텍스트에서 족구가 나온 이유는 넓은 벌판이 스포츠 게임에 이용된다는 의미라는 데 초점을 맞춰야 한다.
- **노을** the sunset 또는 glow of the setting sun이라고 표현할 수 있다.
- **밴댕이와 숭어** 지역마다 서식하는 생물 종류가 다르기 때문에 한국 토종 어류라면 영어로 번역하기 위해 어렵고 낯설어 보이는 학명을 써야 할까 고민된다. 다행히 밴댕이는 large-eyed herring, 숭어는 gray mullet이라는 대응어가 있다. 그렇지만 생물 도감도가 아닌 이상 지나치게 자세한 어류 이름을 쓰기보다는 herring과 mullet으로만 써도 충분하다. 식품으로 사용되는 생물을 가리킬 때는 단수형을 사용한다.

참고 번역문

Imjado Island

Imjado (in Imja District, Sinan County, South Jeolla-do Province) is a sand island.[1] It is covered in sand, sand which has been swept in by tides and waves, or else scattered on the winds over thousands of years. The field paths, the house courtyards and the ridges of the hills are all soft sand. All the houses have cracks in the wall because they are built on sand, and fine sand can also be seen in the rice water[2] served at mealtimes. How appropriate is the saying that by the time Imjado girls get married they have already consumed three *mal* of sand. (= c. 54 lt.)[3]

As Imjado is a sand island, it's only natural that it has a breathtaking beach. The dune beach on the northwest coast of the island faces the open sea and stretches for[4] twelve kilometers. This is Daegwang resort beach, the longest beach in the country. The sands[5] along this half moon-shaped beach recede into the distance, and it takes three hours to walk its length.[6]

The beach at low tide, when the three hundred meter-wide golden sands meet the blue of the sky to create an unforgettable sight, is even more spectacular. There is hardly any slope to it, just flat land, and it's impossible to find any mud flats. It's all sand, firm[7] enough to drive a car over it at 100kmph.

The vast stretches of sand make ideal football or volleyball[8] fields, and for kids a playground to build sandcastles in. In the morning, you can take a walk in the fresh breeze, while in the evening you can watch the glow of the sun setting over the tiny islands out to sea. Twice a day with the ebbing tide, fish swim into nets placed on the beach, and you can experience the atmosphere of a fishing village where they eat the freshly-caught fish for dinner. At the moment herring and mullet are plentiful.

1 익히 알고 있겠지만 장소나 주소를 적을 때 한국어에서는 큰 단위에서 작은 단위로 옮겨가나 영어에서는 그 반대이다. 전남 신안군 임자면이 한국인 독자들에게는 너무나 당연한 표현이겠지만 외국인들에게는 의미 없는 음절의 연속으로만 보일 수 있다. 그러므로 효과적인 커뮤니케이션을 위해 'County'와 'Province'를 써보았다.

2 한국인의 밥 문화를 간단하게 전달하기 어렵기 때문에 의도적으로 모호한 표현

을 사용했다.

3 'c.'는 'circum.'의 약자이다.

4 'span'보다는 거리를 강조한 'stretch for'가 낫다.

5 사막처럼 모래가 상당량 있을 경우에는 복수 'sands'를 사용하는 것이 좋다.

6 'walk from one end to the other'이라고 할 수 있지만 'walk its length'가 간결한 표현임을 감안할 때 어느 쪽을 선택할지 분명해진다.

7 보통 입자가 곱다고 할 때에는 'fine'을 쓰지만 이 글에서는 논리상 'firm'이 맞다. 고운 모래에는 차바퀴가 빠질 텐데 차를 타고 갈 수 있는 것은 'firm'하기 때문이다.

8 'foot volleyball'도 가능하지만 영어권 독자들이 잘 아는 스포츠를 쓰는 것이 좋겠다고 판단해서 그냥 'volleyball'로 번역했다.

번역 분석

1 억겁 세월 쌓인 모래로 덮였다.

It is covered in sand, ... over thousands of years. (OK)

Over a long period of time sand has covered this island. (OK)

For a long period of time sand has covered this island. (PR)

미묘한 차이기는 하지만 현재완료형 시제와 같이 쓰인 'a long period of time'에는 전치사 'for'보다 'over'가 더 자연스럽다. 계속 모래가 쌓인 시간과 과정을 내포하기 때문이다. 전치사 사용에 관해서는 다음 장에서 살펴보겠다.

2 들길도, 집안 마당도, 산등성이도 모두 고운 모래다.

The field paths, the house courtyards and the ridges of the hills are all soft sand. (OK)

The roads in the fields, the gardens in front of houses, and the mountain ridges are all soft sand. (WW)

한국어와 영어 단어 사이에 항상 일대응 대응 관계가 존재하지는 않는다. 한국어에서는 '길'이라는 한 단어가 여러 종류의 길을 포함하지만 영어로 번역하려면 최소한 인도인지 차도인지 구분해주어야 한다. 마찬가지로 한국어 '산'도 영어로 번역할 때에는 언덕인지 봉우리인지 구분해 써야 한다. 두 번째 번역 예문에서 사용된 어휘 선택에 문제가 있다는 점은 시각화 작업을 통해 분명해진다. 모래섬 들판 가운데 차도road와 큰 산mountain이 있을 가능성은 희박하다. 마당 역시 번역하기 쉽지 않다. 한옥 마당은 풀밭과 꽃밭이 있는 정원과는 다르기 때문에 'garden'도 맞지 않다. 번역 경험이 풍부해지고 다양한 영어 표현을 접하면서 좀 더 의식적으로 구분하게 되면 적절한 대응어를 고를 수 있는 감각이 생긴다.

3 "임자도 처녀는 모래 서 말 먹어야 시집간다"고.

How appropriate is the saying that by the time Imjado girls get married they have already consumed three *mal* of sand. (= c. 54 lt.) (OK)

By the time Imjado girls get married they have already consumed three *mal* of sand. (= c. 54 lt.) (OK)

Imjado girls have to eat three *mal* of sand before they get married. (AWK)

모래섬이라 모래가 날리고 흔해서 임자도에서 시집갈 나이까지 살다 보면 모래먼지를 그만큼 많이 먹게 된다는 말이다. '모래 서 말 먹어야 시집간다'는 표현을 번역할 때 세 번째 문장과 같이 표현을 하면 시집을 가기 전에 꼭 모래 서 말을 먹어야 한다는 의미가 된다. 첫 번째 번역문에서는 정관사를 사용하여 'the saying'으로 번역했는데 만약 부정관사를 사용하여 'a saying'이 되면 관사 사용의 차이로 인해 의미가 약간 달라진다. 부정관사를 사용하면 이것이

새로운 정보임을 가리키는 반면, 정관사를 사용하면 상식적으로나 이전의 경험을 통해서 이미 알고 있는 속담이라는 것을 가리킨다. 따라서 이 문맥에서는 정관사가 더 적절한 선택이다.

4 국내 최장 해변이라고 알려진 '대광해수욕장'이다.

This is Daegwang resort beach, the longest beach in the country. (OK)

This is Daegwang Beach, famous for being the longest beach in Korea. (OK)

This is Daegwang Beach which is known as the longest beach in Korea. (AWK)

흔히 '–라고 알려진'에 대한 번역 표현으로 'known as'를 많이 사용한다. 그런데 이 표현은 사실과 생각의 차이를 고려해서 사용해야 한다. 대광해수욕장이 한국에서 가장 긴 해변이라는 것은 사람들의 생각이 아니라 지리적인 사실이기 때문에 사람들의 생각을 나타날 때 사용하는 'known as'보다는 널리 알려졌다는 'famous for'나 'well known for'의 의미에 가깝다.

5 물 빠진 해변은 더욱 장관이다. 폭 300m의 황금빛 모래사장이 파란 하늘과 어울려 멋진 풍경을 선사한다. 경사도 거의 없어 평지처럼 보인다. 그 해변에서는 뻘밭의 개흙을 전혀 찾아볼 수 없다. 몽땅 모래다. 그 모래는 입자도 고와 자동차를 타고 시속 100km로 달릴 수도 있다.

The beach at low tide, when the three hundred meter-wide golden sands meet the blue of the sky to create an unforgettable sight, is even more spectacular. There is hardly any slope to it, just flat land, and it's impossible to find any mud flats. It's all sand, firm enough to drive a car over it at 100kmph. (OK)

The beach at low tide is even more spectacular. The three hundred meter-wide golden sands meet the blue of the sky to create an unforgettable sight. There is hardly any slope to it, just flat land. It's impossible to find any mud flats. It's all sand. The sand is firm enough to drive a car over it at 100kmph. (AWK)

위 두 번역문의 차이는 스타일에 있다. 어휘 선택도 스타일을 판가름하지만 마찬가지로 문장 길이와 복잡한 구조도 스타일에 영향을 준다. 원문은 여섯 개의 짧은 문장으로 이루어져서 그대로 번역하기 쉬우나 두 번째 번역 예문과 같이 짧은 영어 문장은 긴장이나 극적인 효과를 가지므로 그렇게 쓸 경우 원문의 의도 및 스타일과는 거리가 있게 된다.

6 그 모래는 입자도 고와 자동차를 타고 시속 100km로 달릴 수도 있다.

It's all sand, firm enough to drive a car over it at 100kmph. (OK)
The sand is firm enough to drive a car at 100kmph. (AWK)

차가 해변 모래 위를 달리는 것이므로 영어로는 'over it'라는 표현이 들어가야 정확하다.

번역 과제 2 금강산 초입 건봉사 계곡엔 1500년이 흐른다

국내 항공사 영문판 기내 잡지에 싣기 위한 아래 글의 번역을 의뢰받았다고 가정하고 번역해보기 바란다.

금강산 초입 건봉사 계곡엔 1500년이 흐른다

숲에 둘러싸인 호젓한 이 길. 건봉사에 이르러 끝이 난다. 절 앞 주차장. 차 문을 여니 정신이 번쩍 든다. 또랑또랑한 계곡 물소리, 솜털 설 만큼 서늘한 기온, 숨통 트일 만큼 청징한 공기 덕분이다.

절터는 계곡물 좌우로 나뉘고 길은 계곡 왼편을 따른다. 그 길의 초입, 돌기둥 네 개로 떠받친 큰 문이 있다. '불이문(不二門)'. 부처를 향한 마음이 둘일 수 없다는 단호한 주문이다.

자박자박 계곡 물소리에 장단 맞춰 오르는 산길. 계곡 위로 무지개가 섰다. 일곱 빛깔 무지개가 아니다. 무지개 모양의 돌다리, '능파(凌波)교'다. 다리는 계곡 왼편(남쪽)의 극락전, 팔상전(6·25전쟁 때 소실)터와 오른편(북쪽)의 대웅전, 염불전을 잇는다. 능파란 사바세계의 고통을 불법(佛法·부처님 말씀)으로 헤침을 이른다.

그 다리 건너 만나는 돌기둥 두 개. 표면에 다섯 개씩 상징이 새겨져 있다. '십바라밀'이다. 이승의 번뇌에서 해탈, 열반의 세계에 도달하기 위해 필요한 열 가지 수행법이다. 대웅전은 그 석주 앞 누대(봉서루)의 통로를 지나 닿는 절 마당의 정면(북쪽)에 있다.

건봉사는 대찰이었다. 1930년대만 해도 국내 4대 사찰에 들었을 정도. 지금은 설악산 신흥사의 말사지만 당시는 거꾸로 신흥사와 낙산사를 거느린 본사였다. 그 건봉사를 규모로만 말해서는 안 된다. 임진왜란 때 사명대사가 승·

의병을 일으킨 호국불교의 터전, 이 세상 단 두 곳(스리랑카, 한국)에만 봉안된 부처님 진신치아 사리를 모신 사찰, 28년간 쉬지 않는 염불수행 '만일염불'의 도량으로 더더욱 이름났기 때문이다.

출처: 동아일보 2006년 7월 21일자 기사에서 발췌

번역 준비

누가 쓴 글인가(Who)? 여행 전문 기자가 썼다.

무엇에 관한 글인가(What)? 금강산에 있는 건봉사라는 사찰에 관한 글이다.

누구를 위한 글인가(For whom)? 여행에 관심 있는 사람들을 위한 글이다.

글을 쓴 목적은 무엇인가(Why)? 현재에는 잘 알려져 있지 않은 대찰을 알리기 위한 목적이다.

어디에/어떤 매체에 글이 실리는가(Where)? 영어 번역문은 기내 잡지에 실리게 된다.

어떻게 메시지를 전달하는가(How)? 여행 전문 기자답게 저자의 지식과 표현력이 돋보인다.

주의할 어휘와 표현

- 금강산 The Diamond Mountains로 알려져 있다. Geumgang Mountain이라고 할 수 없는 것은 산봉우리 하나만을 놓고 금강산이라고 하지 않기 때문이다.
- 초입 입구의 의미이므로 entrance가 무난하다.
- 호젓한 호젓한 길이라는 것은 인적이 드물다는 의미라고 해석되므로 deserted라는 형용사가 적절하다. 물론 quiet를 써도 된다.
- 솜털 설 만큼 서늘한 기온 the chill in the air that raises the hair on the back

of your neck으로 번역할 수 있다. '털이 서다'라는 표현을 give someone goosebumps라는 관용구를 사용하여 번역할 수도 있으나 이 맥락에서는 그다지 좋은 표현이 아니다.

- **숨통 트일 만큼 청징한 공기 덕분이다** 공기가 맑고 깨끗하다는 뜻으로 'clear, sharp air'라고 할 수 있다. 원문은 '덕분'이라는 표현을 썼지만 정신이 번쩍 드는 이유를 말하는 것이므로 영어 번역문에서 thanks to나 owing to와 같은 표현은 부적합하다.
- **불이문(不二門)** 진리는 둘이 아니라는 뜻. 그렇지만 바로 다음 문장에서 부처를 향한 마음이 둘일 수 없다는 내용이라고 의미가 나오므로 이를 번역하면 된다.
- **6 · 25전쟁 때 소실** destroyed during the Korean War라고 해도 되지만 소실은 불에 타서 사라져버렸다는 의미이므로 burnt down을 사용하는 것이 더 정확한 번역이다.
- **대웅전** 절에서 본존불상을 모신 건물이므로 main sanctuary라고 번역 가능하다.
- **능파** 파도를 헤친다는 의미 같지만 많이 알려진 불교 용어가 아니라서 그런 것인지 국어사전에 정의가 나오지 않는다. 원문에 '사바세계의 고통을 부처님 말씀으로 헤친다'는 뜻 풀이가 있으므로 능파는 음차를 하여 번역하고 그 정의를 번역하는 방법이 있다.
- **사바세계** 인간세계를 가리키므로 the world, this world로 번역할 수 있다.
- **불법** 부처님 말씀이므로 words of the Buddha라고 번역할 수 있다.
- **십바라밀** the Ten *Paramitas*. 산스크리트어로 파라미타paramita는 보살이 실천해야 할 열 가지 도, 또는 덕목을 말한다. 바로 이어지는 그 다음 문장이 십바라밀의 뜻을 다시 설명해주고 있다. 즉, 이승의 번뇌에서 해탈하여 열반의 세계에 도달하기 위해 필요한 열 가지 수행법precept을 말한다. 위키피디아에서는 *paramitas*를 the perfection or culmination of certain virtues라고 설명했다.
- **번뇌** suffering 또는 worries of the world로 번역할 수 있다.
- **해탈** 열반에 드는 것을 말하므로 enter Nirvana로 표현하면 된다.
- **누대** 누각 같이 높은 건물을 가리킨다. 누대를 어떻게 번역할지 확인하기 위해 사전에서 찾다 보면 tower, turret 등의 표현이 제시되는데, 배경 조사를 하지 않

으면 오역을 할 가능성이 있다. 원문에 누대(봉서루)의 통로를 지나 절 마당으로 들어가면 대웅전이 있다고 한 내용을 주목해야 한다. 봉서루는 2–3층 높이로 지은 건물이다. 번역을 하기 위한 배경 조사로 건봉사에 대한 정보를 찾다 보면 사찰 사진 자료가 있어 이를 확인할 수 있다. 봉서루를 the Bongseoru Pavilion으로 번역하면 굳이 누대를 따로 번역하지 않아도 된다.

- 대찰 큰 사찰을 뜻하므로 a major temple로 번역할 수 있다.
- 말사 본사에 대비되는 개념으로 하위 사찰이라는 뜻으로 해석된다. a branch temple이라고 하면 된다.
- 본사 a main temple이 적절한 표현이다. 기업처럼 headquarters라고 할 수 없다.
- 임진왜란 때 그냥 the Imjin War라고 하기보다 한국사를 잘 모르는 외국인을 위해 연도 (1592–98)을 삽입해주는 것이 바람직하다.
- 사명대사 Reverend Samyeong. 기독교와 불교 간에 종교 직분을 가리키는 데 사용하는 유사한 영어 용어가 많은데 Reverend도 그중 하나이다. Reverend 대신 Buddhist Master도 쓸 수는 있지만 Reverend가 더 적절하다고 판단된다.
- 봉안 '안치하다'는 의미로서 enshrine으로 쓰면 된다.

참고 번역문

At the entrance to the Diamond Mountains, 1500 years of history flow through the valley of Geonbongsa Temple

A deserted road beneath the trees ends at Geonbongsa Temple. When you park in front of the temple and open the car door, your senses immediately come alive with the trickling sound of the valley stream, the chill in the air that raises the hair on the back of your neck, and the clear, sharp air that invades your lungs.[1]

The valley stream runs through the center of the temple precincts,[2] while the path to the temple follows the left bank. At the entrance is a major gate supported by four stone pillars. This is the Bul-I Gate, whose name signifies a firm injunction for the heart that seeks the Buddha to be undivided.

Climbing up the path to the rhythmic sound of the flowing stream, a rainbow arches over the valley – not a seven-colour rainbow but the rainbow-shaped Neungpa bridge. It connects the Geungnakjeon Pavilion and the site of the Palsangjeon Pavilion (burnt down during the Korean War) on the left or southern side with the main sanctuary and the Yeumbuljeon Pavilion on the right or northern side. Neungpa means casting off the suffering of this world through the words of the Buddha.

Crossing the bridge, we come to two stone pillars, each with five engravings on them. These make up the Ten *Paramitas*, the ten precepts by which believers may shake off this world of suffering and enter *Nirvana*. The main sanctuary is on the northern side of the temple courtyard, which you reach by following the path in front of stone pillars through the Bongseoru Pavilion.

Geonbongsa Temple used to be a major temple. Even as late as the 1930s it was considered one of the four major temples in Korea. Now it is a branch temple of Shinheungsa Temple in the Seorak Mountains, but in those days it was the main temple for both Shingheungsa and Naksansa temples. However, we cannot describe Geonbongsa Temple in terms of size alone. During the Imjin War with Japan (1592–98) it was more well known as the home to the Reverend Samyeong and his warrior monks,[3] as one of only two sites (the other is in Sri Lanka) that had enshrined true relics (*sarira*) of the Buddha's body, namely teeth, and as the site of a seminary where prayers to the Buddha were offered without ceasing for a period of ten thousand days, or twenty-eight years.

1 'clear one's lungs'라고 표현하면 'a bout of coughing(기침)'과 같은 의미가 되므로 주의해야 한다.

2 'site'는 앞으로 들어설 부지, 또는 뭔가 있었던 곳, 또는 있어야 할 곳을 가리키며 현재 있는 곳을 의미하지 않으므로 절터를 'temple site'라고 하지 않았다. 이 문장의 정확한 의미를 번역하려면 실제 절의 모습을 확인해보는 것이 제일 좋다. 건봉사 절터 가운데로 계곡물이 흐르기 때문에 이와 같이 번역했다.

3 문맥상 임진왜란 때 사명대사와 승의병의 터전이라고 번역하면 '호국'의 의미가 충분히 전달되기 때문에 호국불교를 굳이 명사 대응어로 번역하지 않고 warrior monks(승병)를 써서 간단히 처리했다.

번역 분석

1 숲에 둘러싸인 호젓한 이 길. 건봉사에 이르러 끝이 난다. 절 앞 주차장. 차문을 여니 …

A deserted road beneath the trees ends at Geonbongsa Temple. When you park in front of the temple and open the car door, ... (OK)

A deserted road through the forest ends in front of Geonbongsa. When you park your car in the car park in front of the temple and open the car door, ... (OK)

A deserted path through the forest ends in front of Geonbong-sa. When you park your car in the car park in front of the temple and open the car door, ... (WW)

길이 인도인지 차도인지에 따라 영어 단어는 다르다. 문맥상으로 볼 때 글쓴이가 차로 절에 간 것이므로 'road'가 적절한 선택이다. 문맥상 차는 글쓴이가 운전한 차라는 것이 분명하고, 이것은 독자와 공유하는 지식이므로 정관사를 쓰는 것이 맞다. 부정관사를 사용해 'When I open a car door'라고 하면 차가 많은 곳에서 불특정한 차라는 의미가 있어서 문맥상 어색하다.

2 정신이 번쩍 든다. 또랑또랑한 계곡 물소리, 솜털 설 만큼 서늘한 기온, 숨통 트일 만큼 청징한 공기 덕분이다.

Your senses immediately come alive with the trickling sound of the valley stream, the chill in the air that raises the hairs on the back of your neck, and the clear, sharp air that invades your lungs. (OK)

The sound of trickling stream, the cool temperature, and the fresh air rushes to greet you, and clears your head. (OK)

My spirit suddenly leaps. This is due to the murmuring sound of the water in the valley stream, the air that is cool enough to make my downy hairs stand up, and the air that is fresh enough to clear my windpipe. (AWK)

사전에서 '정신'에 해당하는 영어 표현을 찾아보면 'mind', 'spirit', 'soul' 등이 나오는데 이 글에서 말하는 정신은 여기에 해당되지 않는다. 세 번째 예문과 같이 'spirit'을 쓰려면 심오한 경험이어야 하는데 차 문을 여는 것과는 문맥상 맞지 않아 부자연스럽다. 그리고 한국어로는 계곡이지만 영어로는 'valley stream'인지 그냥 'valley'인지 구분이 필요하다. 계곡 물소리라고 했으니까 'stream'을 써야 한다. 물이 없는 'valley'는 사실에 어긋난다.

첫 번째 번역 예문의 경우 내용의 정확성과 자연스러운 도착어 표현의 밸런스를 맞추었다고 평가할 수 있다. 두 번째 번역 예문은 생략된 정보도 있고 완전하지는 않지만 자연스러운 영어 표현이 돋보이고 원문의 의미를 훼손하지 않았다. 이 텍스트와 같이 묘사적인 성격의 글은 좀 더 유연한 대처가 필요하다. 현재 자신의 번역 실력이 허락하는 수준에서 최대한 내용의 정확성을 추구하되 자연스러운 표현을 사용해야 한다.

3 계곡 위로 무지개가 섰다.

A rainbow arches over the valley. (OK)

You come to a rainbow hanging over the stream. (OK)

You can come to a rainbow hanging over the stream. (AWK)

무지개가 '뜨다', '서다'라고 표현할 때 'arch'라는 동사를 사용한다. 세 번째 예문에서는 'can'을 사용했는데 능력과 무관한 내용이므로 조동사를 잘못 사용한 경우이다.

4 다리는 계곡 왼편(남쪽)의 극락전, 팔상전(6 · 25전쟁 때 소실)터와 오른편(북쪽)의 대웅전, 염불전을 잇는다.

It connects the Geungnakjeon Pavilion and the site of the Palsangjeon Pavilion (burnt down during the Korean War) on the left or southern side with the main sanctuary and the Yeumbuljeon Pavilion on the right or northern side. (OK)

It connects the hall of paradise and Palsangjeon, which were destroyed during the Korean War, with the main sanctuary and Yeombuljeon on the right. (AWK)

건물에 대한 언급이 여러 차례 나오는데 일관된 표현을 사용하는 것이 중요하다. 두 번째 번역 예문에서 극락전은 보통명사처럼 'the hall of paradise'으로 표현하고 이어서 팔상전은 로마자로 'Palsangjeon'이라 표현한 것은 일관성 없는 번역 스타일을 보여준다. 한글 원문에서는 팔상전만 소실된 것처럼 나오지만 실제로 극락전도 소실되어서 'both burnt down'으로 번역할 수도 있다.

5 그 다리 건너 만나는 돌기둥 두 개. 표면에 다섯 개씩 상징이 새겨져 있다.

Crossing the bridge, we come to two stone pillars, each with five engravings on them. (OK)

When crossing the bridge, we come to two stone pillars, each with five engravings on them. (IN)

Crossing the bridge, you come to two stone pillars. Each has five engravings on them. (AWK)

두 번째 번역문과 같이 'When crossing the bridge,...'로 번역하면 아직 다리를 건너는 중, 즉 다리 위에 있다는 의미가 된다. 그렇지만 여기서 말하는 돌기둥은 다리 건너에 있는 건축물이기 때문에 이것은 틀린 번역이다. 세 번째 번역문은 한국어 원문의 형식적 구조를 그대로 따르면 위험할 수 있다는 것을 보여주는 예이다. 이러한 단문을 한국어에서만큼 영어 텍스트에서는 많이 사용하지 않는다. 그리고 인칭대명사 선택에도 주의해야 한다. 세 번째 번역문과 같이 주어를 1인칭 복수 'we'가 아닌 'you'로 쓰면 지시적인 느낌이 들기 때문이다.

6 … 이 세상 단 두 곳(스리랑카, 한국)에만 봉안된 부처님 진신치아 사리를 모신 사찰, …

... as one of only two sites (the other is in Sri Lanka) that had enshrined true relics (*sarira*) of the Buddha's body, ... (OK)

... as one of the two temples in the world other than Sri Lanka to possess the remains of Buddha, ... (IN)

진신치아 사리를 모신 사찰은 원문에 두 곳이다. 그렇지만 두 번째 번역 예문은 스리랑카를 제외하고 두 곳 중 한 곳이라고 표현해서 사실과 다른 오역이 되었다. 또한 부처님은 'the Buddha'로 정관사를 앞에 써준다.

핵심 번역 기술

텍스트의 응결성

이 책에 제시된 원문과 번역문은 모두 '텍스트로서의 특성textuality'을 가진 텍스트이다. 텍스트 언어학에서는 텍스트를 텍스트답게 만드는 요인들로 텍스트적 요인(응결성, 응집성), 심리적 요인(의도성, 용인성) 사회적 요인(상황성, 텍스트 상호성), 정보처리적 요인(정보성)을 꼽는다. 여기에서는 번역의 관점에서 응결성cohesion에 대해 살펴본다.

응결성은 표층적인 구조의 연결성과 관련된 것으로 통사 구조의 구성 요소들이 상호 관련되어 나타나는 텍스트의 내부 연결성을 가리킨다.[1] 텍스트 생산이 단어와 문장 사용에 국한된 문제가 아니므로 응결성은 텍스트에서 중요한 개념이다. 텍스트의 각 부분이 유기적으로 연결되어야 의미가 통하는 텍스트가 된다. 각기 다른 문장이 모여 하나의 텍스트가 되기 위해서는, 논리에 필요한 접속사를 사용하기도 하고 같은 말을 다른 말로 대체 또는 지시하기도 하며 반복된 내용을 생략하기도 하는데, 이것들이 텍스트의 응결성을 높이는 언어적 장치들이다. 응결성을 갖추도록 번역하면 문장 구조의 문제나 어색한 직역을 피해갈 수 있을 것이다. 여기에서는 응결성 장치 중에서 어휘의 응집과 관련된 대체substitution와 지시reference, 생략ellipsis, 접속사conjunction에 대해 설명하고자 한다.

대체

이 장의 포커스 텍스트에 제시된 한글 원문을 보면 '일정'이라는 단어가 다섯 번 쓰였다. 이와 같이 한국어에서는 같은 명사를 반복해서 사용하는 것이

1 이석규 외(2002), 『우리말답게 번역하기』에도 설명이 잘 되어 있다.

허용되며 이는 자연스러운 언어 사용 관습이다. 그렇지만 영어에서는 이렇게 같은 명사를 반복해서 사용할 경우 매우 부자연스럽게 보이므로 유사한 의미를 가진 다른 단어로 바꿔가면서 사용해야 한다. 포커스 텍스트의 참고 번역문에서는 이를 어떻게 처리하고 있는지 보자.

1. 울릉도를 제대로 여행하기 위해선 최대한 길게 일정을 잡는 것이 좋다.

   For a proper trip to Ulleungdo Island it's a good idea to take as much time as possible.

2. 비싼 교통비를 생각해서라도 2, 3일의 일정으로 머물다 가기엔 아쉬움이 너무 크기 때문이다.

   This is because you'll feel you've missed out on a lot if you stay there for just two or three days, if only because of the expense of getting there.

3. 넉넉한 일정을 잡아두는 편이 좋다.

   It's a good idea to leave enough time ...

4. 여행 일정이 길수록 그 행운을 잡을 수 있는 기회도 높아질 것이다.

   The longer you stay, the better your chances.

5. 울릉도는 출발 전 일정 계획을 세우고 미리 예약을 해두는 것이 필요하다.

   For Ulleungdo, you should plan your itinerary and book your accommodation in advance.

6. 세부 일정 및 여행 형태에 따라 숙박까지 미리 확보해 두는 것이 중요하다.

   It's important to settle on your accommodation in the light of your detailed itinerary and the type of trip you're making.

원문에 '일정'이라는 동일한 표현이 사용되었지만 목표 텍스트에는 다양한 어휘와 표현이 사용되었음을 알 수 있다(밑줄 친 부분). 대체를 잘하려면 결국 영어 사용자들의 언어 사용 관습에 대한 지식과 표현 구사력이 뒷받침되어야 가능할 것이다.

2장에서 번역한 다음 텍스트의 번역에도 대체 전략이 사용되었다.

> 이란 대사관 앞에서 반정부 민주화 시위에 참여하게 됩니다. 이 당시 이란의 대통령 선거가 끝난 뒤 부정선거 논란으로 반정부 민주화 시위가 벌어졌기 때문입니다.
>
> He took part in an anti-Iran government rally outside the Iranian Embassy in Seoul calling for democratization. This was at the time when many such demonstrations were being held in protest against voting irregularities in the wake of a presidential elections.

원문에는 '반정부 민주화 시위'가 반복적으로 사용되었지만 영문에서는 이렇듯 같은 표현을 반복해서 사용하는 것은 부자연스러우므로 위 예문에서 보는 바와 같이 'such demonstrations'로 대체했다.

지시

지시는 텍스트 앞부분에 있거나 그 외 다른 곳에 있는 사람, 장소, 사건, 개념 등을 가리킬 때 사용된다. 대개 대명사나 다른 명사 내지 명사 그룹을 사용함으로써 지시하게 된다. 아래 예문을 보면 원문 텍스트에서는 '울릉도'가 반복적으로 쓰였지만 번역문에서는 울릉도를 'the island'로 대체한 다음 다시 나올 때에는 'it'로 지시했다.

> 유람선 일주와 4륜 택시를 타고 일주도로를 한 바퀴 둘러본 후 배 탑승 전 여유시간을 이용해 도동항 좌우 산책로를 거니는 것으로 울릉도를 다 둘러본 것으로 여긴다면 이는 울릉도의 반의 반도 보지 못한 것이다.
>
> While you might feel that you've seen Ulleungdo if, after taking a boat around the island and taking a 4WD taxi around the island's perimeter road, you then take a stroll around Dodong harbour while waiting for the boat to leave, you won't have seen even a fraction of it.

생략

모든 정보를 다 제시할 수는 있지만 이미 독자가 알고 있는 정보나 문장 구조상 생략해도 문제가 없는 요소는 생략하는 것이 일반적이다. 생략은 불필요한 정보를 빼는 것으로 효과적인 언어 사용을 위해, 즉 언어경제적으로 필요하다.

> 여행 일정이 길수록 그 행운을 잡을 수 있는 기회도 높아질 것이다.
>
> The longer you stay, the better your chances.

여기에서 '행운'은 그 앞 문장에서 언급된 좋은 날씨에 좋은 경치를 볼 수 있는 행운을 말하는데, 위 한국어 문장에서도 이런 내용을 생략했다. 번역문에서는 불필요하고 중복되는 내용을 생략하여 더욱 간결하게 표현했다.

접속사

한국어에도 접속사를 쓰지만 영어만큼 많이 사용하지는 않는다. 그렇기 때문에 한국어 원문에는 없어도 영어 번역 시 적절한 접속어를 넣는 것이 필요할 때가 있다. 아래 참고 번역문에서 사용한 접속사를 주의해서 보자.

> 울릉도를 제대로 여행하기 위해선 최대한 길게 일정을 잡는 것이 좋다. 비싼 교통비를 생각해서라도 2, 3일의 일정으로 머물다 가기엔 아쉬움이 너무 크기 때문이다.
>
> For a proper trip to Ulleungdo Island it's a good idea to take as much time as possible. This is <u>because</u> you'll feel you've missed out on a lot if you stay there for just two or three days, <u>if</u> only because of the expense of getting there.

번역문에서는 원인을 나타내는 접속사(because)와 조건을 나타내는 접속사

(if)에 의해 내용이 명료해진 것을 볼 수 있다. 이처럼 접속사를 잘 사용해야 각 문장의 개념과 논리의 관계가 잘 드러난다. 한글 원문에 없더라도 영어 번역문에는 적절한 접속사를 넣어줘야 논리가 통하고 이해하기 수월하기 때문에 번역하면서 접속사와 접속부사 등의 연결어를 반의적으로 사용하는 경향이 있다.

단, 구어와 문어에 따라 적절한 접속어 사용에는 차이가 있다. 비격식적인 표현을 격식성이 높은 문어 텍스트에서 사용할 수 없고, 그 반대의 경우도 마찬가지이다. 아래 몇 가지 예를 제시했다.

비격식성	but, and, or, such as, so, also
격식성	however, in addition, as an alternative/otherwise, for example, therefore

In addition, we can cut costs by reducing staff. (OK)
Also, we can cut costs by reducing staff. (AWK)

격식성 있는 텍스트에는 'in addition'이 적절하며 'also'는 구어적 표현이다.

Our business is running at a loss. <u>Therefore</u> we have to cut costs. (OK)
Our business is running at a loss. <u>So</u> we have to cut costs. (AWK)

'so'와 'therefore'도 마찬가지이다. 'so'는 구어 텍스트에, 'therefore'는 격식성 있는, 다시 말해 문어 텍스트에 적합하다.

4장

홍보

포커스 텍스트 인사말 대학총장 인사말

번역 과제 1 병원장 인사말

번역 과제 2 물과 숲 – 休 대한민국 정남진 물축제

핵심 번역 기술 문화 번역

I see translation as the attempt to produce a text so transparent that it does not seem to be translated. A good translation is like a pane of glass. You only notice that it's there when there are little imperfections – scratches, bubbles. Ideally, there shouldn't be any. It should never call attention to itself.

– Norman Shapiro

각종 단체와 기관마다 대내외적으로 홍보 활동을 하기 때문에 PR 자료에 대한 영어 번역의 수요가 높은 편이다. 다양한 홍보 텍스트 가운데 4장에서는 단체나 기관의 인터넷 홈페이지에 실을 대표의 인사말이나 축제 홍보 자료를 번역해볼 것이다. 단, 광고 텍스트는 순수한 번역 외에 재창조가 필요한 만큼 이 장에서는 논외로 한다.

홍보 텍스트를 제대로 번역하려면 홍보하는 주체와 대상, 목적 등에 대해 잘 알고 있어야 한다. 또한 출발어권과 도착어권의 문화 차이에 대해서 이해를 하고 있어야 한다. 홍보 또는 PR에 대한 개념이 한국과 영어권 나라들이 다르기 때문에 번역자는 영어권 독자들에게 낯선 문화적 개념과 가치를 전달하면서 어느 정도 문화 중재를 해야 할 것이다. 쉬운 예로 홍보 문구 표현에 있어서 스타일의 차이도 문화 중재가 필요한 요소 중의 하나이다. 이 장의 포커스 텍스트에 나오는 문구를 예로 들자면, '지역과 민족의 미래를 이끌고', '국가 발전의 초석을 다져왔습니다' 등은 흔히 쓰는 표현이지만 직역하게 되면 영어권 독자들에게는 과장된 느낌을 줄 수 있다.

이러한 문제를 인식할 때 어떻게 하면 원문에 충실하면서도 도착어권 독자들에게 수용 가능한 번역을 할 수 있을 것인지에 대해 고민할 수밖에 없다. 그렇지만 번역자의 역할이 번역을 통해 단지 원문의 내용을 전달하는 데 그치는 것이 아니라 원문의 의도와 효과를 그대로 담은 목표 텍스트를 생산해야 하는 것임을 생각하면 답을 찾기 쉬워진다. 원문 저자가 굳이 독자에게 부담감을 주면서 자랑하려는 의도가 아니라면 원문 글자 그대로 번역해서 그러한 느낌을 주는 것은 적절하지 않다.

포커스 텍스트 인사말 대학총장 인사말

어느 대학교에서 영문 홈페이지에 아래의 총장 인사말을 올리려고 한다. 이에 대한 영문 번역을 의뢰받았다고 가정하고 번역해보기 바란다.

대학 총장 인사말

우리 대학교는 영남권 최초의 국립대학으로 60년의 역사를 자랑하는 명실상부한 지역 거점 대학입니다.

개교 이래 지역 발전은 물론 국가 발전의 한 축을 담당해온 우리 대학교는 부단한 혁신을 통하여 지역과 민족의 미래를 이끌고, 나아가 세계 속에 대학교의 위상을 바로 세우기 위하여 최선의 노력을 경주하고 있습니다.

우리 대학교는 이미 영국 '더 타임스'의 글로벌 대학 평가에서 교육 · 연구 분야의 우수성을 인정받아 세계 401위에 올랐으며, 지방대학혁신역량강화사업(NURI)과 2단계 두뇌한국21(BK21) 사업 등 국책 사업을 유치하여 국가 발전의 초석을 다져왔습니다.

그러나 우리 대학교는 이에 안주하지 않고 2010년까지 우리 대학교를 최소한 전국 10대 대학으로 도약시킴과 동시에 세계 100대 대학으로 진입할 수 있는 기틀을 다지기 위하여 교육과 연구 경쟁력 높이기에 총력을 기울이고 있습니다.

2만 3천 대학교 가족과 13만 동문도 개교 60주년을 맞아 올해를 세계를 향해 재도약하는 원년으로 삼고 혼연일체가 되어 일하고 있습니다. 학생들을 잘 가르쳐 좋은 기업에 취업할 수 있도록 하고 탁월한 연구 성과를 지역 발전의 원동력으로 삼기 위해 시스템과 제도를 과감히 정비하고 있으며 지역 발전 전략을 모색하고 있습니다.

번역 준비

번역을 통해 메시지를 정확하게 전달하기 위해서는 원문의 성격과 목적을 확실히 이해해야 한다. 원문에 대한 분석이 번역에 앞서 이루어져야 목표 텍스트 생산 과정에서 어휘와 구문 선택에 관한 결정을 잘할 수 있다. 번역을 시작하기 전에 먼저 다음과 같은 기본적인 사항을 짚어보아야 한다.

누가 쓴 글인가(Who)? 우수한 교육 기관의 리더라는 자부심이 느껴지는 대학 총장의 메시지이다.

무엇에 관한 글인가(What)? 이 대학이 지역에서뿐 아니라 국가적으로, 나아가 국제적으로도 우수한 교육 기관이라는 홍보 텍스트이다.

누구를 위한 글인가(For whom)? 원문은 대학에 진학을 희망하는 학생들과 재학생을 포함한 웹사이트 방문자들이지만 번역문을 볼 사람들은 이 대학에 관심이 있는 외국인들이다.

글을 쓴 목적은 무엇인가(Why)? 대학의 활동과 위상을 소개함으로써 대외 홍보와 대외 교류를 꾀하기 위함이다.

어디에/어떤 매체에 글이 실리는가(Where)? 학교 인터넷 웹사이트에 올릴 인사말이다.

어떻게 메시지를 전달하는가(How)? 사실적 내용을 격식성 있는 언어로 표현하고 있으며 전형적인 한국식 홍보 문구를 사용했다.

주의할 어휘와 표현

- **영남권** 영남권은 행정구역이 아니라 경상남북도 지역을 가리킨다. 행정구역에는 정관사를 붙이지 않지만 지역에는 붙인다. 따라서 경남은 Gyeongnam Province이지만 영남권/영남은 the Yeongnam area/region으로 쓴다.
- **명실상부** in name and deed라고 할 수 있지만 약간 구식 스타일이다. truly 역

시 구식일 뿐 아니라 스스로 평가할 때 쓰기에는 다소 부적절하다.

- **거점 대학** 고민할 필요 없이 주요 대학이라고 번역하면 된다.
- **국책 사업** national programs, government-funded projects 정도로 표현하는 것이 적절하다.
- **지방대학혁신역량강화사업(NURI), 두뇌한국21(BK21)** 이러한 고유명사는 리서치를 해서 정확한 명칭을 써야 한다. '지방대학혁신역량강화사업'의 영문 명칭은 New University for Regional Innovation(NURI), '두뇌한국'은 Brain Korea(BK)이다.
- **교육과 연구 경쟁력 높이기** enhancing its competitiveness in teaching and research 또는 strengthening/raising its teaching and research capacity로 표현 가능하다.
- **대학교 가족** 한국은 '가족'이라는 말을 사용하기 좋아하지만 이와 같은 경우에 영어로 family를 사용하면 매우 어색하다. 원문 텍스트에 동문이 언급된 것으로 봐서 재학생과 교직원을 가리켜 가족이라고 한 것인데 이런 경우 영어로 family를 사용할 수 없다.
- **세계를 향해 재도약하는 원년** 세계를 향해 재도약한다는 은유적 표현을 처리하기 까다롭다. 재도약을 rededication으로 번역하여 the beginning of a new era of rededication to the world at large라고 표현할 수 있다.

참고 번역문

A message from the president

The first national university in the Yeongnam area, our university is a regional university which is justly proud of its sixty-year history.[1]

Dedicated since our founding[2] to becoming an axis for regional and of course national development, through constant innovation we are making every effort to play a leading role in shaping the future of our region and the nation as a whole, and beyond that to forging our reputation[3] in the world at large.

The excellence of our university in teaching and research has already been recognized with its ranking of 401 in the UK newspaper *The Times* ranking of world universities. Moreover, through the New University for Regional Innovation (NURI) scheme and the second stage of Brain Korea 21 (BK 21), we are participating in national programs and have become a cornerstone for national development.[4]

However, our university is not resting on its laurels,[5] but instead is devoting its utmost efforts to strengthening its teaching and research capacity in order to attain a ranking among the nation's top ten universities and the world's top one hundred universities by 2010.

Both our family of 23,000 students and staff plus our 130,000 alumni are united in viewing the sixtieth anniversary of our founding this year as the beginning of a new era of rededication to the world at large. We are making every effort to put in place systems and structures in order to ensure that our students are well prepared to embark upon successful careers, and in order for our outstanding research outcomes to be regarded as a driving force behind regional development. In this manner we are pursuing a regional development strategy.[6]

1 이 문장은 홍보 텍스트의 첫 문장으로 간결하면서도 평서문의 효과를 잘 전달해야 하기 때문에 이러한 구조를 취했다. 이 문장을 'Our university, which is the first national university in the Yeongnam area, has a 60 year-old-history as a major provincial university.'라고 번역해도 좋다.

2 설립에 해당하는 단어로는 'establishment', 'inception', 'foundation', 'founding' 등이 있지만 'founding' 외에는 'our'와 같이 쓰면 어색한 표현이 된다.

3 'forge our reputation' 대신 'enhance our status'를 써도 된다. 그러나 'establish our status'는 어색한 표현이다.

4 = have laid a cornerstone for national development

5 이 숙어를 사용하지 않고 'not content with its achievements to date'나 'not satisfied with what we have achieved so far'라고 표현해도 무방하다.

6 원문은 비교적 길고 복잡한 문장이다. 먼저 문장의 구조를 파악하고 절과 절 사이 관계를 분석하면 번역할 수 있는 길이 보인다. 이 문장과 같이 몇 개의 절이 연속되고 쉼표로 구분이 되지 않은 경우 몇 가지 해석이 가능하다. 번역문은 시스템과 제도를 정비함으로써 교육을 통해 취업을 준비시키고, 연구 성과를 지역 발전으로 연결시킴으로써 지역 발전 전략을 꾀하는 것으로 해석했음을 알 수 있다. 이 문장의 뼈대를 추리면 '… 할 수 있도록 하고 … 하기 위해 … 하고 있으며 … 모색하고 있다'이다. 이것을 영어로 정리하면 'In order to [enable students to do A] and in order to [do B], we are [doing C] and thus [are pursuing D].'와 같다. 또 다른 관점에서는 '잘 가르쳐 취업을 잘 하게 한다는 것'과 '시스템과 제도를 과감히 정비함으로써 연구 성과를 내어 지역 발전을 꾀한다'를 각각의 의미 단락으로 해석할 수 있다. 그렇지만 해석상의 차이일 뿐 실제 이 둘의 의미 차이는 크지 않다.

번역 분석

1 우리 대학교는 부단한 혁신을 통하여 지역과 민족의 미래를 이끌고, … 최선의 노력을 경주하고 있습니다.

Through constant innovation we are making every effort to play a leading role in shaping the future of our region and the nation as a whole, ... (OK)

Through constant innovation we are constantly focusing our best efforts on leading the future of our region and the people, ... (AWK)

'지역과 민족의 미래를 이끌고'라는 표현은 매우 거창한 내용처럼 들리기 때문에 영어로 번역할 때에는 신중해야 한다. 문자 그대로 'leading the future of our region and the people'보다는 'play a leading role'로 번역하는 것이 자연스럽다. '우리 대학교'는 'our university'로 반복적으로 사용하지 않고 'we'로 바꿔가면서 번역했다.

2 '더 타임스'의 글로벌 대학 평가

The Times ranking of world universities (OK)

The Times' ranking of world universities (P)

한국어와 영어의 구두점 표기 방식이 같지 않기 때문에 스타일 가이드를 참고함으로써 실수를 피해야 한다. 한국어 원문에 작은따옴표가 있다고 해서 영어 번역문에도 있어야 한다고 생각하면 오산이다. 출판물의 제목은 이탤릭체로 표기하면 된다. 한국어에 없는 이탤릭체는 영어에서 다음과 같이 특수한 용도가 있다.

· 책, 시, 연극, 영화, 예술 작품의 제목(*History of Britain, Mona Lisa*)

· 선박 이름, 항공기 이름(*the Queen Mary*)

· 동식물 학명(*The Red Kangaroo or Macropus rufus*)

3 세계 401위에 올랐으며, …

We ranked 401st … (OK)

We ranked as 401st … (AWK)

'몇 위에 오르다' 등 등수를 매기는 표현이 자주 사용되는데 이때 동사 'rank'와 함께 서수로 순위를 표현한다. 예를 들어 1위를 했다면 'ranked first', 400위를 했다면 'ranked 400th'로 표현한다. 'rank as + 서수'는 부자연스러운 표현이다.

4 그러나 우리 대학교는 이에 안주하지 않고 … 교육과 연구 경쟁력 높이기에 총력을 기울이고 있습니다.

However, our university is not resting on its laurels, but instead is devoting its utmost efforts to strengthening its teaching and research capacity. (OK)

However, our university is not settling for the present status, but is devoting all its strength to enhance competitiveness in training and research. (OK)

However, our university does not settle for the present status, but devotes all its strength to enhance competitiveness in training and research. (VT)

세 번째 번역 예문에서는 현재 시제를 사용한 것이 문제이다. 현재 상태와 현재 진행 중인 과정을 기술할 때 한국어와 영어에는 차이가 있다. 영어에서 현재 시제는 일반적인 상황에 한정되는 편이고 지속적이고 역동적인 상황에는 현재 진행형이 사용된다. 원문의 '안주하지 않고 … 기울이고 있다'는 진행의 느낌을 주는 것임에 주의해야 한다.

5 학생들을 잘 가르쳐 좋은 기업에 취업할 수 있도록 …

... in order to ensure that our students are well prepared to embark upon successful careers, ... (OK)

... in order to teach students well and help them get a good job, ... (AWK)

... in order to teach students well so that they work for good companies, ... (P)

위 번역 예문의 스타일 차이가 느껴지는가? 이와 같은 홍보 텍스트는 격식성이 높은 편이다. 'get a good job'은 저자가 대학 총장이라는 점과 글의 성격을 고려할 때 격식성을 갖추지 못해 부적절하다. 원문에는 '좋은 기업에 취업'이라고 나와 있으나 좋은 직장, 나쁜 직장을 구분하려는 의도가 아니므로 영어로는 '커리어를 시작하다'로 표현하는 것이 적절하다.

번역 과제 1 병원장 인사말

국내 한 종합병원이 홍보 프로그램의 일환으로 병원장 인사말을 병원 영문 웹사이트에 올리려고 한다. 번역을 의뢰받았다고 가정하고 번역해보기 바란다.

병원장 인사말

'모두가 건강한 사회를 만든다'는 설립 이념에 따라 1980년 개원한 우리 병원은 수준 높은 진료와 새로운 의학기술 개발 및 연구, 혁신적인 의학 교육을 통해 한국 의료 발전에 기여하고, 환자 중심의 병원 문화를 뿌리내리는 데 선구자적인 역할을 하며 성장해왔습니다.

우리 병원은 재단 산하 5개 병원의 모병원으로서, 그리고 여러 협력 병원의 중심 병원으로서 지역 사회의 균형적 의료 발전에 기여하고 있습니다. 한국대학교 의과대학과 협력 관계를 맺어 우수한 의료 인력 양성에 힘쓰고 있으며, 아울러 미국 코넬 의대와 협력 의료기관 협정을 체결하여 진료, 교육, 연구 등 전 분야에 걸쳐 선진 의료 정보 교류를 활발하게 펼침으로써 한국 의료의 세계화에 앞장서고 있습니다.

40년 생명의학의 노하우를 발판으로 정보화 사회를 선도하는 병원으로서 우리에게 맞는 정보 체계나 프로그램 개발 등을 통해 진료를 포함한 모든 분야에서 앞서가는 병원이 되기 위하여 최선을 다할 것입니다.

우리 병원은 지역 사회와 국가, 나아가 인류의 건강한 삶에 기여한다는 원대한 꿈을 이루어나가기 위해 노력할 것을 약속드립니다. 또한 최고의 의료진과 의료 서비스를 바탕으로 직원 모두가 한국 최고 의료기관의 일원이라는 자부심으로 고객 만족을 위해 끊임없이 노력하여 병원을 찾는 모든 분들께 만족을 드릴 수 있도록 노력하겠습니다.

번역 준비

누가 쓴 글인가(Who)? 국내 한 종합병원 원장의 인사말이다.

무엇에 관한 글인가(What)? 병원의 성장 과정 및 장점을 소개하고 서비스 정신을 홍보하는 글이다.

누구를 위한 글인가(For whom)? 영어 번역문을 읽을 독자는 진료 등의 목적으로 이 병원에 관심을 갖고 있는 외국인 환자나 그 보호자들일 것이다.

글을 쓴 목적은 무엇인가(Why)? 병원의 장점과 서비스 정신을 강조함으로써 병원을 홍보하는 것이다.

어디에/어떤 매체에 글이 실리는가(Where)? 영어 번역문은 이 병원 영문 웹사이트에 실리게 된다.

어떻게 메시지를 전달하는가(How)? 병원에 대한 긍정적인 면모를 부각하기 위한 정보 전달에 초점을 맞춘 텍스트이다.

주의할 어휘와 표현

- 설립 이념 founding precept, foundation philosophy 등으로 번역할 수 있다.
- 환자 중심의 병원 문화 patient-centered hospital culture, patient-oriented medical culture. '환자 중심'과 같이 '－중심'이라고 할 때에는 '-centered' 또는 '-oriented'라는 표현을 흔히 사용한다.
- 모병원 parent hospital로 번역할 수 있다.
- 우수한 의료 인력 양성 the training of outstanding medical personnel, educating top quality healthcare workers. 의료 인력을 번역하는 방법과 우수한 인력을 번역하는 방법을 생각해보아야 한다.
- 정보화 사회를 선도하는 병원 a hospital in the forefront of our information society, a hospital which plays a leading role in our information-oriented society, a hospital playing a vanguard role in our information society 등으로 번역한다.

참고 번역문

A message from the director of the hospital

Our hospital opened its doors[1] in 1980 in accordance with the founding precept 'Building a society in which everyone can enjoy good health.' Since then, it has grown and developed establishing itself as a pioneer,[2] supporting the development of Korean medicine and establishing a patient-centered hospital culture in Korean society through the provision of high quality medical treatment,[3] new research and development in medical technology, and through innovative medical education.

As the parent hospital for five affiliated hospitals operated under the auspices of our Foundation, and as the central hospital for a number of associated hospitals, our hospital is assisting the development of equal opportunity medical care in provincial areas. In addition, we have established a partnership with Hankuk University School of Medicine, and are dedicated to the training of outstanding medical personnel. Meanwhile, with its active expansion in the exchange of advanced medical information, covering treatment, education and research through the signing of a cooperation agreement with Cornell Medical College of Cornell University, it is advancing Korean medicine to global best practice standards.[4]

As a hospital in the forefront of our information society, drawing on forty years of knowledge and experience in biomedicine, through the development of information systems and programs that fit the needs of our patients, we will always strive to be a hospital which leads the way in all fields, including medical treatment.

We are dedicated to realizing the grand dream of a society with high standards of health care, locally, nationwide,[5] and globally. With our entire staff priding itself on belonging to the greatest medical organization in Korea, based on our high quality medical service and personnel, we pledge ourselves to make unceasing efforts to satisfy our customers, and thus be a hospital capable of meeting the needs of all who come to us.[6]

1 'opened'라고 해도 되지만 'opened its doors'를 쓰면 좀 더 환영하고 적극적으로 맞는 느낌이 있다.
2 'playing a vanguard role'로 바꿔 표현할 수 있다.
3 'high standards of treatment'로 바꿔 표현할 수 있다.
4 보통 세계화를 globalization으로 번역해 'it is leading the globalization of Korean medical science'로 쓰기 쉬운데 문제는 한국 의료의 세계화를 이렇게 번역할 경우 의미가 불분명하게 된다는 것이다. 또 영어의 globalization은 매우 적극적이고 포괄적으로 새로운 글로벌 기준을 만드는 수준을 함의한다는 점에서 원문의 의미와 차이가 있다. 따라서 여기서는 다른 말로 풀어서 번역하는 것이 낫다.
5 주변의 부사와 대구를 이루기 위해 'nationwide' 대신 'nationally'를 써도 좋다.
6 이 문맥에서 '병원을 찾는 분'은 환자를 의미하는데 'patients'라고 직접적으로 표현하기보다는 'all who come to us'와 같이 간접적으로 표현하는 것이 좋다. 영어로 'visitor'는 입원 환자를 방문하는 사람을 의미하므로 여기에서는 맞는 표현이 아니다.

번역 분석

1 모두가 건강한 사회를 만든다.

Building a society in which everyone can enjoy good health. (OK)

We build a society in which everyone is healthy. (AWK)

영어로 병원 설립 이념을 표현함에 있어서 여러 가지 방법이 있을 수 있겠지만 두 번째 번역 예문보다는 첫 번째 번역 예문이 조금 더 자연스럽게 느껴진다. '모두가 건강하다'를 'everyone is healthy'보다는 'everyone can enjoy good health'로 번역하여 모두가 건강한 상태를 누릴 수 있다는 의미로 표현하는 것이 더 낫다.

2 우리 병원은 재단 산하 5개 병원의 모병원으로서, …

As the parent hospital for five affiliated hospitals ... (OK)
As the parent hospital for our five other hospitals ... (OK)
As the parent hospital for our other five hospitals ... (WO)

영어에서는 둘 이상의 형용사가 명사를 수식할 때 먼저 오는 형용사와 뒤에 오는 형용사가 있다. 보통 숫자-주관적 의견-크기-신구-모양-색깔-재질의 순으로 형용사를 나열하고 이 순서에서 벗어나면 어색하다. 예를 들면 '아기자기한 2층짜리 오래된 적색 벽돌집 여섯 채'는 영어로 'six lovely little old two-storey red brick houses'가 맞는 순서이다.

3 우수한 의료 인력 양성에 힘쓰고 있으며 …

We are dedicated to the training of outstanding medical personnel. (OK)
We are trying to train outstanding medical personnel. (AWK)

힘쓰다, 노력하다는 의미로 'try to'를 많이 사용하는데 동사구 'trying to'는 아직 성공하지 못하고 노력 중이라는 의미가 내포되어 있다. 아래와 같이 'trying to' 뒤에는 노력하는 데 어려움이 있다는 내용이 뒤따른다.

I'm trying to open the door, but it seems to be locked.
I'm trying to find my brother, but I don't have his phone number.

4 정보화 사회를 선도하는 병원으로서 … 앞서가는 병원이 되기 위하여 최선을 다할 것입니다.

As a hospital in the forefront of our information society, ... we will always strive to be a hospital which leads the way in all fields, ... (OK)

As a hospital which plays a leading role in our information-oriented society, ... we will do our best to become a leading hospital, ... (OK)

As a hospital, which leads our information-oriented society, ... we will do our best to become a leading hospital, ... (P)

'정보화 사회를 선도하는'은 병원을 수식하는 중요한 정보이므로 'hospital' 뒤에 콤마가 필요 없다. 이 장의 도입부에서 간략히 설명한 바와 같이 병원이 사회를 리드lead할 수 없으므로 원문과 적당한 거리를 두고 영어다운 표현을 생각해서 번역해야 한다. '선도하다'는 영어로 'plays a leading role'이 적절하다.

5 … 우리에게 맞는 정보 체계나 프로그램 개발 등을 통해 …

... through the development of information systems and programs that fit the needs of our patients, ... (OK)

... through the development of appropriate information systems and programs, ... (OK BUT...)

... through the development of information systems and programs suitable to us, ... (OK BUT...)

표현에 따라 뉘앙스가 달라진다. 세 번째 번역문에 사용된 'suitable to us'는 '우리에게 맞는'의 직역에 가까우며 여기서 'us'가 누구인지 의문이 들게 한다. 두 번째 번역문은 'appropriate'라는 모호한 표현을 썼다. 이 두 예문 모두 틀린 것은 아니지만 영어 독자가 개발 목적에 대해 확실히 이해할 수 있도록 첫 번째 번역문과 같이 명료하게 'fit the needs of our patients'로 표현하는 것이 좋다.

6 원대한 꿈을 이루어나가기 위해 노력할 것 …

We are dedicated to realizing the grand dream ... (OK)

We will strive to achieve our grand goal ... (OK)

We will struggle to achieve our grand goal ... (WW)

정확한 어휘 선택이 중요하다는 점을 보여주는 예문이다. 동사 'struggle'은 힘들게 노력하지만 매우 어려운 상황임을 뜻하고 주로 자유, 정의, 인간 존엄성, 생명을 지키기 위해 노력할 때 사용한다.

7 … 것을 약속드립니다

We pledge ourselves to make ... (OK)

We promise to make ... (AWK)

동사 'promise'는 'I promise to be home by 11.00.'에서와 같이 좀 더 가볍고 사적으로 사용되는 반면 'pledge'는 보다 폭넓게 사용되고 격식성이 있어 이 텍스트에 적합하다.

번역 과제 2 물과 숲 – 休 대한민국 정남진 물축제

물축제 준비위원회에서 지방자치단체의 영문 웹사이트에 아래 텍스트를 영문으로 실어 물축제 행사를 널리 홍보하고 외국인 관광객을 유치하고자 한다. 물축제 준비위원회로부터 번역을 의뢰받았다고 가정하고 번역해보기 바란다.

물과 숲 – 休 대한민국 정남진 물축제

대한민국 정남진 물축제는 우리 군이 자랑하는 탐진강 하천, 장흥댐 호수, 득량만 해수 등 청정 수자원을 기반으로 하는 테마 축제로 푸른 자연 못지않게 깨끗하고 바른 지역의 이미지를 안팎에 알림으로써 "관광객 증가 → 유기농 농수산물 판매 촉진 및 문화유산 등 관광 자원 홍보 → 관광 수입 증가"를 통한 지역경제 활성화에 큰 목적을 두고 시작하였습니다.

온 군민이 머리를 맞대어 고민하고 준비한 끝에 치러낸 2008(1회), 2009(2회), 2010(3회) 대한민국 정남진 물축제는 전국 어디서나 볼 수 있는 프로그램으로 구성된 공연, 전시 및 관람 위주의 전형적인 축제의 틀을 벗어나 뜨거운 여름 누구에게나 반갑고 친숙한 '물'을 주제로 하여 방문객들이 함께 어울릴 수 있는 다양한 프로그램을 기획 · 운영하였습니다. '물'이라는 하나의 테마로 모든 프로그램은 연결되었고 사람들은 깨끗한 자연과 건강한 삶, 그 속에 더불어 사는 살맛 나는 '장흥'을 흠뻑 느끼고 즐길 수 있었습니다. 밤낮 계속되는 다채로운 공연과 장흥 사람들의 삶이 묻어나는 풍성한 전시, 어느 곳에서도 볼 수 없는 독특한 체험 프로그램들은 어른 아이 할 것 없이 체면을 벗어던지고 바쁜 일상 속에 잊고 있던 순수함을 되살려 주었습니다.

지난해의 경험과 자신감에 힘입어 다가오는 7월 29일부터 7일간 개최될 제4회 정남진 물축제는 많은 조언과 제안을 검토하여 축제 기반시설을 확충하고 관광객 모두가 함께 즐길 수 있는 프로그램 강화에 보다 집중하여 준비하고 있습니다. 정남진 물축제는 단순히 보고 즐기는 축제의 장이 아니라 깨끗한 자연과 순수한 사람들이 하나 되는 건강한 행복을 경험하는 교육의 장(場)이 될 것입니다.

짜릿한 즐거움과 낭만, 뜨거운 여름을 한방에 날려버릴 최고의 휴식처를 찾고 계십니까? 더 이상 고민하지 마십시오! 뜨거운 열정과 웃음이 가득한 곳! 초록 자연의 심장! 정남진 장흥이 여러분을 기다립니다.

출처: '정남진 장흥 물축제' 홈페이지 http://www.jhwater.kr/html/HtmlView.jsp?menu_cd=0101(2011년 4월 검색)

번역 준비

누가 쓴 글인가(Who)? 지방 정부 관계자나 홍보 담당자가 썼다.
무엇에 관한 글인가(What)? 지역에서 치르는 물축제에 관해 소개한 글이다.
누구를 위한 글인가(For whom)? 장흥군을 방문할 만한 외국인들을 대상으로 한다.
글을 쓴 목적은 무엇인가(Why)? 축제를 홍보하고 관광객을 유치하기 위해 쓴 글이다.
어디에/어떤 매체에 글이 실리는가(Where)? 지방자치단체의 웹사이트에 영어 번역문이 실리게 될 것이다.
어떻게 메시지를 전달하는가(How)? 관심을 끌 만한 정보를 제공하면서 정서에 호소하기도 했다. 홍보 텍스트이지만 복잡한 장문이 많다.

이 글은 문화적 사고에서부터 표현에 이르기까지 매우 한국적이라서 번역이 상당히 까다롭다. 번역을 시작하기 전에 주의할 어휘와 표현에 대해 짚어보도록 하자.

주의할 어휘와 표현

- **정남진** 정남진에 대해 리서치를 해보면, 광화문에서 정동쪽으로 정동진이 있고 정남쪽으로 정남진이 있다고 소개가 되어 있다. 즉 정남진은 고유 지명이라기보다는 장흥의 특징을 가리킨다고 봐야 할 것이다. 홍보 텍스트의 특성상 정남진의 의미를 설명하는 것도 어색하므로 주석은 불필요하다.
- **깨끗하고 바른 지역의 이미지** 환경적으로뿐만 아니라 도덕적으로도 흠잡을 데 없다는 느낌을 주지만 영어로는 지역에 대해 moral이나 upright 등의 수식 어구를 쓰지 않는다는 점을 유의해야 한다.
- **순수한 사람들** 옥스퍼드 사전에 의하면 innocent는 범죄를 저지르지 않은 경우 an innocent bystander과 같이 사건에 책임이 없지만 피해를 본 경우에 사용할 수 있다. 그리고 innocent child와 같이 도덕적으로 순수함을 나타낼 때, 또 innocent mistake와 같이 의도하지 않았으나 실책을 범한 경우 사용한다. 우리말의 '순수한'을 무조건 innocent에 대입시켜 사용하면 안 된다.

참고 번역문

Relaxing amid water and forests:
Korea's Jeongnamjin Water Festival

Korea's Jeongnamjin Water Festival began with the major aim of invigorating the local economy. We[1] are accomplishing this through widely promoting our image as an unsurpassed clean and green environment by holding a theme festival based on such clean and natural water resources as the Tamjin River, Jangheung Lake, and Deungnyangman Bay, all of which we are so justly proud. More visitors promote more sales of organic farm produce and seafood, and of cultural items, which in turn raises our tourist profile, and which in turn boosts regional income from tourism.[2]

The Festival, which has been held annually since 2008[3] through the unstinting efforts of the local people, breaks the mould of the big, multi-event festivals relying on concerts, exhibitions and spectacles put together into the type of program that you can see anywhere in Korea. Instead, we offered[4] a varied program during the hot summer weather, tailored for visitors and organized around the enjoyable and familiar theme of water. Water linked the entire program together as a single theme, and people could really enjoy themselves, feeling the joy of a clean environment and a healthy lifestyle and, what's more, the special pleasure of feeling what it's like to live there.[5] Our special and unique events, with concerts and performances being staged night and day, and with plenty of events to give you a real feel for local life,[6] cater for young and old, restoring the sense of what is pure, so often lost in pressures of daily living.

Drawing on the experience[7] gained from last year, for the seven-day program of this year's fourth festival, starting 29 July, we've taken into account all the feedback[8] we've been getting, and have focused even more on expanding the basic infrastructure and strengthening the program to make sure there's something for everyone. The Jeongnamjin Water Festival is not just something to come and look at but is becoming an educational experience that shows us the wholesome joy that comes from living at one with a clean environment.

So whether you're looking for full-on fun and romance, or the best place to escape to[9] during the hot summer days, you don't need to look any further.[10] The Jeongnamjin Water Festival with its warmth and smiles in the heart of a clean green land awaits you!

1 장흥군이 아닌 'we'를 주어로 쓰면 독자들에게 좀 더 친근감을 줄 수 있어 홍보에 효과적이다.

2 현재 시제를 사용함으로써 단순한 추측이 아니라 당연한 귀결이라는 느낌을 주고 보다 의도적이고 긍정적인 의미가 되었다.

3 원문에는 2008(1회), 2009(2회), 2010(3회)를 다 열거했지만 2008년 이래 매년 개최했다고 표현하면 1, 2, 3회와 개최 연도는 자연스럽게 정리되기 때문에 경제적으로 번역했다.

4 여기에서는 'offer'라는 동사 대신 'have put together'나 'present'로 바꿔 쓸 수도 있다.

5 자연에 대해 한국인들이 표현하는 방식이 영어권과 차이가 있어서 재해석을 한 뒤 번역해야 한다.

6 관광 상품이 매우 다양하지만 한국인들이 흔히 사용하는 '체험 프로그램'에 해당하는 표현은 서양 관광 상품에 존재하지 않는다. 따라서 간결하면서도 영어 사용자들이 의미를 알 수 있도록 '장흥 사람들의 삶이 묻어나는 … 체험'을 'real feel for local life'로 표현했다.

7 원문에 있는 '자신감'을 생략한 것은 의도적이다. 'confidence'를 넣으면 주최 측이 너무 아마추어 내지 초보 같은 느낌을 준다.

8 'advice'와 'recommendation' 둘 다 딱딱하고 무거운 표현이라 'feedback' 정도로 번역하는 것이 적절하다.

9 전치사 'to'가 꼭 있어야 한다. 반대로 벗어나야 하는 곳이면 'escape from'이라고 쓸 수 있다.

10 원문에는 세 문장 모두에 느낌표가 있다. 그렇지만 영어 텍스트에 느낌표를 남용하면 이상하기 때문에 마지막 한 문장 정도에만 넣어도 충분하다.

번역 분석

1 대한민국 정남진 물축제는 우리 군이 자랑하는 탐진강 하천, 장흥댐 호수, 득량만 해수 등 청정 수자원을 기반으로 하는 테마 축제로 푸른 자연 못지않게 깨끗하고 바른 지역의 이미지를 안팎에 알림으로써 "관광객 증가 → 유기농 농수산물 판매 촉진 및 문화유산 등 관광 자원 홍보 → 관광 수입 증가"를 통한 지역경제 활성화에 큰 목적을 두고 시작하였습니다.

Korea's Jeongnamjin Water Festival began with the major aim of invigorating the local economy. We are accomplishing this through widely promoting our image as an unsurpassed clean and green environment by holding a theme festival based on such clean and natural water resources as the Tamjin River, Jangheung Lake, and Deungnyangman Bay, all of which we are so justly proud. More visitors promote more sales of organic farm produce and seafood, and of cultural items, which in turn raises our tourist profile, and which in turn boosts regional income from tourism. (OK)

Korea's Jung-nam-jin Water Festival began with a focus on revitalizing the regional economy, with the aim that increasing numbers of tourists would lead to increased sales of our organic products and seafood, promoting our cultural heritage and leading to an increase in regional income, by promoting the theme festival with our proud clean waters ranging from Tamjin river to Jangheung-Dam lake and to Deugryang Bay, thus promoting our image as an unsurpassed clean and green environment. (AWK)

Jeongnamjin Water Festival is a festival based on the theme of clean water resources like Tamjin River, Jangheung Dam Lake, and Deungnyangman Gulf seawater, which the Jangheung County proudly boasts. The festival aims to introduce the clean nature as well as make a good impression of the area in and outside of Korea, and by doing so, it hopes to "attract more tourists → promote sales of organic agro-fishery products and publicize cultural heritages and other tourism resources → increase tourism revenue," which could help vitalize the local economy. (AWK)

두 번째와 세 번째 번역문 모두 한국어 텍스트의 구문을 그대로 따른 어색한 번역문이다. 원문이 한 문장으로 이루어졌다고 해서 스타일을 보존하는 것이 좋은 번역이라고 생각한다면 위험하다. 두 번째 번역문과 같이 한국어 문장을 좇아 영어 문장도 하나로 표현해보고자 한다면 위와 같이 구성도 엉성하고 혼란스러운 느낌을 주게 될 것이다. 스타일이나 장르 측면에서 한국어 구문 형태를 절대적으로 생각하지 말고 한국어 원문의 메시지를 정확하고 자연스러운 영어로 표현하기 위해 적절한 영어 구문을 생각해야 한다. 첫 문장을 이렇게 긴 문장으로 시작하는 영어 홍보 텍스트는 없다. 열거하거나 상세한 기술

또는 묘사를 하는 경우를 제외한다면 한 문장은 대개 30단어 이내, 2-3개 절 이내로 구성되는 것이 보통이다. 세 번째 번역문은 두 문장으로 나누어 번역하기는 했으나 한글 원문의 형식(인용 부호와 화살표 등)을 따라감으로써 매우 어색한 텍스트가 되고 말았다. 이렇게 화살표를 사용한 스타일은 PPT 등에는 가능하지만 이러한 종류의 영어 텍스트에는 적절하지 않다.

2 테마 축제로 푸른 자연 못지않게 깨끗하고 바른 지역의 이미지를 안팎에 알림으로써 …

We are accomplishing this through widely promoting our image as an unsurpassed clean and green environment by holding a theme festival ... (OK)

We are accomplishing this through widely promoting our images as an unsurpassed clean and green environment through a theme festival ... (AWK)

축제가 추구하는 이미지는 깨끗한 녹색 환경 하나이기 때문에 복수 형태인 images는 적절하지 않다. 또한 두 번째 번역문에서 전치사 'through'가 반복적으로 사용되는데 영어에서는 같은 단어를 여러 번 쓰는 것은 피하는 것이 좋다.

3 … 안팎에 알림으로써 …

... through widely promoting our image ... (OK)

... through promoting our image to in and out ... (WW/LIT)

두 번째 번역 예문은 지나치게 직역을 한 것이 문제이다. 안팎이 'inside and outside'가 될 때도 있지만 위와 같이 직접적인 대응어로 쓸 수 없는 경우가 대부분이다. 등가 표현을 찾기 힘들 때에는 원래 의미, 즉 널리 알린다는 뜻을 살리면 되고 그러한 의미에서 'widely'가 적절하다.

4 관광객 증가 → 유기농 → 농수산물 판매 촉진 및 문화유산 등 관광 자원 홍보 → 관광 수입 증가

More visitors promote more sales of organic farm produce and seafood, and of cultural items, which in turn raises our tourist profile, and which in turn boosts regional income from tourism. (OK)

Increased tourists lead to raised sales of our organic products, promoting our cultural heritage and leading to increase regional income from tourism. (WF)

연어collocation의 문제가 눈에 띈다. 두 번째 번역문과 같이 'increased'를 사람 명사 'tourists'와 같이 쓸 수 없다. 'raised sales'가 가능하기는 하지만 이 문장에서는 타동사의 특성상 누가 'raise'한 것인지에 대한 정보가 없기 때문에 부자연스럽다. 대신 'increased sales'나 'rising sales' 라는 표현은 많이 쓰이는 편이다.

5 대한민국 정남진 물축제는 … 지역경제 활성화에 큰 목적을 두고 시작하였습니다.

Korea's Jeongnamjin Water Festival began with the major aim of invigorating the local economy. (OK)

Korea's Jeongnamjin water festival began with focusing on revitalizing the regional economy. (PR)

두 번째 번역문에서는 전치사 'with'를 잘못 사용했다. 만약 'with' 대신 'by'를 썼다면 문제가 없겠지만 'with' 다음에는 주로 명사가 뒤따르기 때문에 동명사형 'focusing'은 부적절하다.

6 온 군민이 머리를 맞대어 고민하고 준비한 끝에 …

... through the unstinting efforts of the local people ... (OK)

In preparation for the festival, everyone in the county put their heads together ... (AWK)

두 번째 번역문은 원문의 형식을 따른 직역이다. 'through the unstinting efforts' 또는 'with the full support and cooperation' 등의 표현이 원문의 의미를 적절하고도 효과적으로 충분히 전달한다.

7 … 전국 어디서나 볼 수 있는 프로그램으로 구성된 공연, 전시 및 관람 …

... concerts, exhibitions and spectacles put together into the type of program that you can see anywhere in Korea. (OK)

... concerts, exhibitions and spectacles put together into the type of program that you could see anywhere in Korea. (VF)

두 번째 번역문에서 'could'를 사용한 것은 조동사 용법에 어긋난다. 'could'를 사용하려면 가정의 의미가 있어야 하는데 전국 어디서나 볼 수 있다는 글의 의미는 실제 상황이므로 'can'이 맞다.

8 '물'이라는 하나의 테마로 모든 프로그램은 연결되었고 …

Water linked the entire program together as a single theme, ... (OK)

The entire program was linked under the single theme of water, ... (OK)

Every program was linked under the single theme of water, ... (WW)

모든 사람들이 손뼉을 쳤다고 할 때 'everyone'을 사용하여 번역할 수 있다. 그렇지만 'every'는 전체를 가리키는 것은 아니고 전체를 이루는 구성원 하나하나를 가리킬 뿐이다. 세 번째 번역문에서 사용한 'every program'이 전체를 뜻할 수 없다.

> **9** '물'이라는 하나의 테마로 모든 프로그램은 연결되었고 사람들은 깨끗한 자연과 건강한 삶, 그 속에 더불어 사는 살맛 나는 '장흥'을 흠뻑 느끼고 즐길 수 있었습니다.

Water linked the entire program together as a single theme, and people could really enjoy themselves, feeling the joy of a clean environment and a healthy lifestyle and, what's more, the special pleasure of feeling what it's like to live there. (OK)

With programs which shared the main theme of water, tourists enjoyed the clean environment and healthy lifestyle that makes Jangheung County such a good place to live in. (OK)

With programs which shared the main theme of water, tourists enjoyed clean nature and healthy life that worth-living Jangheung County has. (WW)

세 번째 번역문의 'clean nature', 'healthy life', 'worth-living Jangheung County' 등의 표현은 지나치게 원문 형식에 가까워서 어색하고 부자연스럽다. 자연에 대한 감정 묘사를 번역하는 작업은 쉽지 않다. 소설 등 영어로 쓰여진 산문을 많이 읽으면 자연스러운 표현법이 서서히 눈에 들어올 것이다. 이러한 표현을 별도로 모아서 나름대로의 표현 자료집을 만드는 것도 번역 공부를 시작하는 단계에서 유용한 학습법이다.

핵심 번역 기술

문화 번역

언어와 문화는 불가분의 관계에 있다. 따라서 번역은 문화와 문화 간 커뮤니케이션으로 볼 수 있으며, 번역자는 원천 텍스트와 목표 텍스트에 해당하는 언어와 문화의 차이를 중재하는 역할을 맡게 된다. 원천 텍스트는 출발어권의 언어 사용 및 문화 관습에 맞게 생산된 글이므로 목표 텍스트는 도착어권의 언어 사용 및 문화 관습에 맞게 생산되어야 독자들에게 메시지가 잘 전달될 수 있다. 그래서 번역 능력 가운데에는 '이중문화 능력bicultural competence'이 포함된다. 보편적인 개념 등은 대응어 표현을 찾을 수 있지만 출발어 문화에서만 존재하거나 상대적으로 발달한 개념이나 사물 등은 번역자의 문화 중재가 필요하다. 문화와 관련된 언어적 표현을 번역할 때 어떤 전략을 언제, 어떻게 쓸 것인지는 번역자의 능력에 속한다. 번역학 문헌에 자주 언급되는 문화 번역 전략 몇 가지를 간단히 소개하면서 이 장을 마무리하고자 한다.

문화 번역 전략

1. 상위어나 중립적 표현을 사용한다.

직접적인 대응어가 존재하지 않을 때에는 상위의 개념이나 표현 내지 중립적인 표현을 사용한다. 예를 들어 'Aboriginal man playing Didjeridoo at Circular Quay'를 한국어로 번역한다고 할 때 'Didjeridoo'라는 악기를 어떻게 번역할 것인지 결정해야 한다. '디제리두'라고 번역하면 즉시 이해할 사람이 많지 않다. 구체적이고 정확한 악기 이름이 필요하지 않는 텍스트라면 악기 이름을 쓰지 않고 단순히 원주민이 전통 악기를 연주하고 있다고 번역할 수도 있다. 한국 전통 악기인 가야금, 거문고 등을 상위어의 개념인 'traditional

Korean string instruments'로 번역하는 것도 여기에 해당한다. 전통 문화뿐 아니라 영어와 한국어의 명사 체계와 분류가 다르기 때문에 번역할 때 이런 차이를 조정해야 할 경우가 생긴다.

2. 도착어 문화에 해당하는 대응 표현으로 대체한다.

목표어권 문화에 동일하지는 않지만 유사한 개념이 있을 때 유용한 전략이다. 무당을 '*mudang*'이 아닌 'shaman'이라고 표현하는 것이나 3장에서 사명대사를 'Reverend Samyeong', 도량을 'site of a seminary'로 번역한 것이 그 예이다.

3. 다른 말로 풀어서 설명한다.

도착어 문화권에서는 잘 알려져 있지 않아 독자의 이해가 필요한 경우 쓸 수 있는 방법이다. 예를 들면, 영국의 차 문화와 관련된 'cream tea'를 '크림티'라고 번역하느냐 아니면 설명을 넣어 풀어서 써주느냐 결정해야 한다. 크림티라고 번역하는 대신 크림과 잼 등을 바른 스콘을 홍차와 함께 먹는 다과라고 풀어서 한국어로 표현하는 것, 또는 스키야끼를 일본식 불고기 또는 전골요리라고 설명을 추가하는 것이 이 전략에 해당한다.

4. 부득이한 경우에는 생략하거나 그림을 제시한다.

이질적인 내용은 차라리 생략하는 것이 번역상 필요한 경우도 간혹 있다. 때로는 생략도 유용한 전략이나 문화적 요소 번역이 중요한 번역에서는 생략할 수 없는 경우도 많다. 경우에 따라 독자의 이해를 돕기 위한 그림이나 실물 사진을 넣기도 하지만 흔히 사용하는 방법은 아니다.

5. 번역자 주를 단다.

본문 내에 설명을 덧붙여 번역하지 않고 번역자 주나 각주를 별도로 붙이는 경우도 있다. 주석은 아무래도 가독성을 저해하기 때문에 기피하는 경향이 있기는 하나 독자의 이해를 위해 필요한 경우에는 유용한 방법이 된다.

5장

정부행정

포커스 텍스트 연설문 제4차 국제공공조달대회 환영사

번역 과제 1 [2012년 예산안] 서민과 중산층을 위한 맞춤형 복지

번역 과제 2 외국인투자촉진법령 개정

핵심 번역 기술 숫자 정보 번역

A satisfactory translation is not always possible, but a good translator is never satisfied with it. It can usually be improved.

– Peter Newmark

정부와 공공정책 분야의 텍스트 번역은 전문 번역사들이 많이 맡는 업무 중 하나이다. 이 장에서 다루게 될 세 가지 텍스트는 국제회의 발표문, 정부 부처 보도자료, 외국인 투자 법령과 관계된 글로서 정부 기관 관련 텍스트의 다양성을 보여준다. 정부 관련 글은 번역하는 데 있어서 언어적 측면에서나 언어 외적 측면에서 어려움을 제기한다. 이러한 텍스트는 상세하고 전문적인 언어를 사용하기 때문에 어설픈 상식으로는 그 개념을 이해하고 제대로 번역하기 수월하지 않기 때문이다. 게다가 번역문을 읽을 독자도 대개는 관련 분야 종사자이기 때문에 언론 보도와 같이 다른 장르의 스타일을 따른다거나 정확한 용어가 아닌 일반적 표현을 사용한다면 번역자의 능력에 대한 신뢰를 잃을 수도 있다.

좋은 번역을 하기 위해서는 주제에 대해 효과적인 리서치를 하는 것이 중요하다. 그러자면 주제와 관련된 개념을 이해하고 기본 어휘와 전문 용어를 습득하는 데 상당한 시간을 투자해야 한다. 번역을 시작하기 전에 충분한 리서치를 하지 않으면 제대로 된 번역이 나올 수 없다. 제한된 시간을 효율적으로 사용하면서 필요한 정보와 신뢰할 만한 자료를 찾는 조사 능력도 번역 기술이자 번역 능력에 포함된다.

공공정책 분야의 텍스트도 내러티브 구조가 있기 때문에 스토리를 분명하고 간결하게 전달해야 한다는 점을 염두에 두어야 한다. 또한 일반인보다는 전문가를 위한 텍스트라고 볼 수 있기 때문에 다른 종류의 텍스트에 비해 상대적으로 가독성이 떨어지는데, 원문의 내용을 확실히 이해하고 난 뒤 내용의 전달에 각별히 주의를 기울여 번역해야 좋은 결과물이 나올 수 있다는 점을 명심해야 한다.

포커스 텍스트 연설문 제4차 국제공공조달대회 환영사

국제대회에서 발표할 기관장 연설문의 영문 번역을 의뢰받았다고 가정하고 번역을 해보기 바란다. 번역할 원문은 환영사의 도입 부분을 생략하고 본문 중에서 발췌했다.

제4차 국제공공조달대회 환영사

국제공공조달대회는 지금까지 로더데일, 로마, 암스테르담에서 개최된 세 차례 대회를 통해 공공조달을 학문 분야로 발전시키는 초석을 다졌습니다. 이로써 학자와 정책 입안자 간의 간극을 잇는 교량 역할을 하였습니다. 그리고 올해 4차 대회는 지난 대회들이 이룬 성과를 계승하고 한층 더 발전하였습니다. 올해 대회에서는 발표 논문 수가 크게 증가하고, 기존에 참여가 미흡했던 아시아와 아프리카 지역을 비롯하여 세계 전 지역에서 참가가 크게 확대되었습니다. 이번 4차 대회를 맞아 IPPC는 명실상부한 전 세계 공공조달인의 포럼으로 발전했다고 할 수 있습니다.

세계적 금융위기와 유럽 주요국의 재정 불안을 겪으며, 공공조달은 그 어느 때보다도 큰 개혁 요구에 직면하였고, 세계 각국은 저마다 이에 대응하기 위한 전략을 수립하였습니다. 이번 공공조달대회는 교류와 토론을 통하여 이러한 전략을 다듬고 완성시킬 기회라고 할 수 있습니다.

저는 공공조달정책이 정부의 경제정책 목표와 긴밀한 공조를 이루어야 한다고 생각합니다. 경기 회복과 수요 창출을 위해 정부는 세금감면, 재정지출 확대 등의 경기회복정책을 펼칩니다. 이러한 경기회복정책이 성공적으로 효과를 거두기 위해서는 공공조달행정의 효과적인 공조가 필수적입니다. 예를 들어 계약 절차와 대금 지급이 지연되면 정부 시책의 효과를 반감시키는 결과로 이

어질 수 있습니다. 이러한 점에서 기존의 조달제도를 재검토하고 조달 절차를 보다 신속하고 효율적으로 개선하는 것이 공공조달의 중요한 과제라 할 수 있습니다.

최근 전자조달에 대한 전 세계의 관심이 집중되고 있습니다. 전자조달이 조달의 투명성과 예산집행의 효율성을 동시에 달성하는 수단이기 때문입니다. 조달청은 2002년부터 전자조달 시스템인 '나라장터'를 구축하여 운영하고 있으며, '나라장터'의 성공적인 운영 사례는 전 세계로부터 주목을 받고 있습니다. 그러나 전자조달이 기대 효과를 달성하기 위해서 시스템의 기술적인 개선뿐만 아니라 허위정보가 입력되지 않도록 사전에 방지하고 계약 관리를 강화하는 데에도 많은 노력을 기울이고 있습니다.

출처: 2010년 제4차 국제공공조달대회 노대래 조달청장 환영사 중에서 발췌

번역 준비

번역을 통해 메시지를 정확하게 전달하기 위해서는 원문의 성격과 목적을 확실히 이해해야 한다. 원문에 대한 분석이 번역에 앞서 이루어져야 목표 텍스트 생산 과정에서 어휘와 구문 선택에 관한 결정을 잘할 수 있다. 번역을 시작하기 전에 먼저 다음과 같은 기본적인 사항을 짚어보아야 한다.

누가 쓴 글인가(Who)? 주요 정부 기관 기관장의 연설문이다.
무엇에 관한 글인가(What)? 국제공공조달대회와 공공조달에 관한 글이다.
누구를 위한 글인가(For whom)? 영어 번역문의 목표 독자는 공공조달 분야에 관심이 있는 외국인들과 외국 기업 및 정부 기관들이다.
글을 쓴 목적은 무엇인가(Why)? 국제대회를 주최한 국가 기관으로서 환영사를 통해 참석자를 환영하고 대회의 의의 및 공공조달정책의 중요성을 강조하고

자 한다.

어디에/어떤 매체에 글이 실리는가(Where)? 회의 참가자들이 받게 될 회의 자료집에 번역문이 수록될 것이다.

어떻게 메시지를 전달하는가(How)? 전문가들이 모인 국제회의에서 발표할 연설문이기 때문에 격식성 있는 언어로 사실적 정보를 기술했고, 정부 기관으로서 전자조달 등과 같은 업적에 대해 자신감 있게 홍보하고 있다.

주의할 어휘와 표현

- **국제공공조달대회** International Public Procurement Conference. 인터넷에서 대회명을 손쉽게 검색해볼 수 있다. 정확한 용어를 사용하지 못하면 텍스트 주제를 번역사보다 더 잘 아는 클라이언트로부터 프로페셔널로 인정받기 힘들다.
- **환영사** welcoming address 또는 welcome speech 등으로 번역할 수 있다. 실제 환영사는 참석자 중 귀빈에 대한 소개를 포함해 환영 인사를 필수적으로 포함하지만 이 책에서는 텍스트 길이 조정을 위해 생략했다.
- **로더데일** 첫 번째 대회 개최지이며 미국 플로리다 소재의 도시로서 한국인에게 생소한 지명일 수 있다. 대회에 대한 정보를 검색하면 지명의 영문 표기를 찾을 수 있는데 정식 명칭은 Fort Lauderdale이다. 이런 경우 리서치를 게을리하면 영어 지명을 틀리게 번역할 가능성이 있다.
- **공공조달인의 포럼** a forum for the public procurement community. '공공조달인'이라는 용어는 공공조달 분야에 몸담은 사람들을 가리키므로 영어로는 community가 적당하다.
- **재정지출 확대** 재정정책은 세금정책과 지출이 핵심이다. expanding expenditure 또는 expansion of fiscal spending 등으로 번역 가능하다.
- **전자조달** e-procurement라는 용어를 사용한다.
- **나라장터** 한글명으로는 '나라장터'이지만 조달청 공식 웹사이트를 보면 영문은 e-procurement system으로 표기한다. 개회사에서 나라장터가 두 번이나 언급되므로 한글 이름 Narajangteo라고 병기하는 것도 괜찮다.

Welcoming address at the 4th International Public Procurement Conference(IPPC) 2010

Through its previous three conferences held in Fort Lauderdale, Rome and Amsterdam, the IPPC has established public procurement as an academic discipline, thus serving as a bridge between scholars and policy makers. This year's 4th IPPC has built on and carried further forward the achievements of previous conferences. The number of papers submitted for this conference has greatly increased, and participation has greatly expanded to include all regions of the world, including areas in Asia and Africa which were not previously represented. With this conference we may say[1] that the IPPC has truly developed into a global forum for the public procurement community.

With the global financial crisis and the uncertainties in the major economies of Europe, more than ever public procurement faces the need for major reform, and countries all over the world have adopted strategies to deal with this situation. This conference provides an opportunity through networking[2] and discussion to fine-tune and bring to fruition these strategies.

I believe that public procurement policy must be closely aligned with government economic objectives. In order to achieve are economic recovery and stimulate demand,[3] governments are adopting policies of reducing taxation and expanding expenditure.[4] For these policies to be successful, effective support from[5] the administration of public procurement is essential. For example, delays in tendering and payment procedures can work against the thrust of government policy, and here the re-examination of the current procurement system and the improvement of the procurement process to achieve faster, more effective outcomes are important matters for our consideration.

In recent times e-procurement has attracted considerable attention all around the world, as a means of achieving both transparency in the procurement process and effectiveness in executing budgets. Since 2002 our Public Procurement Service has been successfully operating an e-procurement system, known as Narajangteo, which has attracted international attention. At the same time, however, we have devoted considerable attention not just to making technical improvements to this system to improve its performance, but also to strengthening the management of the tendering process and to taking pre-emptive action to screen out false data input.

1 원문의 문장 '발전했다고 할 수 있습니다'는 단정적으로 말하지 않은 겸양의 표현이므로 정확한 번역을 위해서는 이러한 점을 소홀히 할 수 없다.

2 교류를 'networking'이라고 번역했다. 'exchanges of ideas'라고 표현할 수도 있는데 'exchanges'만 쓸 경우 지나치게 광범위해서 어색한 느낌을 준다.

3 '수요 창출'이라고 해서 'create demand'라는 표현을 생각하기 쉽지만 'demand'와 같이 쓸 때에는 'create'보다 'stimulate'가 더 보편적으로 사용된다.

4 'governments have many policy instruments at their disposal such as tax cuts and expanding expenditure'로 표현할 수도 있다.

5 '-(와)의 효과적인 공조'를 'effective support from' 대신에 'effective coordination with'로 표현할 수도 있다.

번역 분석

1 국제공공조달대회는 지금까지 로더데일, 로마, 암스테르담에서 개최된 세 차례 대회를 통해 공공조달을 학문 분야로 발전시키는 초석을 다졌습니다.

Through its previous three conferences held in Fort Lauderdale, Rome and Amsterdam, the IPPC has established public procurement as an academic discipline, thus serving as a bridge between scholars and policy makers. (OK)

The IPPC has established public procurement as an academic discipline, thus serving as a bridge between scholars and policy makers through its previous three conferences held in Fort Lauderdale, Rome and Amsterdam. (WO)

두 번째 번역문의 문제는 어순과 관련이 있다. 격식성 있는 텍스트의 경우 맥락 정보가 먼저 제시되는 것이 보통이다. 그럼에도 불구하고 맥락 정보를 문장의 맨 뒤에 제시했다. 자신이 번역하는 텍스트의 유형을 정확히 파악하지 못하면 이러한 실수를 범하게 된다.

격식성 텍스트와 달리 구어체나 비격식성 텍스트에서는 장소와 시간 정보를 문장 앞쪽에 두는 것이 적절하지 않다. 아래 대화와 뉴스 텍스트를 예로 들 수 있다. 극적인 뉴스의 경우에는 주절을 앞세우기 때문에 아래 마지막 문장과 같이 장소와 시간에 관한 정보(at Bintang yesterday)를 주절 앞에 위치시킨 것은 미디어 텍스트로는 부적합하다. 어순을 정할 때 텍스트의 장르와 언어사용역을 정확히 판단하는 것이 중요하다.

Where's John?

– Oh, er, he had an appointment with his supervisor at three o'clock at the Library. (OK)

– Oh, er, at three o'clock at the Library with his supervisor he had an appointment. (WO)

A plane crashed on take-off at Bintang yesterday. (OK)

At Bintang yesterday a plane crashed on take-off. (WO)

2 그리고 올해 4차 대회는 지난 대회들이 이룬 성과를 계승하고 한층 더 발전하였습니다.

This year's 4th IPPC has built on and carried further forward the achievements of previous conferences. (OK)

This year's 4th IPPC built on and carried further forward the achievements of previous conferences. (VT)

This year's conference inherited the achievements of the past conferences ... (WW)

한국어에는 현재완료 시제가 없기 때문에 단순 과거와 구분해서 쓰기 어려운 점이 있다. 한국어 원문 '발전하였습니다'는 과거 시제이나 이 문맥에서 현재완료형이 맞는지 과거형이 맞는지 판단해서 번역해야 한다. 두 번째 예문과 같이 과거 시제를 사용하려면 이 행사가 종료된 후여야 한다.

세 번째 번역 예문의 문제는 영어 어휘를 실제로 어떻게 사용하는지 알아야 하는 연어 지식과 관련이 있다. 영어에서는 사람들이 실제 일해서 얻은 성과나 업적을 동사 'inherit'와 같이 쓰지 않는다(아래 다섯 번째 예문 참조). 여기서 'inherit'라는 동사를 사용하면 세 차례 열렸던 과거의 대회와 현재의 대회를 단절시키는 느낌을 준다.

She inherited her mother's eyes, but not her sweet personality. (OK)

He inherited the fruits of his father's hard work. (OK)

He inherited his father's fortune, which was built on hard work. (OK)

Our economy has inherited a real mess due to past policy blunders. (OK)

He inherited the hard work of his father, who built a fortune. (AWK)

3 올해 대회에서는 발표 논문 수가 크게 증가하고, …

The number of papers submitted for this conference has greatly increased, ... (OK)

The number of theses/publications submitted for this conference has greatly increased, ... (WW)

사전적 정의에만 의존해 번역하면 안 된다는 것을 잘 보여주는 번역 예문이다. 컨퍼런스에서 발표하는 논문은 'paper'나 'research paper'로 쓴다. 'thesis'는 수백 페이지에 달하는 논문을 가리키므로 적합하지 않으며, 'publication'은 모든 출판물을 가리킬 수 있으므로 본 맥락에서 사용하기에는 지나치게 일반적인 어휘이다.

4 경기 회복과 수요 창출을 위해 정부는 세금감면, 재정지출 확대 등의 경기회복정책을 펼칩니다.

In order to achieve economic recovery and stimulate demand, governments are adopting policies of reducing taxation and expanding expenditure. (OK)

In order to improve the economic situation and stimulate demands, governments adopt policies of reducing taxation and expanding expenditure. (AWK)

두 번째 번역 예문은 여러 가지로 문제가 있다. 우선 'improve the economic situation'이 경기 회복의 대응어로서는 부족하다. 그리고 이 문맥에서 수요를 나타내는 단어인 'demand'는 복수형을 사용하지 않는다. 또한 시제에 관해서도 실제 경기 회복을 위해 현재 펼치고 있는 정책들을 말하고 있는 것이므로 현재진행 시제가 가장 적합하다. 단순 현재 시제는 화자가 일반적 경제이론 내지 원칙을 말할 때에만 해당한다.

5 예를 들어 계약 절차와 대금 지급이 지연되면 정부 시책의 효과를 반감시키는 결과로 이어질 수 있습니다.

For example, delays in tendering and payment procedures can work against the thrust of government policy, ... (OK)

For example, delays for tendering and payment procedures can work against the thrust of government policy, ... (PR)

두 번째 번역문은 구문상의 문제가 아닌 전치사 사용과 관련된 오류이다. 무엇이 지연되었다고 할 때 명사 'delay'와 전치사 'for'는 같이 쓰지 않는다. 반면 'need'의 경우는 'for'와 같이 쓴다. 'The teacher emphasizes the need for seeing language in context.'와 같이 어떤 명사 뒤에 어떤 전치사가 주로 쓰이는지 많은 예문을 통해 학습해야 한다. 구어에서 전치사는 강세를 띠지 않기 때문에 중요하지 않은 것처럼 보일 수 있겠지만 정확한 번역을 위해서 전치사의 사용이 중요하다는 점을 간과해서는 안 된다. 전치사는 다음과 같이 주로 시간, 장소, 논리 관계를 표시한다.

Jane fell asleep <u>during</u> the last lecture <u>before</u> lunch.

She put her head <u>between</u> her arms <u>on</u> the table.

The lecturer was rather surprised <u>by</u> this because she was normally very attentive.

This book is <u>about</u> a guy who takes his family to a desert island.

번역 과제 1 [2012년 예산안] 서민과 중산층을 위한 맞춤형 복지

기획재정부 웹사이트에 실린 정부정책에 대한 공고를 번역하게 되었다고 가정하고 번역해보기 바란다.

[2012년 예산안] 서민과 중산층을 위한 맞춤형 복지

정부가 27일 발표한 내년 나라살림의 큰 특징 중 하나는 서민과 중산층을 위한 '사람희망 예산'이란 점이다. 서민과 중산층의 삶의 질 향상을 위해 생애주기별 · 수혜대상별 맞춤형 지원이 강화되고, 재정 지원 규모도 올해보다 21% 늘어난다.

정부는 영유아에서 노인까지 생애주기별로 가장 필요한 복지 서비스를 보육, 교육, 문화, 주거 · 의료 등 4대 부문으로 나눠 집중적으로 지원하기로 했다.

첫 단계인 보육은 '국가가 책임지는 보육'이란 목표 아래 소득 수준에 관계없이 보육 및 교육비 전액을 지원하고, 영유아 필수 예방접종의 본인 부담금을 현재 1만 5000원에서 5000원으로 낮추기로 했다.

교육 단계에서는 대학 등록금 부담을 줄여주기 위해 소득수준별 차등 지원을 전제로 약 1조 5000억 원의 재정을 투입한다. 또 초등학생 자녀를 둔 기초생활보장 수급 가구에 대해 교육급여(부교재비) 27억 원을 신규 지원하고, 방과 후 나홀로 아동을 돌보는 '지역아동센터'의 운영비를 8% 인상하는 한편 지원 대상도 240곳 늘리기로 했다.

문화 단계의 핵심 과제는 '문화예술 체험기회 확대'로 주5일수업제를 맞는 저소득층 청소년 25만 명에게 신규로 문화바우처를 제공하고, 50억 원의 예산을 배정해 토요문화학교 100개소를 신설하기로 했다.

청장년 및 노년층에게는 주거 안정과 필수 의료 뒷받침에 초점을 맞춰 소형 임대주택 공급을 늘리고, 정신보건센터 확대 및 국가 차원의 중앙자살예방센터를 신설키로 했다. 또 미숙아 및 선천성 이상아 의료비 지원액을 1억 4600만 원으로 확대해 고비용의 집중 치료를 적기에 지원하기로 했다.

정부는 저소득층과 장애인, 다문화가족 등 취약 계층의 삶의 질 향상을 위해 수혜대상별 맞춤형 복지서비스를 지원하기로 했다. 우선 내년부터 최저생계비 이하 장애인, 노인, 한부모가정 등 근로 무능력 가구는 부양 의무자가 중위 소득 미만이면 모두 기초생활보호 수급자로 보호하기로 했다. 또한 다문화가족을 위해서는 통번역 지원사를 늘려 모든 다문화가족지원센터에 배치해 결혼이민자들의 의사소통 및 서류 작성 등을 지원한다.

출처: 기획재정부 홈페이지 2011년 9월 27일자 뉴스에서 발췌

번역 준비

누가 쓴 글인가(Who)? 정부 공무원이 썼다.
무엇에 관한 글인가(What)? 정부 복지정책에 대한 정보를 담은 뉴스이다.
누구를 위한 글인가(For whom)? 원문의 목표 독자는 한국인들이지만 영어 번역문의 목표 독자는 외국인들과 외국 정부 기관들이다.
글을 쓴 목적은 무엇인가(Why)? 정부 예산안에 관한 정보 전달이 주목적이다.
어디에/어떤 매체에 글이 실리는가(Where)? 정부 부처의 웹사이트에 실린다.
어떻게 메시지를 전달하는가(How)? 일반적인 정부 보도자료 스타일을 따르고 있다.

주의할 어휘와 표현

• 맞춤형 복지 tailored welfare system/scheme/services라고 번역할 수 있다. 제

목의 번역은 targeting을 사용해서 정부 보도자료에 맞는 평범한 표현을 선택하는 것이 좋다.

- **나라살림** 제목에도 나와 있듯이 내년도 예산에 관한 내용이기 때문에 budget으로 번역할 수 있다.
- **생애주기별 · 수혜대상별 맞춤형 지원** assistance differentiated according to age and special needs, tailored to meet the needs of specific groups 등으로 번역 가능하다. 이 텍스트가 정부 보도자료에 해당하기 때문에 이에 따른 통사 · 구문적 선택에도 유의해야 할 부분이 있다. 또한 텍스트의 주제인 사회복지 부문의 특성상 어휘 선택에 주의해서 번역을 해야 한다. 소외 계층과 정부 간의 관계에 대해 생각하면서 영어로 번역할 때에는 포용적인 어휘를 사용해야 한다. 예를 들면, 지원은 help, aid, financial support가 아닌 assistance로 번역한다. 또한 원문에서 '–기로 했다'가 거듭 사용되는데 이를 그대로 번역하면 도착어 텍스트에서는 정부의 지원 효과보다 정부의 조치와 행동을 지나치게 강조하는 느낌을 주게 되므로 주의해야 한다.
- **국가가 책임지는 보육** 국가가 책임진다는 의미는 국고 지원을 뜻하는 것이므로 state-funded childcare로 번역할 수 있다.
- **본인 부담금** 간단히 charge라고 번역하면 된다.
- **소득수준별 차등 지원** 소득에 따라 지원 금액을 달리하는 제도를 일컬어 일반적으로 means-tested assistance라고 한다. 소득 수준을 명시하지 않은 단순한 차등 지원은 graded assistance로 표현할 수 있다. 참고 번역문에서는 graded assistance according to parents' income levels라고 번역했다.
- **기초생활보장 수급 가구** 소득이 최저생계비보다 적은 사람들에게 생계비와 의료, 주거, 교육 등을 지원해주는 것이 기초생활보장으로 영어로는 basic living security로 쓴다. 국민기초생활보장법을 National Basic Living Security Act로 번역하는 등 한국 정부의 복지 관련 영문 자료에도 basic living security가 쓰이고 있다. 그렇지만 외국인과의 효과적인 커뮤니케이션을 생각해서 굳이 고유명사를 사용하지 않고 일반적으로 많이 사용하는 보통명사인 basic welfare라고 번역할 수도 있다. 기초생활보장 수급 가구는 households which are currently in

receipt of basic welfare라고 표현할 수 있다. 미디어 텍스트를 포함하여 많은 텍스트에서 수급 대상자로 산다는 표현을 일반적으로 live on welfare로 번역하지만 본문 맥락에서는 정부 부처 관련 소식이라는 점을 감안할 때 복지 수당을 받아 살아간다는 식으로 표현하는 것은 다소 부적절하다.

- **'지역아동센터'의 운영비를 8% 인상** 얼핏 보면 운영 비용이 8% 증가한다고 생각하기 쉽지만 이것은 운영비 지원을 늘린다는 의미이다. raise the operating costs by 8%라고 하면 운영비를 8% 추가해 부담을 지운다는 오역이 되므로 주의해야 한다.
- **최저생계비 이하 노인, 장애인, 아동 등 근로 무능력 가구** 최저생계비minimum cost of living는 기초생활보호 수급자 등 취약 계층을 지원하기 위한 복지 예산을 짜는 기준이 된다. 소득이 최저생계비에 미치지 못하는 기초생활보호 수급자의 경우 최저생계비에서 부족한 액수만큼 정부가 보전해준다. '최저생계비 이하 근로 무능력 가구'는 최저생계비도 벌 수 없는 가구를 의미한다. 영어권에서는 정부가 복지정책에 대해 언급할 때 복지 수혜자가 매우 의존적이고 불쌍한 사람들이라는 인상을 주지 않기 위해 신중을 기하고 일시적으로 어려움을 겪고 있는 상태라는 점을 부각시키려 하므로 약간 우회적으로 unable to afford the bare necessities of life로 번역할 수 있다.
- **중위 소득** median income, median household income. 총가구 중 소득순으로 순위를 매겼을 때 소득 수준이 꼭 절반의 위치에 있는 가구의 소득을 말한다. 즉, 중위 소득을 경계로 그 이상의 소득을 얻는 가구가 50%, 그 이하의 소득을 얻는 가구가 50%가 된다. 2009년 기준으로 우리나라 2인 이상 가구의 중위 소득은 약 월 304만원이다.
- **통번역 지원사** 결혼이민자들의 행정, 의료, 교육 기관 이용에 불편을 덜어주고자 결혼이민자 중에서 한국어 구사 능력이 높은 사람을 다문화가족지원센터에서 기간제 근로자로 일하게 하는 제도이다. 통역 및 번역 전문 능력을 갖추지 않았기 때문에 professional interpreter and translator는 아니며 language aide의 성격이 강하다. 여기에서는 interpreting and translation aide로 번역하면 된다.

Welfare measures targeting the working and middle classes in the 2012 budget

One of the major features of next year's Budget, released on the 27th,[1] is its Budget of Hope for working class and middle class people. In order to raise their quality of life, the plan will strengthen assistance in welfare and community support programs, tailored to meet the needs of specific groups, while the scale of assistance in these areas will rise by 21% over this year.

The government has divided the welfare services most in demand among all ages from infants to the elderly into the four key areas of childcare, education, culture, and housing and medical treatment, and will focus its assistance on these areas.

At the childcare level, with the objective of achieving state-funded childcare, the government will provide assistance for the full cost of childcare and education[2] irrespective of income levels. It will also lower the charge for compulsory infant vaccinations from the current 15,000 won to 5,000 won.

At the education level, in order to reduce the burden of college enrolment fees, the government will provide 1.5 trillion won in graded assistance according to parents' income levels.[3] In addition, it will provide 2.7 billion dollars in extra assistance for supplementary education materials for households with primary school-age children which are currently in receipt of basic welfare. Moreover, it will raise its contributions to the operating costs of local after-school childcare centers[4] by 8% and extend the number of centers receiving support to 240.

As the centerpiece of the culture module, the government will provide vouchers to some 250,000 young people[5] from low income families in order to give them greater opportunity to experience culture and the arts[6] outside school hours.[7] It will also allocate a budget of 5 billion won (USD 5 million) to establish Saturday culture schools in one hundred localities.

Focusing on supporting basic medical treatment and housing security for both the elderly and younger age groups, the government will increase the availability of small-scale rental accommodation, expand the number of mental health centers and establish a national center for suicide prevention. The government will also allocate 146 million won to provide assistance where needed for high-cost intensive treatment for premature babies and babies with congenital abnormalities.

The government will also provide tailored welfare assistance in order to raise the quality of life for the most vulnerable groups in our society – low income people, the disabled, and multicultural families. Firstly, from next year, where families are unable to afford the bare necessities of life due to their inability to fully participate in the workforce, including the disabled, the aged, and single parents, if the chief income earner or caregiver earns less than the median household income, the government will guarantee a basic level of income to the family.[8] In addition, for multicultural families, it will increase the number of interpreting and translation aides and deploy them in multicultural family assistance centers, to assist foreign brides in communicating and in handling documentation.

1 원문에서와 같이 달 없이 일만 언급되어 있는 경우 서수를 사용한다.

2 'cost of education' 대신 'tuition and school fees'를 써도 된다.

3 'the government will spend 1.5 trillion won in means-tested assistance to relieve the burden of university enrollment fees'와 같이 표현할 수도 있다.

4 '나홀로 아동'을 번역하지 않은 이유는 'local after-school childcare center' 자체가 홀로 있을 아동을 대상으로 하므로 불필요한 정보이기 때문이다.

5 청소년을 'young adolescents' 또는 'young adults'라고 번역해도 되나 무미건조하고 비인격적인 느낌이 들기 때문에 'young people'이 낫다.
6 'culture'에는 관사를 사용하지 않고 'art'에는 사용한 까닭은 무엇일까? 'culture'는 집합명사이나 'art'는 여러 활동을 가리키기 때문에 복수형이 가능하다.
7 주5일수업제의 의미를 직접적으로 표현하지 않고 간접적으로 번역했다. 격주로 주5일 수업을 하다가 토요일 수업을 폐지함에 따라 수업이 없는 토요일에 학생들에게 문화를 접할 기회를 제공한다는 취지가 있다. 전후 문맥상 문화예술 체험은 당연히 수업 시간 외 토요일에 한다는 것을 유추할 수 있어 '주5일수업제를 맞는'을 굳이 번역하지 않고 'outside school hours'로만 표현했다.
8 '... the government will guarantee them basic living security assistance'와 같이 번역할 수도 있다.

번역 분석

1 정부가 27일 발표한 내년 나라살림의 큰 특징 중 하나는 서민과 중산층을 위한 '사람희망 예산'이란 점이다.

One of the major features of next year's Budget, released on the 27th, is its Budget of Hope for working class and middle class people. (OK)

One of the major features of next year's Budget, released on the 27th, is to focus on its Budget of Hope for working class and middle class people. (CS)

One of the key aims of next year's Budget, released on the 27th, is its 'Budget of Hope' for working class and middle class people. (CS/P)

항상 문장 내 주어와 동사가 잘 호응이 되는지 장문일수록 거듭 확인해야 한다. 두 번째 번역 예문과 같이 'one of the major features'를 주어로 잡은 경우 'feature'에 호응하는 동사는 'is to focus on' 아닌 'is'이어야 하고, 세 번째 번역 예문과 같이 'one of the key aims'를 주어로 잡은 경우 명사 aim에 호응하는 동사는 'is'가 아닌 'is to'이어야 한다. 따라서 'One of the key aims of next year's Budget, released on the 27th, is to focus on its Budget of Hope for working class and middle class people.'로 수정해야 한다.

원문에는 '사람희망 예산'에 작은따옴표가 쓰였는데 작은따옴표의 용법은 영어와 한국어가 차이가 있다. 한국어와 달리 영어에서는 작은따옴표를 쓰면 중립성 내지 회의감을 내포하는 경우가 많아 'Budget of Hope'라고 하면 글쓴이가 이것이 정말 희망 예산임을 믿지 않는다는 느낌을 준다. 이에 관해서는 6장의 핵심 번역 기술을 참고하기 바란다.

2 재정 지원 규모도 올해보다 21% 늘어난다.

The scale of assistance in these areas will rise by 21% over this year. (OK)

The scale of assistance in these areas will rise by 21% compared to this year. (OK)

The scale of assistance in these areas will rise 21% more than that of this year. (NUM/PR)

늘어나거나 줄어든 양 앞에는 'by'를 사용한다. 'by 21%'는 21%만큼 변화한 것이다. 반면 20%로 올랐거나 내려갔을 경우에는 'to 21%'가 되어야 한다. 세 번째 번역문 같이 'more than'을 사용하는 것은 틀린 표현이다. 영어에서 퍼센티지와 분수, 배수, 총액 등을 쓰는 방식이 한국어와 다르기 때문에 별도로 익혀두어야 한다. 아래에 'more than'을 사용할 수 있는 용례를 몇 가지 제시한다.

The death toll is expected to rise to more than fifty.

He makes 20% more than I do, but he does not get any health coverage.

The budget for the new hospital will total more than $100 million.

Westerners (among others) say 'Thank you.' as a matter of course to anyone who is doing them a service – waiters, ticket sellers, bus drivers, etc. – but Koreans don't. They kind of save 'Thank you.' for when someone does more than just his/her duty.

3 … 보육, 교육, 문화, 주거 · 의료 등 4대 부문으로 나눠 집중적으로 지원하기로 했다.

… the four key areas of childcare, education, culture, and housing and medical treatment, and will focus its assistance on these areas. (OK)

… the four key areas such as childcare, education, culture, and housing and medical treatment, and will focus its assistance on these areas. (PR)

'등'에 대한 대응으로 'such as'를 많이 쓰는데 두 번째 번역문은 이를 잘못 사용하고 있다. such as는 예를 열거하기 전에 사용하기는 하나 예를 전부 다 들 경우에는 사용하지 않는다. '보육, 교육, 문화, 주거 · 의료 등 4대 부문'에서 '등'은 복수를 표시하는 기능을 하며, 4대 부문 전부를 열거한 것이므로 'such as'를 사용할 수 없다.

4 정부는 … 복지 서비스를 … 4대 부문으로 나눠 집중적으로 지원하기로 했다. … 영유아 필수 예방접종의 본인 부담금을 현재 1만 5000원에서 5000원으로 낮추기로 했다.

The government has divided the welfare services … into the four key areas … It will also lower the charge for compulsory infant vaccinations from the current 15,000 won to 5,000 won. (OK)

The government has decided to divide welfare services … into four key areas … It has also decided to lower the charge for compulsory infant vaccinations from the current 15,000 won to 5,000 won. (OK BUT…)

'하기로 했다'는 원문 표현 때문에 두 번째 번역문에서 'decided to'를 사용한 것이지만 이 어구 때문에 약간 껄끄러운 느낌이 없지 않다. 이는 사회복지 문제에서 정부의 역할에 대한 인식의 문화적 차이와도 관련이 있다. 정부가 국방, 외교 등과 같은 사안과 보통 사람들, 특히 취약 계층의 생활에 영향을 주는 사안을 결정하는 주체라고 생각하는 사람들이 많다. 그러나 서구 문화에서는 정부가 이것저것을 결정하고 있다고 계속 상기시키는 것은 그리 적절하지 않다고 여긴다는 점을 감안하면 'decide'는 불필요하다. 정부 발표를 번역하면서 아래 예문과 같이 달러화로 표기하는 것도 적절하지 않다.

The government will lower the charge for compulsory infant vaccinations from the current 15,000 won to 5,000 won. (OK)
The government will lower the charge for compulsory infant vaccinations from the current $15.00 to $5.00. (IN)

경제 관련 텍스트를 번역할 때 화폐 단위가 원이라면 정확히 원화로 전달할 필요가 있다. 그 액수에 대해 추가 정보가 필요하다고 판단되면 괄호 안에 외화 액수를 표기하면 된다. 위의 예문에서는 한국 국내 상황을 다룬 것이고 소액이지만 대폭 낮춘 것이라는 점이 분명하기 때문에 굳이 필요 없다고 판단된다. 반면, 아래 예문처럼 큰 액수라면 외화 표기가 필요하다고 할 수 있다. 이와 같이 괄호 안에 달러 표기를 해주면 독자의 이해를 도울 수 있다.

The job creation budget almost doubled in three years, from 804.4 billion won (USD 80.4 million) in 2003 to 1.5 trillion won (USD 154.6 billion) in 2006.

5 첫 단계인 보육은 …

At the childcare level, … (OK)
At the first level which is childcare, … (AWK)

앞에서도 지적했듯이 불필요하게 관계절을 사용해서 문장을 복잡하게 만들 필요가 없다.

6 영유아 필수 예방접종의 본인 부담금을 … 낮추기로 했다.

The financial burden on parents for compulsory infant vaccinations will fall ... (OK)

The financial burden for compulsory infant vaccinations on parents will fall ... (WO)

참고 번역문에서는 'It will also lower the charge for compulsory infant vaccinations ...'로 제시했으나(번역 분석 4 참고) 'the financial burden'을 주어로 해서 위와 같이 번역할 수도 있다. 두 번째 번역 예문과 같이 'financial burden'과 'on parents'사이에 'compulsory infant vaccinations'를 넣으면 백신과 부모를 연결 지어서 생각하게 하여 정보의 흐름을 방해한다.

7 … 대학 등록금 부담을 줄여주기 위해 …

... in order to reduce the burden of college enrolment fees, ... (OK)

... in order to reduce a burden of college enrolment fees, ... (A)

관사 사용 오류로서 대학 등록금이 부담이라는 것은 알려진 사실이기 때문에 'burden' 앞에 정관사를 쓰는 것이 맞다.

8 교육 단계에서는 대학 등록금 부담을 줄여주기 위해 소득수준별 차등 지원을 전제로 약 1조 5000억 원의 재정을 투입한다.

At the education level, in order to reduce the burden of college enrolment fees, the government will provide 1.5 trillion won in graded assistance according to parents' income levels. (OK)

At the education level, in order to lower college enrolment fees, the government will allocate funding of 1.5 trillion won in graded assistance according to parents' income levels. (OK)

At the education level, in order to lower college enrolment fees, the government will fund 1.5 trillion won in graded assistance according to parents' income levels. (WW)

번역할 때에는 사용할 단어가 실제 어떤 의미를 가지고 있는지, 어떤 단어와 주로 함께 쓰이는지 알아야 좋은 번역을 할 수 있다. 동사 'fund'는 누구에게 돈을 제공한다는 의미가 있는데 구체적인 돈의 액수와는 같이 쓰지 않는 반면, 돈이 사용될 목적이나 용도와 같이 쓸 수 있다.

9 방과 후 나홀로 아동을 돌보는 '지역아동센터'

after-school childcare centers (OK)

local centers to look after children left alone after school (AWK)

'after-school childcare' 서비스는 부모가 집에 없기 때문에 아이들만 둘 수 없어서 생긴 보육시설이므로 당연히 전제가 되는 'left alone'을 쓸 필요가 없다. 'after-school childcare center'는 취약 계층뿐 아니라 맞벌이 가정에도 필요한 시설로서 서구에서는 확립된 제도이다. 사회 문제를 다룬 텍스트를 영어 문화권에 맞게 자연스러운 표현으로 바꾸기 위해서는 문화적 지식이 필요함을 보여준다.

10 ... 소형 임대주택 공급을 늘리고, 정신보건센터 확대 및 국가 차원의 중앙 자살예방센터를 신설키로 했다.

... will increase the availability of small-scale rental accommodation, expand the number of mental health centers and establish a national center for suicide prevention. (OK)

... will increase the availability of small-scale rental accommodation and mental health centers and establish a national center for suicide prevention. (//)

번역문이 원문 내용을 보존하면서 병렬식으로 대구를 이루는지 확인해야 하는데 두 번째 번역문에서 'availability'는 'accommodation'에만 해당하고 'mental health centers'에는 해당되지 않는다. 원문에서도 이러한 센터를 신설하기로 했다고 되어 있을 뿐 아니라 영어로 정신보건센터가 'available'하다고 표현하지 않는다. 이 원문이 쓰여질 당시에는 센터가 설립되지 않은 상태이기 때문에 고유명사가 아닌 보통명사를 사용해야 한다.

11 또한 다문화가족을 위해서는 통번역 지원사를 늘려 모든 다문화가족지원센터에 배치해 결혼이민자들의 의사소통 및 서류 작성 등을 지원한다.

In addition, for multicultural families, it will increase the number of interpreting and translation aides and deploy them in multicultural family assistance centers, to assist foreign brides in communicating and in handling documentation. (OK)

In addition, for multicultural families, it will increase the number of volunteer interpreters and put them in multicultural family assistance centers, to assist marrying immigrants with communication and filling out forms. (AWK)

원문이 정부 문건이기 때문에 일상적 표현이 아닌 격식을 갖춘 공식성을 띠어야 하는데 두 번째 번역문은 원문의 장르를 무시하고 번역한 것이 문제이다. 'put them in ...' 이나 'filling out forms'와 같은 격식성이 떨어지는 표현은 이런 유의 텍스트에서는 피하는 것이 좋다.

번역 과제 2 외국인투자촉진법령 개정

외국인투자촉진법 개정에 관한 내용을 알리기 위해 관련 정부 부처에서 영문 번역을 요청해왔다고 가정하고 번역해보기 바란다.

외국인투자촉진법령 개정

외국인투자촉진법이 제8차 개정('10. 10. 6. 시행)되었다. 제8차 법 개정은 외국인투자 유치를 통한 국가경쟁력을 강화하기 위하여 외국인투자기업에 대한 수의계약 등이 가능한 대상 토지를 확대하고, 외국인투자에 대한 현금지원 요건 완화 및 외국인투자지역의 지정 범위를 확대하기 위한 관련 규정을 명확히 하며, 외국인투자기업에 대한 공장 설립 제한을 완화하는 것을 골자로 한다.

주요 개정 내용을 살펴보면, 국유재산 등에 대한 외국인투자를 촉진하기 위하여 「도시개발법」 또는 「물류시설의 개발 및 운영에 관한 법률」에 따라 조성된 토지 등도 외국인투자기업에게 수의계약으로 임대 · 매각하거나 임대기간 연장 및 임대료 인하를 할 수 있도록 법적 근거를 마련하고, 소규모 외국인 투자라 하더라도 국내 경제에 미치는 효과가 큰 경우에는 현금을 지원할 수 있도록 외국인투자에 대한 현금지원의 요건 중 외국인 투자금액 1천만 불 이상의 요건 삭제 및 연구 전담 인력의 상시 고용규모를 10명 이상에서 5명 이상으로 완화하였다.

또한, 연구개발 및 고부가가치 서비스업을 수행하는 외국인투자기업의 유치를 촉진하기 위하여 시 · 도지사가 외국인투자지역으로 지정할 수 있는 지역 범위에 연구개발특구 등의 지역 중에서 연구개발을 수행하는 외국인투자기업에게 임대 · 양도하려는 지역과 금융 등 고부가가치 서비스업을 하는 외국인투자기업에게 일정 비율 이상 임대 · 양도하려는 지역을 추가하였으며, 외국인투자기업에게 우수한 입지환경의 제공을 통한 외국인투자기업의 유치를 촉진하기 위하여 외국인투자지역에 입주하는 외국인투자기업에 대해서는 성장관리지역에 한하여 500제곱미터 이상의 공장을 신설하거나 증설할 수 있도록 하였다.

출처: 지식경제부 '2010 지식경제백서' 중에서 발췌

번역 준비

누가 쓴 글인가(Who)? 정부 공무원이 쓴 글이다.

무엇에 관한 글인가(What)? 정부정책에 대한 정보를 담은 글이다.

누구를 위한 글인가(For whom)? 원문의 목표 독자는 한국인들이지만 영어 번역문의 목표 독자는 외국인들, 외국 기업과 정부 기관들이다.

글을 쓴 목적은 무엇인가(Why)? 법 개정과 정부정책에 관한 공보公報가 주목적이다.

어디에/어떤 매체에 글이 실리는가(Where)? 정부 부처 웹사이트에 업데이트되어 올라갈 것이다.

어떻게 메시지를 전달하는가(How)? 정부 공고문의 성격상 법령 조항 원문에 가까운 문구를 그대로 사용하고 있으며 매우 복잡한 장문이 많다.

주의할 어휘와 표현

- 외국인투자촉진법 Foreign Investment Promotion Act. 법제처에서 제공하는 영문 법령 공식 명칭을 따라 사용하는 것이 혼동을 방지한다. http://elaw.klri.re.kr/kor_service/main.do에서 법령을 입력하면 번역된 영문 법령을 검색할 수 있다. 「도시개발법」과 「물류시설의 개발 및 운영에 관한 법률」도 검색 가능하다. 법령명에는 정관사를 반드시 붙인다. 다만 제목에 쓰일 경우에는 정관사를 생략할 수 있다.

- **수의계약** free contracts. 경매나 입찰 방식을 거치지 않고 적당한 상대방을 임의로 정해 계약을 맺는 방식을 가리킨다.
- **국유재산** 사유재산에 대응하는 개념으로 national assets로 번역한다.
- **외국인투자지역** foreign investment zones. 한국 경제에 도움이 되는 일정 규모 이상의 투자를 유치하기 위해서 국가가 조세 감면, 임대료 감면 등 각종 인센티브를 제공하며 행정 규제를 완화해주기 위해 특별히 지정한 지역이다.
- **성장관리지역** 산업의 밀집도와 인구증가율을 계획적으로 관리하기 위해 일정한 범위 안에서 공장의 신설 또는 증설의 허용이 필요한 지역으로서 growth management zones, growth-controlled areas 등으로 번역할 수 있다.

참고 번역문

Revision of Foreign Investment Promotion Act

The eighth amendment to the Foreign Investment Promotion Act came into effect on October 6, 2010. With the objective of strengthening national competitiveness through the inducement of foreign investment, the amendment has extended the areas where foreign-invested enterprises can enter into free contracts, has clarified related regulations for the purpose of easing conditions for the award of government cash grants[1] and for expanding the designated locations for foreign investment activity, and has eased restrictions on the establishment of foreign-invested factories.[2]

The major features of the amendment are that, in order to encourage foreign investment where national assets are involved,[3] the amendment has established a legal framework enabling the lowering of rents and the extension of rental periods when letting or selling under free contract to a foreign enterprise on land additionally developed pursuant to the Urban Development Act and Act on the Development and Management of Logistics Facilities. Where the impact on the domestic economy of even small-scale foreign investment is significant, the amendment has reduced the normal employment requirement of a minimum of ten research-dedicated employees to a minimum of five, and has waived the requirement that the foreign investment be above $10 million for the investment to qualify for government cash grant.

In addition, in order to provide incentives to foreign-invested firms engaged in research and development-focused industries and high value-added service industries, the amendments newly include, from among the special research and development zones, areas for letting and transfer to R&D-related foreign-invested companies as well as the minimum percentage of areas assignable to foreign-invested firms engaged in high value-added service industries, including finance, in the areas city mayors and provincial governors may designate as foreign investment zones. Thus, in order to attract foreign-invested firms through the provision of excellent locations, firms located in the designated locations for foreign investment activity[4] may build or expand factories over 500 square meters in size provided that they are in growth-controlled areas.

1 '현금지원'을 좀 더 일반적인 표현으로 바꿔 'government financial support'로 번역할 수도 있다.

2 너무 길다고 생각되면 외국인투자기업에 대한 공장 설립 제한을 완화한다는 내용을 별도의 문장으로 분리하여 'It also included deregulating restrictions on the establishment of foreign-invested factories.'로 번역해도 무방하다.

3 'in order to encourage foreign investment in national assets'로 바꿔 표현할 수도 있다.

4 'designated locations for foreign investment activity'를 간단히 'foreign investment zones'로 표현할 수 있다.

번역 분석

1 외국인투자촉진법이 제8차 개정('10. 10. 6. 시행)되었다.

The eighth amendment to the Foreign Investment Promotion Act came into effect on October 6, 2010. (OK)

On October 6, 2010 the eighth amendment to the Foreign Investment Promotion Act came into effect. (WO)

The eighth amendment to the Foreign Investment Promotion Act (Republic of Korea) came into effect 06.10.2010. (AWK)

The eighth amendment to the Foreign Investment Promotion Act was passed (enforcement date October 2010). (AWK/LIT)

The Foreign Investment Promotion Act passed the eighth amendment on 6 October 2010. (CS)

첫 번째와 두 번째 번역문의 차이는 'October 6, 2010'의 위치이다. 이 텍스트는 미디어 텍스트가 아니라 정부 백서라는 장르적 특성에 주의해야 한다. 언론 기사문에서는 날짜를 서두에 쓰는 것이 바람직하지만 백서와 같은 텍스트에서는 주어를 우선시해야 한다. 세 번째 번역문은 원문의 일자 표기와 유사하게 순서만 달리하여 일을 맨앞에, 월을 중간에, 연도를 마지막에 표기했는데 이것은 영어식 날짜 표기법이 아니다. 일반적인 영어 산문에서 월은 숫자로 표기하지 않는다.

네 번째 번역문은 원문의 괄호 안에 제시된 정보를 한국어식으로 옮겨놓았기 때문에 어색해보인다. 번역을 할 때에는 항상 문장 구조에 주의해야 한다. 'pass'는 타동사로서 다섯 번째 번역문과 같이 능동형으로 사용하지 않는다. 'pass'를 능동형으로 쓸 수 있으려면 주어가 법령, 즉 'the Act'가 아닌 의회여야 한다.

2 외국인투자 유치를 통한 국가경쟁력을 강화하기 위하여 …

With the objective of strengthening national competitiveness through the inducement of foreign investment, ... (OK)

With the aim of strengthening national competitiveness by attracting foreign investment, ... (OK)

With an aim of strengthening national competitiveness by attracting foreign investment, ... (A)

세 번째 번역문의 문제는 관사의 사용에 있다. 첫 번째와 두 번째 번역문은 'the objective'와 'the aim'을 사용했다. 법의 목적이 공공정책과 관련된 것이고 외국인투자를 유치함으로써 국가경쟁력을 강화한다는 목적이 분명하고 어느 정도 공유하는 지식이기 때문에 정관사를 사용할 수 있다. 만약 좀 더 추정적인 상황이라면 'With a view to ...' 를 쓸 수 있겠으나 이 문맥에서는 적합하지 않다.

3 외국인투자기업에 대한 수의계약 등이 가능한 대상 토지를 확대하고, …

The amendment has extended the areas where foreign-invested enterprises can enter into free contracts ... (OK)

The amendment has extended the area where foreign-invested enterprises can enter into free contracts ... (N)

위 두 번역 예문의 차이는 'areas'와 'area'에 있다. 한국어에 비해 영어는 명사의 단·복수 구분이 분명하기 때문에 한영번역을 할 때 단수형으로 쓸 것인지, 복수형으로 쓸 것인지 잘 선택해야 한다. 원문에서 명사의 단·복수 구분이 분명하지 않아 판단하기 어려울 때에는 일반적으로 복수형을 쓰는 것이 안전하다.

4 외국인투자기업에 대한 수의계약 등이 가능한 대상 토지를 확대하고, … 관련 규정을 명확히 하며, 외국인투자기업에 대한 공장 설립 제한을 완화하는 것을 골자로 한다.

The amendment has extended the areas where foreign-invested enterprises can enter into free contracts has clarified related regulations ... and has eased restrictions on the establishment of foreign-invested factories. (OK)

The amendment extended the areas where foreign-invested enterprises can enter into free contracts clarified related regulations ... and eased restrictions on the establishment of foreign-invested factories. (//)

복잡한 구조의 문장을 번역할 때 모든 절마다 비슷한 문장 구조를 유지해야 한다는 점을 앞서 설명한 바 있다. 즉, 같은 통사 구조 내지 동일성을 가지도록 해야 한다. 여기서 동사 'clarified'와 'eased' 는 과거형이 아닌 현재완료형으로 써야 문법적으로 일관성을 가진다. 시행된 개정 법률 내용에 대해 다루기 때문에 현재 시제나 현재완료 시제를 사용하는 것이 적절하다. 이 텍스트는 장문의 절 구조를 잘 분석해야 번역의 정확성을 높일 수 있다. 첫 번째 문단을 이루는 장문의 구조는 단순화하면 아래와 같다.

제8차 법 개정은 A를 강화하기 위하여 B를 확대하고, C 규정을 명확히 하며, D 제한을 완화하는 것을 골자로 한다.

With the objective of strengthening A, we have extended B and clarified regulations for C, thus eased restrictions on D.

5 「도시개발법」 또는 「물류시설의 개발 및 운영에 관한 법률」에 따라 …

... pursuant to the Urban Development Act and Act on the Development and Management of Logistics Facilities. (OK)

... pursuant to the「City Development Act」and「Regulations Relating to the

Operation and Development of Logistics Facilities」. (P)

문장 부호 표기 방식에서 한국어와 영어는 차이가 있다. 국문에서 글이나 책 제목 등에 자주 쓰이는「 」,『 』등의 부호를 영문에서 함부로 써서는 안 된다. 영문 법령에는 아무 부호도 붙이지 않는 것이 일반적이다.

6 1천만 불

$10 million (OK)
$10 m (OK BUT...)
$10,000,000 (OK BUT...)
ten million dollars (AWK)
10 million dollars (AWK)

스타일 가이드북은 달러를 단어가 아닌 부호를 써서 표기할 것은 권한다. 제시된 다섯 개의 번역문 가운데 위 세 개를 텍스트의 성격에 따라 적절히 선택해 쓰는 것이 좋다. $10m은 미디어 텍스트나 표와 그래프에서 간결성이 중요할 때 적절한 표기이고, $10,000,000는 통계 위주의 텍스트에, $10 million은 본문과 같은 텍스트에 적합하다. 한국어에 비해 영어에서는 숫자를 아라비아 숫자보다는 단어로 표기하는 경우가 훨씬 많다. 이러한 차이를 기억하여 영어 스타일에 맞게 번역해야 한다. 이 장의 핵심 번역 기술에 숫자 정보의 번역과 관련된 몇 가지 팁을 제시했으니 참고하기 바란다.

7 연구 전담 인력의 상시 고용규모를 10명 이상에서 5명 이상으로 완화하였다.

The amendment has reduced the normal employment requirement of a minimum of ten research-dedicated employees to a minimum of five. (OK)

The amendment has reduced the normal employment requirement of more than ten research-dedicated employees to more than five. (IN)

숫자나 양과 관련된 등가 표현을 찾는 것이 생각보다 까다롭다. 10 이상은 10이 포함되므로 'more than ten'은 의미상으로 틀리다. 격식성이 높지 않은 글에서는 'ten or more'로 할 수 있지만 원문은 격식성이 높은 글이고 조건을 다루기 때문에 'a minimum of ten'과 같이 최소한의 수를 표현하는 것이 바람직하다.

8 또한, 연구개발 및 고부가가치 서비스업을 수행하는 외국인투자기업의 유치를 촉진하기 위하여 …

In addition, in order to provide incentives to foreign-invested firms engaged in research and development-focused industries and high value-added service industries, ... (OK)

In addition, in order to provide incentives to foreign-invested firms engaged in research and development-focused, high value-added service, ... (IN)

원문을 살펴보면 외국인투자기업이 종사하는 부문이 연구개발 서비스업이 아니라 연구개발과 고부가가치 서비스업임을 알 수 있다. 서비스 사업은 금융, 보험, 교육, 관광 등의 서비스를 제공하는 업종 전체를 가리키기 때문에 단순히 'service' 또는 'services'로 번역할 수 없다. 두 번째 번역문은 'industries'를 누락함으로써 연구개발을 중시하는 고부가가치 서비스가 되어 부정확한 번역이다.

9 외국인투자지역에 입주하는 외국인투자기업에 대해서는 성장관리지역에 한하여 500제곱미터 이상의 공장을 신설하거나 증설할 수 있도록 하였다.

Firms located in the designated locations for foreign investment activity may build or expand factories over 500 square meters in size provided that they are in growth-controlled areas. (OK)

Firms located in the designated locations for foreign investment activity may build or expand factories over 500 square meters in size only if they are in growth-controlled areas. (AWK)

원문은 외국인투자기업의 활동을 제한하는 것이 아니라 활동을 허가하는 데 초점을 맞추고 있다. 두 번째 번역문에서 문법적으로는 'only if'를 사용하는 것이 문제가 없으나 내용상 제한을 하는 표현이기 때문에 이 맥락에서는 정확한 번역이 아니다.

핵심 번역 기술 숫자 정보 번역

정부행정 및 경영경제 텍스트를 다룰 때에는 수치 증감 등과 관련된 정보를 정확하게 번역해야 한다. 우선, 동사 표현에 관해 몇 가지 팁을 예문과 함께 제시한다.

1. 한국어로 '몇 퍼센트였다'는 문장을 번역할 때 be 동사를 쓰기보다는 'total' 등 다른 동사로 대체하는 것이 좋다.

   Last year the unemployment rate was 5.2%.
   → Last year the unemployment rate totaled 5.2%.

'total' 외에도 'amount to', 'account for'와 같은 동적인 느낌이 강한 동사들도 자주 쓰인다.

total (+ the sum of a calculation)
Deductible expenses totaled $678.

amount to (+ the sum of a calculation)
Deductible expenses amounted to $678.

account for (+ proportion of a total)
Foreign sales accounted for most of the profit.

reach (+ culmination of an upward trend)
The stock market index reached 12,000 yesterday.

stand at (+ a figure)

Inflation stood at 3% for the first quarter of the year.

2. 동사에 따라 다른 용법에 주의해야 한다. 동사 'record'는 아래와 같이 숫자가 아닌 명사가 수반된다.

The company recorded a profit of $2.5 million. (OK)

The company's profit recorded $2.5 million. (X)

동사 'mark'도 숫자 정보만 있을 때에는 같이 쓰지 않는다. 이제 'mark'와 'record'의 용법 차이를 보여주는 예문을 살펴보자.

The company's profit marked $2.5 million. (X)

This marked an all-time high. (OK)

This recorded an all-time high. (X)

The stock market index marked 12,000 yesterday. (X)

This stock market index recorded 12,000 yesterday. (X)

This stock market index recorded an all-time high of 12.098 yesterday. (OK)

Last year the proportion of middle class earners ... marked 66.7%. (X)

Last year the proportion of middle class earners ... recorded 66.7%. (X)

Last year the proportion of middle class earners ... totaled 66.7%. (OK)

3. 일반적으로 숫자가 포함된 텍스트를 번역할 때 아라비아 숫자로 표기하는 것이 나을지 단어로 표기하는 것이 나을지는 텍스트의 성격을 고려하여 화용적으로 접근해야 한다. 일반적으로 텍스트에 숫자가 자주 나오면 아라비아 숫자로 표기하고, 적게 나온다면 단어로 표기하는 것이 낫다.

The meeting was attended by twenty parents. (OK)

The meeting was attended by 20 parents, 24 teachers, 65 citizens, and 46 senior students. (OK)

The meeting was attended by twelve parents, twenty-four teachers, sixty-five citizens, and forty-six senior students. (AWK)

4. 100 아래 숫자는 단어로 표기하는 것이 낫다.

Australia has six states and two territories. (OK)

Australia has 6 states and 2 territories. (AWK)

5. 거리와 관계된 100 이상의 숫자는 어느 쪽으로 표기해도 무방하다. 그렇지만 표기하기에 긴 숫자라면 아라비아 숫자가 낫다.

He lives five hundred kilometers away. (OK)

He lives 500 kilometers away. (OK)

He lives 527 kilometers away. (OK)

He lives five hundred and twenty-seven kilometers away. (AWK)

6. 1백만 이상의 숫자는 소수점 두 자리까지 아라비아 숫자를 사용하도록 한다. 예를 들어, 21.53 million은 괜찮지만 21.532 million과 같이 소수점 아래 세 자리까지 아라비아 숫자로 표기하면 어색하므로 'hundred', 'thousand' 등을 넣어 표기하는 것이 바람직하다.

Australia's population is about 21.5 million. (OK)

Australia's population is about 21,500,000. (AWK)

Australia's population is about twenty-one million five hundred thousand. (AWK)

The budget deficit totaled $12.34 billion. (OK)

The budget deficit totaled $12.3456 billion. (AWK)

7. 문장의 시작 부분에 있는 숫자는 단어로 표기하는 것이 좋다.

Ninety percent of Australia's population lives in cities. (OK)
90% of Australia's population lives in cities. (AWK)

8. 부호 앞에 오는 숫자는 항상 아라비아 숫자를 쓴다.

She got 78% in the final exam. (OK)
She got seventy-eight percent in the final exam. (OK But ...)
She got 78 percent in the final exam. (AWK)

9. 한 텍스트 안에서 일관된 표기법을 사용한다. 아래 두 번째 예문과 같이 78%은 숫자로 표시하고 곧이어 나오는 73%는 단어로 표기하는 것은 보기에 좋지 않다.

She got 78% in the written exam and 73% in the oral exam. (OK)
She got 78% in the written exam and seventy-three percent in the oral exam. (AWK)

6장

오피니언

포커스 텍스트 사설 시각장애인의 법관 임용 환영한다

번역 과제 1 北 주민 영양실조는 가장 모진 인권유린

번역 과제 2 마약탐지견 해부실습은 현대판 토사구팽

핵심 번역 기술 미디어 번역

Advanced Korean-English Translation Techniques

The word ‘translation’ comes, etymologically, from the Latin for ‘bearing across’. Having been borne across the world, we are translated men. It is normally supposed that something always gets lost in translation; I cling, obstinately to the notion that something can also be gained.

– Salman Rushdie

이 장에서는 오피니언opinion 텍스트를 번역하게 되는데 여기에서 다루게 되는 한국어 텍스트는 다음과 같은 견해를 담고 있다.

포커스 텍스트: 시각장애인의 판사 임용은 훌륭한 아이디어이다.
번역 과제 1: 식량 부족으로 인한 북한 주민의 영양실조는 인권 문제이다.
번역 과제 2: 마약탐지견 홀대는 심각한 문제이다.

이러한 주장을 펼치는 방식 또는 의견을 제시하는 방법은 다양하다. 이 장의 포커스 텍스트와 번역 과제 1은 여론에 영향을 미치기 위해 작성된 신문사의 의견을 담은 사설이다. 번역 과제 2는 동물 보호 단체의 성명서이지만 분명한 입장을 표명한 글이므로 오피니언 텍스트로 분류했다.

영어권 오피니언 텍스트의 특징은 격식성이 높고, 1인칭 화자 시점보다는 주로 3인칭 시점으로 서술함으로써 객관성을 강조하며, 직접 인용 방식은 기피한다는 것이다. 또한 일반적인 글보다 수동태를 많이 쓰는 편이다. 특정한 시각과 견해를 표현하는 오피니언 텍스트를 번역할 때에는 핵심 주장을 파악하고 이를 독자에게 잘 전달해야 한다. 또한 글쓴이의 개성이 최대한 전달되어야 한다. 글쓴이의 분노, 슬픔, 아이러니, 냉소 등의 감정을 파악하고 그 느낌을 번역문에 실어야 하는데 이것은 사실 만만치 않은 작업이다. 아래 예문에서 밑줄 친 부분을 중심으로 원문의 뉘앙스를 잘 전달한 번역과 그렇지 않은 번역을 비교해보자.

예문 1:

UN 회원 부담으로 정착됐지만 세계 평화를 남의 일로 여겨서인지 지갑을 잘

열지 않아 체납이 심하다.

UN member countries have footed the bill, but perhaps because they felt that world peace was someone else's responsibility, they have not opened their wallets very wide, and the problem of countries falling into arrears has become serious. (OK)

UN member countries have footed the bill, but because they felt that world peace was someone else's responsibility, they have not opened their wallets very wide, and the problem of countries falling into arrears has become serious. (IN)

위 첫 번째 번역문과 두 번째 번역문의 차이는 'because' 앞에 'perhaps'가 있는지 없는지이다. 그렇지만 이 작은 차이로 인해 두 번째 번역문은 '세계 평화를 남의 일로 여겨서인지…'에 내포된 뉘앙스를 잘 표현하지 못했다. 적절한 어휘의 사용이 글쓴이의 주장과 태도를 단적으로 잘 보여주는 또 다른 예를 살펴보자.

예문 2:

요즘 지방대는 신입생이 오지 않아 비상이 걸렸지만 중고교는 아무 걱정이 없다. 친절한 정부가 알아서 학생을 보내주고 예산 대부분을 지원한다.

These days some provincial universities are facing an emergency due to a lack of new students, but middle and high schools have nothing to worry about because a benevolent government understands their situation, sends them students and provides the bulk of their budget. (OK)

These days some provincial universities are facing an emergency due to a lack of new students, but middle and high schools have nothing to worry about because a sympathetic government understands their situation, sends them students and provides the bulk of their budget. (WW)

원문이 짧아서 '친절한 정부'가 가진 의미를 포착하기 어려울 수도 있겠다. 정말 정부가 친절하다는 의미가 아니기 때문에 두 번째 번역문의 'sympathetic government'는 '친절한 정부'가 가진 뉘앙스를 살리기에는 부족하다. 이러한 표현 선택의 문제들은 오피니언 텍스트가 번역하기에 녹록지 않다는 것을 보여준다.

포커스 텍스트 사설 시각장애인의 법관 임용 환영한다

한 민간 장애인 복지 단체가 웹사이트에 아래 오피니언 텍스트를 영문으로 싣고자 한다. 번역을 의뢰받았다고 가정하고 번역해보기 바란다.

시각장애인의 법관 임용 환영한다

2012년 2월 27일 우리 사법 사상 최초로 시각장애인이 판사로 임용되었다. 최초 시각장애인 판사가 된 최영 판사는 고3 때 망막색소변성증 진단을 받고 서울대 법대에 입학하였는데 2005년부터 책을 읽을 수 없는 시각장애 3급 상태가 되었다고 한다.

사법연수원은 유도블록 설치 등 각종 시설을 보완하고, 교재 내용과 시험문제를 음성파일로 만들어 제공하는 등 최영 연수생의 연수원 생활에 각종 세심한 배려를 했다고 한다. 최영 판사는 "국민과 법원이 걱정하는 것을 알고 있다. 쉽지는 않을 것 같지만 동료, 선배 법관과 함께 헤쳐 나가겠다"고 임용에 즈음한 심경을 밝혔다. 최영 판사가 근무하게 된 서울북부지법은 음성변환 프로그램 설치, 전담 보조원 채용, 별도 사무실 제공, 유도블록 설치 등 각종 지원시설을 마련한다고 한다.

시각장애인 판사의 탄생은 사회적 약자인 장애인들에게 "우리도 할 수 있다"는 희망의 메시지를 전달한 것으로 박수를 받아 마땅하다. 인권의 최후 보루인 사법부에서 '사회적 약자인 우리 중의 한 사람'이 재판을 담당하게 되었다는 것은 사회적 약자에 대한 온정적 배려를 뛰어넘어 본질적인 문제 해결에 한발 더 다가설 수 있는 단초가 될 것이다.

최초의 시각장애인 판사의 탄생은 우리 사회와 사법부가 이를 받아들일 수 있는 조건과 환경을 갖추었음을 보여주는 것이다. 내년부터 실시될 법조일원화의 취지는 경력과 배경이 다양한 법관들을 임용하자는 것이므로 시각장애인 판사의 임용은 이러한 맥락에서도 적절하다고 본다. 남은 문제는 재판을 받게 되는 당사자가 시각장애인 판사의 존재를 어떻게 수용하는지 여부일 것이다. 시각장애인 법관을 임용한 것은 재판에 다양한 경험과 지혜를 반영하여 재판을 더 잘하자는 취지임을 당사자들에게 이해시킬 필요가 있다. 올바른 판단을 위해서 법률지식, 지성 등의 자질, 사회적 소수자에 대한 배려와 같은 도덕적 감수성은 필수적인 요소이지만, 감각 기능은 보조 인력 등으로 대체할 수 있다는 점이 납득되어야 한다. 이와 함께 사건의 종류와 국민들의 사법 신뢰에 미치는 영향을 종합적으로 고려하여 시각장애인 판사의 적정 업무 영역을 마련하는 것이 과제로 남는다 할 것이다.

출처: 법률신문 2012년 3월 5일자 사설 중에서 발췌

번역 준비

번역을 통해 메시지를 정확하게 전달하기 위해서는 원문의 성격과 목적을 확실히 이해해야 한다. 원문에 대한 분석이 번역에 앞서 이루어져야 목표 텍스트 생산 과정에서 어휘와 구문 선택에 관한 결정을 잘할 수 있다. 번역을 시작하기 전에 먼저 다음과 같은 기본적인 사항을 짚어보아야 한다.

누가 쓴 글인가(Who)? 신문사 논설위원이 쓴 사설이다.

무엇에 관한 글인가(What)? 장애인의 법관 임용에 관해서 다룬 글이다.

누구를 위한 글인가(For whom)? 원문 사설은 법률 문제에 관심이 있는 한국인 독자들을 대상으로 하지만 영어 번역문은 외국의 장애인 인권 관련 단체와 외국인 독자들을 대상으로 한다.

글을 쓴 목적은 무엇인가(Why)? 시각장애인 법관 임용의 의미를 짚어보고 이에 대한 지지를 표하기 위함이다.

어디에/어떤 매체에 글이 실리는가(Where)? 원문은 인터넷 신문에 실렸고, 번역문은 클라이언트 측 웹사이트에 게시될 것이다.

어떻게 메시지를 전달하는가(How)? 논리적이고 설득력 있게 논지를 전개하며 주장을 펼친 글이다.

주의할 어휘와 표현

- **시각장애인** 시각장애인은 the blind와 a person with visual impairment 또는 a person with sight impairment 등으로 표현한다. 미국에서는 시각 장애 정도에 따라 partially sighted, low vision, legally blind, totally blind 등의 표현을 쓴다.
- **망막색소변성증** 널리 알려지지 않은 의학 용어만 사용해서 번역하면 일반 독자들이 알기 어렵기 때문에 retinitis pigmentosa 뒤에 a degenerative retinal condition과 같이 의미를 풀어 함께 써주는 것이 좋다.
- **시각장애 3급** a class 3 visual impairment disability라고 번역할 수 있다.
- **사법연수원** The Judicial Research and Training Institute라는 영문 공식 명칭을 확인해야 한다.
- **유도블록** tactile paving, guide blocks, truncated domes, detectable warnings, tactile ground surface indicators 등의 다양한 표현이 있다.
- **음성변환 프로그램** text-to-speech software. 시각장애인에게 문자를 음성 정보로 전환해주는 프로그램이다.
- **법조일원화** 법조일원화는 검사나 변호사, 교수, 공무원 등으로 법조 경력을 쌓은 사람 가운데서 법관을 임용하는 방안이다. 일원화라는 단어 하나에 많은 의미가 함축되어 있기 때문에 직역해서는 의미 전달이 어렵고, 영어 독자들에게 법관 임용 방식의 변화라는 의미가 전달되어야 할 것이다. 법관 임용 방식의 변화와 같이 다른 말로 풀어서 번역하는 것이 효과적이다.

참고 번역문

Welcoming the appointment of a visually impaired judge

On 27 February 2012 a blind judge was appointed for the first time in the history of the Korean judiciary. Judge Choi Young[1] was diagnosed with retinitis pigmentosa, a degenerative retinal condition, in his third year of high school, but still entered Seoul National University School of Law. Since 2005 he has suffered from a class 3 visual impairment disability, which means he is unable to read the printed word.[2]

The Judicial Research and Training Institute assisted him in various ways, such as by the laying of tactile paving, and gave due consideration to his condition during his traineeship, such as by providing him with audio files for study topics and examinations. In commenting on his appointment, Judge Choi said that he could appreciate that both the courts and the public may have some reservations, but while he did not expect the road ahead to be easy, with the help of his colleagues and seniors he expected to be able to allay such concerns. The Seoul Northern District Court, to which Judge Choi has been appointed, said that it is providing various types of support, including text-to-speech software, the provision of full-time, dedicated staff assistance, special office arrangement,[3] and the laying of guide blocks.

The appointment of the country's first blind judge deserves applause for sending a message of hope to disabled people, who are among the more vulnerable in our society, that they too can succeed. For the judiciary, which is the ultimate guardian of our human rights, to have entrusted a judicial appointment to a socially disadvantaged person shows a generous attitude, which will lay further groundwork for addressing the fundamental issues afflicting such people.

The appointment shows that both Korean society and judiciary are ready to accept and embrace it. This is appropriate, given that the judiciary appointment process will be reformed, beginning from next year, resulting in the appointment of judicial officers of diverse background and experience. The remaining issue is how parties before the court will accept the presence of a blind judge. It will be necessary to enlist the understanding of such parties that the appointment brings with it diverse experience and knowledge, with a view to rendering better judgments. People need to understand that in order to reach correct decisions, knowledge of the law, personal qualities such as intellect, and moral sensitivity towards minority groups in our society are essential characteristics, and that the judge's visual impairment can be compensated for by support staff. Thus it only remains to determine appropriate duties for a visually impaired judge, taking into close consideration the types of cases involved and the influence such duties might have on public confidence in the judiciary.

1 영문 인명이 알려지지 않았으므로 한국인들이 보통 사용하는 표기 방식을 따랐다.
2 원문에는 책이지만 책만 못 읽는 것이 아니라 신문 등 글을 못 읽는다는 뜻이므로 책이 아닌 인쇄물로 번역하는 것이 맞다.
3 '별도 사무실'을 'his own office'라고 번역할 수 있다. 하지만 부장판사가 되기 전까지 대한민국 법관들이 2인 1실제로 사무실을 사용하는 현실을 감안해서 사실에 어긋나는 번역을 피할 수 있도록 했다.

번역 분석

1 시각장애인의 법관 임용 환영한다

Welcoming the appointment of a visually impaired judge (OK)

We welcome the appointment of a visually impaired judge (AWK)
Society welcomes appointment of visually impaired judge (IN)

논설문에서 'I'나 'we'와 같은 1인칭 대명사는 피한다는 점과 이 오피니언 텍스트가 시각장애인 법관 임명에 대한 사회의 반응을 다룬 것이 아니라는 점을 감안하면 두 번째와 세 번째 번역문 모두 문제가 있다.

2 2012년 2월 27일 우리 사법 사상 최초로 시각장애인이 판사로 임용되었다. 최초 시각장애인 판사가 된 최영 판사는 …

On 27 February 2012 a blind judge was appointed for the first time in the history of the Korean judiciary. Judge Choi Young was diagnosed with ... (OK)

On 27 February 2012 a blind judge was appointed for the first time in the history of the Korean judiciary. Judge Choi Young, who became the country's first visually impaired judge, was diagnosed with ... (AWK)

두 번째 번역문의 문제는 한국어 원문의 형식을 그대로 따라간 점이다. 원문에서는 최초로 시각장애인 판사가 되었다는 내용이 곧이어 반복해서 나오지만 혼란을 피하기 위해 절대적으로 필요한 상황이 아니라면 영어 번역문에서는 이러한 정보의 반복은 피해야 한다.

3 최영 판사는 고3 때 망막색소변성증 진단을 받고 서울대 법대에 입학하였는데 …

Judge Choi Young was diagnosed with retinitis pigmentosa, a degenerative retinal condition, in his third year of high school, but still entered Seoul National University School of Law. (OK)

Judge Choi Young was diagnosed with retinitis pigmentosa in his third year of high school, but he was accepted into Seoul National University School of Law. (OK)

Judge Choi Young was diagnosed with retinitis pigmentosa in his third year of high school, and he was accepted into Seoul National University School of Law. (TS)

접속사의 대응어가 일대일 관계(그리고= and, 그러나 = but)가 아님을 보여주는 예이다. 한국어 원문에는 '진단을 받고 서울대에 입학했다'고 나온다. 영어 접속사를 고를 때에는 실제 상황에 비추어 생각해야 한다. 서울대에서 장애에도 불구하고 입학 허가를 한 상황이라고 볼 수 있으므로 'but'이 적절하다. 'and'를 쓰게 되면 그런 장애 조건이 입학하는 데 도움이 되었다는 뉘앙스를 풍기게 되어 원문의 의미와 거리가 있다.

4 사법연수원은 유도블록 설치 등 각종 시설을 보완하고, …

The Judicial Research and Training Institute assisted him in various ways, such as by the laying of tactile paving, ... (OK)

The Judicial Research and Training Institute assisted him in various ways, such as laying tactile paving, ... (//)

최영 연수생의 연수원 생활에 여러 가지로 지원한 예가 'in various ways'와 연결되어 있으므로 지원한 방법을 열거하는 유도블럭 설치에는 'by'가 필요하다. 전치사 없이 'such as laying ...' 이라는 표현은 아래 예문과 같이 무엇을 했다는 것만 보여줄 때 쓸 수 있다.

"The Judicial Research and Training Institute did various things for him, such as laying tactile paving, ..."

5 교재 내용과 시험문제를 음성파일로 만들어 제공하는 등 …

... such as by providing him with audio files for study topics and examinations. (OK)

... such as by providing him with the audio files of study topics and examinations. (A)

문맥상 음성파일은 최영 연수생을 위해 준비한 것이 분명하다. 정관사를 사용해 'the audio files'라고 하면 그런 음성파일이 통상 있다는 의미가 되므로 사실과 맞지 않는다.

6 … 최영 연수생의 연수원 생활에 각종 세심한 배려를 했다고 한다.

... gave due consideration to his condition during his traineeship. (OK)

... gave careful consideration as to how they could assist Judge Choi while he was training there. (OK)

... gave careful consideration as to how they could assist Choi Young while he was training there. (AWK)

우리말에서는 사람 이름만 쓰지 않고 학생이나 선생님 등 직업을 같이 쓰는 경우가 많다. 최영 판사의 연수원 시절을 말하는 부분에서 '최영 연수생'이라는 표현을 사용했는데 이를 번역하면서 타이틀 없이 'Choi Young'이라고 하기도 어색하고, 'trainee Choi'와 같은 표현 역시 부자연스럽다. 현재 시점에서 법관이 되었기 때문에 'Judge Choi'라고 부르는 것이 낫다. 영어에서 판사를 지칭할 때 미국식으로는 'Judge + 인명', 영국식으로는 'Justice + 인명'을 사용한다.

한국인 인명을 영문으로 표기할 때 주의할 점을 인지도 있는 사람의 경우 인터넷에 알려진 영문 이름이 있는지 살펴보아야 한다는 것이다. 이 장의 번역과제 1에 나오는 황장엽의 영문 이름은 'Hwang Jang-yop'이다. 이승만 초대 대통령의 이름은 'Syngman Rhee'이다. 인터넷 검색이 쉽지 않고 본인에게 확인할 수 없는 상황이라면 로마자 표기법을 따르는 것이 좋다. 한글 이름의 영문 표기를 독창적으로 해보는 것도 좋지만 박유석을 'Bag You Suck'과 같이 표기하면 곤란하다.

한국 사람의 이름과 관계된 또 하나의 이슈는 성과 이름의 순서이다. 한국 사람들은 성을 먼저 쓰기 때문에 영어로 번역할 때 영어식을 따를 것인지, 한국식을 따를 것인지 결정해야 한다. 국제적으로 알려진 한국인의 경우, 한국식 이름 순서대로 사용한다. 반기문(Ban Ki-moon) 사무총장의 경우, 성을 뒤에 표기하는 방식을 따라 'Ki-Moon Ban'을 혼용하게 되면 혼란스럽다.

이름에 하이픈을 사용하는 사람도 있고, 사용하지 않는 사람도 있다. 이름이 신성명이라고 가정할 때 'Shin Sung Myung' 또는 'Sung Myung Shin'이라고 사용하면, 외국인은 성이 'Shin'인지 'Sung'인지 헷갈릴 수 있다. 이때 'Shin Sung-myung'이라고 하든지 'Shin Sungmyung'이라고 붙여서 쓰면 혼동을 피할 수 있다. 간혹 성을 구분하기 위해 'Kim, Cheol-su'와 같이 성 뒤에 콤마를 쓰기도 하는데 이름에는 콤마를 쓰지 않는 것이 좋다.

7 최영 판사는 "국민과 법원이 걱정하는 것을 알고 있다 …"고 임용에 즈음한 심경을 밝혔다.

In commenting on his appointment, Judge Choi said that he could appreciate that both the courts and the public may have some reservations, … (OK)

In commenting on his appointment, Judge Choi said 'I appreciate that both the courts and the public may have some reservations, …' (AWK)

두 번째 번역문의 경우 문법상으로는 문제가 없다. 그렇지만 이 글이 기사문이 아닌 논설문이라는 점을 기억해야 한다. 시각장애인 법관 임용은 환영할 만한 사안이지만 스토리텔링이 아닌 점을 고려할 때 비록 원문에는 큰따옴표 안에 넣어 직접 화법으로 표현하고 있지만 번역문에서도 직접 화법으로 표현하는 것은 적절하지 않다. 따라서 장르 특성상 간접 화법으로 바꿀 필요가 있다. 인용 방식에 대해서는 이 장의 핵심 번역 기술에서 추가로 설명을 하겠다.

8 최영 판사가 근무하게 된 서울북부지법은 … 각종 지원시설을 마련한다고 한다.

The Seoul Northern District Court, to which Judge Choi has been appointed, said that it is providing various types of support, ... (OK)

The Seoul Northern District Court, to which Judge Choi has been appointed, said that it is providing all sorts of support, ... (WW)

두 번째 번역문을 부적절하다고 평가한 이유는 어휘 선택이 적합하지 않기 때문이다. 'all sorts of'는 논설문과 같은 격식성 있는 텍스트에 사용하기에는 지나치게 비격식적이고 구어체이다.

9 시각장애인 판사의 탄생은 … 박수를 받아 마땅하다.

The appointment of the country's first blind judge deserves applause ... (OK)

Judge Choi's appointment deserves to be applauded ... (OK)

His appointment deserves to be applauded ... (AWK)

새로운 문단은 대개 새로운 주제를 다룬다. 이 문장은 새로운 문단의 첫 문장이기 때문에 세 번째 번역문과 같이 대명사를 사용하여 'His appointment'라고 표현하기보다는 첫 번째나 두 번째 번역문과 같이 주어를 명확하게 하는 것이 좋다.

10 남은 문제는 재판을 받게 되는 당사자가 시각장애인 판사의 존재를 어떻게 수용하는지 여부일 것이다.

The remaining issue is how parties before the court will accept the presence of a blind judge. (OK)

The remaining issue is how parties before the court will accept the existence of a blind judge. (WW/LIT)

'presence'와 'existence' 둘 다 '존재'의 사전적 대응어가 될 수 있다. 그렇지만 'existence'는 신의 존재와 같이 실존 또는 실재 여부에 초점이 있고 'presence'는 어떤 공간 안에 있는 존재를 말할 때 사용한다. 예를 들어 'presence of God'와 'existence of God'를 설명하면 전자는 하나님의 임재, 후자는 하나님의 실존을 말할 때 사용한다. 따라서 이 문맥에서 'existence'는 어색하다.

번역 과제 1 北 주민 영양실조는 가장 모진 인권유린

한 언론사에서 영문 웹사이트에 북한의 인권 문제에 관한 아래의 사설을 영문으로 번역하여 싣고자 한다. 번역을 의뢰받았다고 가정하고 번역해보기 바란다.

北 주민 영양실조는 가장 모진 인권유린

유엔 식량농업기구(FAO)와 세계식량계획(WFP)이 내놓은 '2011 세계의 식량 불안정 상황' 보고서는 북한 인구 2370만 명 가운데 840만 명을 영양부족 상태로 평가했다. 북한 주민 3명 가운데 한 명은 제대로 먹지 못하고 있는 셈이다. 1990－1992년 420만 명이던 북한의 영양부족 인구가 1995－1997년 660만 명으로 늘었고 2000－2002년 조사에서는 780만 명으로 계속 증가했다. 이 추세라면 조만간 영양부족 북한 주민이 1000만 명을 넘어설 수 있다.

북한의 식량난은 1990년대 '고난의 행군' 이래 나아질 기미가 없다. 통계청에 따르면 2010년 북한의 남녀 기대수명은 각각 64.9세와 71.7세다. 남한이 남자 79.2세, 여자 82.9세라는 점을 감안하면 10년 이상 기대수명이 짧다. 북한 어린이 절반 이상은 성장 장애와 저체중이고 청년층의 3분의 2가 영양실조와 빈혈 상태다. 그러면서 북한은 핵과 미사일 개발에 수억 달러씩 쓰고, 김정일 일족의 식품 창고에는 수백만 원짜리 와인과 상어지느러미, 철갑상어알 같은 산해진미(山海珍味)가 그득하다.

그제 타계 1주기를 맞은 황장엽 전 북한 노동당 비서는 저서 '마지막 대화'에서 "김정일이 민족의 반역자라는 것을 더 설명할 필요가 있느냐"며 "적어도 250만－300만 명을 굶겨 죽이고 온 나라를 감옥으로 만들었다"고 고발했다. 주민을 대량 아사(餓死)시키는 세상에서 가장 모진 인권유린을 자행하고 있는 것이 바로 김씨 왕조라는 절규다. 먹을 것을 찾아 압록강 두만강을 건너 중국을 전전하다 북으로 송환되면 모진 고문과 처벌을 당하는 것이 북한 주민의 가혹한 현실이다.

국가인권위원회는 북한 주민과 북한 이탈주민을 인권보호 대상으로 적시한 '북한인권개선을 위한 국가정책권고' 초안을 마련했다. 인권위는 국제사회, 시민단체와 공조해 북한인권 문제 해결에 최대의 노력을 기울여야 한다.

출처: 동아일보 2011년 10월 12일자 사설 중에서 발췌

번역 준비

누가 쓴 글인가(Who)? 언론사 논설위원이 썼다.

무엇에 관한 글인가(What)? 북한 인권 문제에 대해 비판하고 국가적 대책을 촉구한 글이다.

누구를 위한 글인가(For whom)? 원문 독자는 넓게는 북한 정권도 포함되겠지만 국회의원을 포함한 한국의 독자들이다. 영어 번역문의 독자는 한국 정치와 언론에 관심이 있는 외국인 독자들이다.

글을 쓴 목적은 무엇인가(Why)? 굶주림에 고통받는 북한 주민들의 실상을 알림으로써 그들의 인권을 보호하고 이에 대한 관심을 불러일으키기 위해 쓴 글이다.

어디에/어떤 매체에 글이 실리는가(Where)? 언론사 영문 웹사이트에 실리게 될 것이다.

어떻게 메시지를 전달하는가(How)? 일반적인 사설 형식을 따라 논리적으로 주장을 펼치고 있다.

주의할 어휘와 표현

- **유엔 식량농업기구** Food and Agriculture Organization of the United Nations. 검색을 통해 정확한 영문명을 찾아 쓰도록 한다.
- **'2011 세계의 식량불안정 상황'** 보고서 공식 명칭에 따라 *The State of Food Insecurity in the World 2011*로 써야 한다.
- **'고난의 행군'** 1990년대 중반 북한에서 식량난으로 인해 33만 명이 아사하자 북한 정권이 위기를 극복하기 위해 만들어낸 구호로 'March of Ordeal' 또는 'the Arduous March'로 번역한다.
- **노동당** 정식 명칭은 조선로동당. 조선로동당은 the (North) Korean Workers' Party 또는 Workers' Party of Korea로 번역된다.
- **'마지막 대화'** 황장엽 사망 1주기를 기념하여 그의 비공개 강연을 묶은 책이 출판되었다. 제목의 정식 번역문이 없는 관계로 여기서는 *Last Conversations*으로 번역한다.
- **북한 주민과 북한 이탈주민** 이 용어의 번역은 이데올로기와 관련되어 있다. 남북관계의 특수성 때문에 조선인민민주주의공화국에 살고 있는 사람들은 적어도 대한한국에서는 '국민'으로 불리지 않고 '주민'으로 불리는 것이 현실이다. 북한 주민을 영어로 번역할 때는 North Koreans가 맞다. resident라는 표현은 North Korean residents in Japan 또는 foreign businessmen living in North Korea 등 일시적으로 거주하는 경우에 적합하기 때문에 북한에 살고 있는 북한 사람을 residents라고 번역하면 적절하지 않다. 한국에서는 탈북자라는 명칭 대신 요즘에는 새터민, 이탈주민을 많이 사용하고 있는데 이를 흔히들 영어로 North Korean defectors로 번역한다. 그런데 엄밀히 말해 defector는 정치적 이유로 이탈한 사람을 가리키므로 모든 이탈주민에게 해당되지는 않는다. 이러한 이유로 여기에서는 중립적인 표현 North Korean refugees로 번역하는 것이 좋다. 번역 브리프가 가리키는 바와 같이 특정 언론 기관의 번역 업무라면 해당 언론 기관의 편집 방향과 정치 성향에 따라 번역해야 할 것이다.

참고 번역문

Causing malnutrition amongst North Koreans is the worst violation of human rights

A report titled *The State of Food Insecurity in the World 2011* released by the World Food Programme and the Food and Agriculture Organization of the United Nations estimates that 8.4 million North Koreans out of a total population of 23.7 million,[1] or[2] one in three, are undernourished. The malnourished North Korean population, which stood at 4.2 million in the period of 1990 to 1992, increased to 6.6 in the period of 1995 to 1997, and then to 7.8 million in the period of 2000 to 2002. If this trend continues, the number is likely to exceed 10 million sooner or later.

North Korea's food supply difficulties have showed no signs of improvement[3] since the 'March of Ordeal' period of the 1990s. According to Statistics Korea, the average life expectancies[4] of North Korean men and women in 2010 were 64.9 and 71.7 years, at least ten years shorter than those of South Korean men and women, which stood at 79.2 and 82.9 years respectively. Over half its children have stunted growth and low body weight, and two thirds of its youth suffer from malnutrition and anemia. Meanwhile, the North continues to spend billions of dollars on nuclear weapons and missile development, while the food warehouses for the Kim clan are packed with expensive wine and delicacies such as shark fins and caviar.

Hwang Jang-yop, a former Secretary in[5] the Korean Workers' Party, who died a year ago the day before yesterday, said in his book *Last Conversations* that with over 2.5 – 3.0 million people dead from starvation and the country turned into a prison, there was no longer any need to explain why Kim Jong Il was a traitor to the people. He deplored the fact that the Kim dynasty has committed the harshest violation of human rights by causing large-scale starvation. If North Koreans who cross the Yalu or Tumen Rivers into China in order to forage[6] for food are sent back, they are tortured and punished. This is the harsh reality they face today.

The National Human Rights Commission of Korea has drafted some policy recommendations for the improvement of North Korean human rights, with a focus on the protection of the human rights of North Koreans and North Korean refugees.[7] The Commission must make the utmost effort to improve the situation in cooperation with the international community and civic groups.

1 'a total of 23.7 million population', 'a total population of 23.7 million people' 등은 틀린 표현이다.

2 '즉'을 'namely', 'in other words' 등으로 흔히 번역하는데 참고 번역문에서 사용한 'or'가 더 나은 표현이다. 위 번역문에서 'or'가 빠지면 의미가 부정확해지므로 주의해야 한다(예: Nine of twelve students, or 75%, failed.).

3 = North Korea's food shortages have shown no signs of easing. 여기서 'easing' 대신 'abating'을 써도 된다.

4 'life expectancy'는 어떤 집단의 평균 기대수명을 가리키는 말이다. 한편 수명을 가리키는 'life span'은 실제로 얼마나 살 수 있는가의 개념에 가깝고 여러 가지 요인으로 인해 기대수명보다 더 짧게 또는 더 오래 살 수 있는 것이다. 특정 집단에 속한 사람들의 평균 생존연수(average life span)를 토대로 평균 기대수명을 계산할 수 있다.

5 노동당 내 유일한 비서직이 아니기 때문에 전치사 'of' 대신 'in'을 사용한다.

6 동사 'forage'가 'look'이나 'search'보다 더 절박하게 식량을 구하는 모습을 표현하므로 여기에서는 더 적합하다.

7 "The National Human Rights Commission of Korea has drafted a set of national policy recommendations for the improvement of North Korean human rights which apply to people in North Korea and North Korean refugees."와 같이 표현할 수도 있다.

번역 분석

1 유엔 식량농업기구(FAO)와 세계식량계획(WFP)이 내놓은 '2011 세계의 식량불안정 상황' 보고서는 …

A report titled *The State of Food Insecurity in the World 2011* released by the World Food Programme and the Food and Agriculture Organization of the United Nations ... (OK)

A report titled 'The State of Food Insecurity in the World 2011' released by the World Food Program and the Food and Agriculture Organization of the United Nations ... (P)

두 번째 번역문의 경우 구두점 표기에 오류가 있다. 한국어로는 보고서명에 작은따옴표를 붙여도 되지만 영어에서는 책, 잡지, 신문 등 출판물명은 이탤릭체로 표기한다(4장의 번역 분석 참고).

2 보고서는 … 평가했다.

A report estimates that ... (OK)

The report has estimated that ... (OK)

The report estimated that ... (VT)

영어로는 글이나 책 내용을 묘사할 때 내용이 더 이상 유효하지 않은 과거 사실이 아니라면 현재 시제를 사용한다. 기독교인들이 'The Bible says ...' 라고 표현하지 'The Bible said ...'라고 쓰지는 않는다. 따라서 위 세 번째 번역문과 같이 과거 시제를 쓰는 것은 적절하지 않다.

3 그러면서 북한은 핵과 미사일 개발에 수억 달러씩 쓰고, …

Meanwhile, the North continues to spend billions of dollars on nuclear weapons and missile development, ... (OK)

On the other hand, the North continues to spend billions of dollars on nuclear weapons and missile development, ... (OK)

On the contrary, the North continues to spend billions of dollars on nuclear weapons and missile development, ... (TS)

번역 학습자들이 'on the contrary'를 잘못 사용하는 경우가 많다. 'on the contrary'는 대조적이거나 상호 모순적인 정보를 제시하거나 반대 주장을 할 때 사용한다. 아래에 예문을 추가로 제시했다.

People think translation is just a language exercise, but on the contrary, it involves a number of other skills.

People think he's finished as a politician, but on the contrary, he's only just started.

4 … 압록강 두만강을 건너 …

... cross the Yalu or Tumen Rivers ... (OK)

... cross the Amnok or Dooman Rivers ... (AWK)

압록강과 두만강은 낙동강이나 남대천과 같이 단순히 로마자 표기법에 따를 수 있는 지명이 아니다. 번역문의 독자들에게 가장 익숙할 만한 영문 지명을 쓰도록 한다. 따라서 압록강은 the Yalu River, 두만강은 the Tumen River로 표기한다. 인터넷에서 강 이름 표기법을 검색할 경우 신뢰할 만한 사이트를 참고하는 것이 좋다.

5 먹을 것을 찾아 압록강 두만강을 건너 중국을 전전하다 북으로 송환되면 …

If North Koreans who cross the Yalu or Tumen Rivers into China in order to forage for food are sent back, ... (OK)

If North Koreans, who cross the Yalu or Tumen Rivers into China in order to forage for food are sent back, ... (P)

두 번째 번역문은 콤마를 잘못 사용하여 부정확한 번역이 된 예이다. 이 문장은 제한적 용법의 관계사를 사용해야 정확한 의미가 전달된다. 송환되는 대상이 먹을 것을 찾아 도강한 북한 사람이지, 모든 북한 사람에게 해당하는 내용이 아니기 때문에 콤마가 있는 계속적 용법은 맞지 않다.

6 국가인권위원회는 북한 주민과 북한 이탈주민을 인권보호 대상으로 적시한 '북한인권개선을 위한 국가정책권고' 초안을 마련했다. 인권위는 국제사회, 시민단체와 공조해 북한인권 문제 해결에 최대의 노력을 기울여야 한다.

The National Human Rights Commission of Korea has drafted some policy recommendations for the improvement of North Korean human rights, with a focus on the protection of the human rights of North Koreans and North Korean refugees. The Commission must make the utmost effort to improve the situation in cooperation with the international community and civic groups. (OK)

With the objective of protecting the human rights of North Koreans and of North Korean refugees, the National Human Rights Commission has drafted national policy recommendations, and should work hard to address this issue in cooperation with civic organizations and the international community. (OK)

The National Human Rights Commission (NHRC) has drafted some timely national policy recommendations for the improvement of human rights in North Korea. The NHRC should work hard to address the North Korean human rights issues in cooperation with civic organizations and the international society. (AWK)

두 번째 번역문은 최대한 간결하게 원문의 첫 문장을 처리했다. '북한인권개선을 위한' 권고안과 '북한 주민과 북한 이탈주민을 인권보호 대상으로 적시'했다는 내용을 요약하여 '북한 주민과 북한 이탈주민의 인권개선을 위해 … 국가정책권고안을 제안'했다고 번역한 것이다. 세 번째 번역문은 원문 형식을 너무 가까이 따름으로써 정확하지 않은 번역이 되었다. 한글 원문에는 없지만 두 문장을 연결하는 'and' 접속사를 영어 번역문에서 사용하는 것이 좋다. 3장의 핵심 번역 기술에서 설명한 바와 같이 영어 텍스트 내에서 'human rights'와 'North Korea' 등 같은 단어를 반복하는 것은 부자연스럽다. 또한 세 번째 번역문에서는 국제사회를 'international society'로 잘못 번역했다. 한국어 '사회'를 항상 'society'로 번역할 수 있는 것은 아니다. 영어로 'International society'는 주로 학술적, 이론적 개념을 뜻한다. 또는 부유하고 유명한 사람들, 국제적인 유명인사들, 혹은 'the International Society for the Performing Arts'와 같은 국제 민간 조직을 가리킨다.

번역 과제 2 마약탐지견 해부실습은 현대판 토사구팽

한 동물보호단체로부터 영문 홈페이지에 실을 성명서의 번역문을 작성해달라는 요청을 받았다고 가정하고 번역해보기 바란다.

마약탐지견 해부실습은 현대판 토사구팽

민주당 이용섭 의원이 국정감사에서 관세청으로부터 받은 자료에 의하면, 개의 자연스러운 생태적 본능을 억제해가며 인간을 위해 마약탐지활동을 했던 은퇴견 또는 능력저조견들 총 18마리가 2007년부터 2011년 8월까지 서울대학교 수의과대학 부속 동물병원에 기증되었다. 관세청이 이용섭 의원실에 답변한 18마리의 거취 상황은, 대학동물병원에 기증된 18마리는 공혈견으로 약 1년 정도 살다가 외부로 입양되거나 해부용 실습으로 사용된다고 하였다.

동물자유연대는 국가 기관인 관세청이 국회의원에게 거짓 자료를 제출하였는지, 마약탐지견이 공혈 및 해부실습에 사용된 사실에 대해 서울대학교 동물병원장이 함구하고 있는 것인지, 관세청과 서울대학교는 이에 대한 진위 여부를 투명하게 공개해줄 것을 요구한다.

마약탐지견은 인간을 위해 사역한 동물로서 동물보호법 제13조(동물실험의 원칙) 6항 2호에 의해 '맹도견 · 안내견 등 인간을 위하여 사역한 동물을 대상으로 하는 실험'은 금지되어 있으며 이는 벌금형에 해당하는 사안이다. 따라서, 관세청 및 서울대학교 동물병원은 동물보호법의 동물실험금지 조항이 발효된 2008년 2월 이후에 서울대학교 부속 동물병원으로 관리 전환된 15마리의 마약탐지견 처리 문제에 대하여 한 점의 의혹 없이 밝혀줄 의무가 있음을 직시해야 한다.

관세청 및 국방부, 경찰청 등 특수견을 활용하는 국가 기관은 은퇴견 전용

휴양시설로의 관리 전환 대책을 마련해야 한다. 이에 활용된 특수견들은 일생 동안 고유의 본능을 억제당하며 인간을 위해 사역한 동물들이다. 대개의 특수견들은 장시간 근무와 긴장된 업무로 인해 수명을 다하지 못하는 조건에서 살고 있으며, 마약탐지견 사례의 경우 포만감이 오면 집중력과 후각능력이 떨어지기 때문에 불규칙한 식사 제공 등 생명체가 누려야 할 최소한의 본능마저 억제당하고 있다.

출처: 동물자유연대 2011년 9월 22일자 성명서 '마약탐지견 해부실습은 현대판 토사구팽, 관세청과 서울대학교 동물병원은 말해야 한다' 중에서 발췌

번역 준비

누가 쓴 글인가(Who)? 동물 권리 보호를 위한 단체인 동물자유연대 활동가가 썼다.

무엇에 관한 글인가(What)? 이 글은 단체의 입장을 대변해 동물 학대를 고발하고 진위를 밝혀줄 것을 촉구하기 위한 성명서이다.

누구를 위한 글인가(For whom)? 원문은 이 글에서 비판의 대상이 되고 있는 기관과 동물보호에 관심이 있는 일반인들을 대상으로 하지만 영문 독자는 해외 동물보호단체들이다.

글을 쓴 목적은 무엇인가(Why)? 관세청 및 서울대학교 동물병원이 의혹이 있는 부분에 관해 해명해줄 것을 촉구하고 일반인들의 관심을 불러일으키기 위해 쓴 글이다. 영어 번역문은 외국 동물보호단체들과의 정보 교류의 목적도 있고, 국내에 거주하는 외국인들을 위한 정보 제공의 목적도 있다.

어디에/어떤 매체에 글이 실리는가(Where)? 동물자유연대 웹사이트에 실리게 된다.

어떻게 메시지를 전달하는가(How)? 사실을 알리면서 주장을 펼치고 있는 글이

다. 오피니언 텍스트의 특징상 사안에 대한 전체 사실을 제시하지 않을 수도 있다. 오피니언 텍스트 저자의 편향성이 있거나 독자들이 이미 많은 사실을 알고 있기 때문이다. 두 번째 문단에서 볼 수 있는 바와 같이 의혹을 사고 있는 내용에 대한 사실 규명을 요구하는 만큼 사실 확인이 불충분한 부분이 있다. 이와 같은 경우, 번역자로서 텍스트의 메시지를 정확히 분석하고 이 메시지를 충분히 이해하기 위한 배경 조사가 필요하다.

주의할 어휘와 표현

- 마약탐지견 drug detection sniffer dogs. 간단히 sniffer dogs라고 할 수도 있다.
- **토사구팽** 쓸모 있을 때는 부려먹다가 필요 없어지면 헌신짝처럼 버린다는 의미의 사자성어로 사명을 다한 특수견에 대한 홀대를 비판하는 표현이다. 유래가 있는 사자성어의 번역은 핵심적인 의미를 전달하는 데 초점을 맞추는 것이 일반적이다.
- 관세청 공식 영문 명칭인 the Korea Customs Service(KCS)를 사용해야 한다. 그 외에 다른 명칭, 즉 the Korean Customs Service, Korea Customs Service, Korean Customs Service 등은 틀린 표현이다. 기관명을 번역할 때에는 단체의 공식 영문 명칭을 써야 한다. 확실히 아는 기관이 아니라면 공식 영문 명칭을 확인해서 이화여자대학교를 Ewha Women's University와 같이 표기하는 오류는 피해야 한다. 관사의 사용 여부도 확인해서 정확하게 써준다. 텍스트에 단체나 기관명이 여러 번 언급될 때에는 처음 나오는 곳에 정식 명칭과 함께 약자를 괄호 안에 넣어 함께 써준다. 그렇게 할 경우 다시 언급될 때에는 간단하게 약자로만 표기하면 된다. 예를 들어 관세청은 다시 언급될 때에는 the KCS나 the Service로 칭할 수 있다.
- 능력저조견 개의 능력이 떨어졌다는 표현을 할 때 incompetent, less competent, inefficient, of declining efficiency, having reduced effectiveness, underperforming 등 여러 가지 대안 중에서 선택해야 한다. 견공은 의식적인 사고가 아닌 본능적으로 마약탐지 업무를 수행하고, 사람이 아니기 때문에 'incompetent'라고 하기에는 매우 어색하다. 개의 능력은 'efficient' 나 'effective'

에 가깝다고 할 수 있다.

- **공혈견** 혈액을 제공하는 사람을 blood donor로 번역한다면 개는 blood donor dogs로 번역할 수 있다.
- **맹도견, 안내견** guide dogs, seeing eye dogs 등으로 표현한다.
- **인간** human, humans, human beings, people 등을 떠올리며 대응어 표현을 고민하게 된다. 이 단어들은 뉘앙스 차이가 있어서 맥락에 따라 적절한 어휘를 선택해야 한다. 철학적 내지 과학적인 맥락에만 human(s)을 사용하는 경향이 있기 때문에 본문과 같이 사회적 맥락에서 human은 딱 떨어지는 표현은 아니다. 본문과 같은 맥락에서는 people이나 society가 더 나은 표현이다.
- **제 _조 _항** Article _, Section _, Clause _. 항을 Paragraph로 번역하기도 한다. 호는 Subparagraph 등으로 번역한다. 미국의 경우 다양한 법 체계가 있어 일률적인 해당어가 있는 것은 아니다.
- **특수견** specially trained dogs, service dogs라고 쓸 수 있다. service dog은 시각장애인뿐 아니라 장애인을 돕는 역할을 하는 개를 포함한다.

참고 번역문

Dissection of ex-sniffer dogs shows rank ingratitude

According to materials received from the Korea Customs Service (KCS) by Democratic Party National Assemblyman Lee Yong-sup in the course of a parliamentary inspection of the Service, among dogs who had been trained to go against their natural instincts and act as drug detection sniffer dogs, from 2007 to August 2011 a total of eighteen who had been retired or showed reduced efficiency had been donated to the Seoul National University Hospital for Animals attached to the College of Veterinary Science. The KCS advised Rep. Lee that the eighteen had either been used as blood donor dogs for about a year before being adopted out, or else had been used for dissection[1] practice.

The Korean Society for Animal Freedom has demanded that both the KCS and SNU make full disclosures on this matter[2] to determine whether the KCS as a government agency had tendered false documents to a National Assembly member, and whether the Director of the SNU Hospital for Animals was remaining silent on the matter of the treatment of the dogs.

As animals trained to perform tasks for people, drug sniffer dogs are covered by the provisions of Article 13, Section 2, Clause 6 of the Animal Protection Act (titled 'Principles governing experimentation on animals') which prohibits experimentation being performed on animals such as guide dogs and seeing eye dogs who are trained in the service of people. The Article also prescribes penalties[3] for such acts. Therefore the KCS and the SNU Hospital for Animals must face squarely up to the duty they have to make a full and complete disclosure on the fate of the fifteen sniffer dogs that were turned over to the care of the hospital after February 2008 when these provisions came into effect.

Government bodies such as the KCS, the Ministry of National Defense and the Korean National Police Agency which use specially trained dogs should ensure that when the dogs are retired from service they are sent to specialist facilities.[4] Such dogs have spent a lifetime of service during which their natural instincts have been suppressed, and many of them do not live out their full life span due to the effect of the length and stress of their years of service.[5] In the case of sniffer dogs, because their powers of concentration and their sense of smell are impaired on a full stomach, they are kept on an irregular diet, so that even their most basic instincts as living beings have been suppressed.

1 'autopsy'는 사인 조사를 위한 부검용 해부를 말한다. 여기서는 일반적인 교육 목적의 해부에 해당하므로 'dissection'이 적합하다.
2 영어 텍스트에서 앞 문단에 나온 '공혈 및 해부실습에 사용된 사실'을 반복해서 번역하지 않았다는 사실에 주의하자.
3 영어로 'fine'은 경미한 사건의 벌금에 국한되는 경향이 있고 'penalties'가 좀 더 무게가 있으므로 여기서는 'penalties'가 옳은 표현이다.
4 = retired service dog facilities
5 'long hours of service and stress of years of service'라고 하지 않은 것은 'of service'를 반복하지 않고 간결하게 표현하기 위해서이다.

번역 분석

1 마약탐지견 해부실습은 현대판 토사구팽

Dissection of ex-sniffer dogs shows rank ingratitude (OK)

When they're needed, we're grateful for them, but when they're no longer needed we throw them away: ex-sniffer dogs used for dissection practice (AWK)

Drug detector dogs abandoned for autopsy practice are not appropriate (AWK)

토사구팽을 정확하게 번역하기는 매우 어렵다. 그래서 완벽한 번역을 추구하기보다는 실용성 있는 표현을 찾는 것이 낫다. 우선 맥락을 살펴보면 이 텍스트의 표제어로 사용된 표현이므로 무엇보다 간단하고 명료하게 번역해야 한다. 100% 정확한 번역이라 하더라도 어색하거나 언어사용역이 맞지 않다면 무의미하다. 이런 의미에서 두 번째 번역 예문은 제목으로는 너무 길다. 이 맥락에서 불필요하게 사자성어의 어원이나 원래의 뜻을 설명해야 한다고 생각하지 말아야 한다.

제목은 글을 소개하고 저자의 시각을 알려주는 역할을 하기 때문에 세 번째 번역과 같은 기사문 스타일은 제목으로 적절하지 않다. 제목은 스타일이나 문법적으로 간단명료해야 한다. 그리고 자연스럽고 관용적인 표현을 사용해야 한다. 정확성만 추구하다 어색하고 잘못된 언어사용역을 사용하는 것은 무의미하다. 짧은 제목에 토사구팽의 의미를 설명적으로 전부 전달하려고 하는 것은 좋은 생각이 아니다. 주석 등으로 특별한 뉘앙스를 전달해야 하는 경우가 아니라면 필요 이상으로 많은 정보를 제목에 넣지 말아야 한다.

2 … 로부터 받은 자료에 의하면, …

According to materials received from … (OK)

According to the materials received from … (A)

정관사 'the'를 사용하려면 독자가 이 자료에 대해 이미 알고 있어야 한다. 위 부분이 글의 첫 번째 문장에 나온다는 점과 이러한 사실에 대해 고발하려는 텍스트임을 고려할 때 두 번째 번역 예문과 같이 'the'를 쓰는 것은 적절하지 않다.

3 … 마약탐지활동을 했던 개들 …

… drug detection sniffer dogs … (OK)

… drug detection dogs … (OK)

… drug sniffing dogs … (WF)

인터넷 검색을 하면 'drug sniffing dogs' 도 사용되는 것을 볼 수 있는데 틀린 표현은 아니지만 마치 마약을 하는 개처럼 들리기 때문에 그다지 좋은 표현은 아니다.

4 … 은퇴견 또는 능력저조견들 총 18마리가 …

… a total of eighteen who had been retired or showed reduced efficiency … (OK)

… a total of eighteen who retired or showed reduced efficiency … (VF)

사람에 대해서는 자동사 'retire'를 쓸 수 있다. 그렇지만 개는 은퇴를 스스로 선택할 수 없으므로 두 번째 번역문과 같이 '… eighteen who retired …'로 번역하면 난센스이다.

5 … 대학동물병원에 기증된 18마리는 공혈견으로 …

… the eighteen had either been used as blood donor dogs … (OK)

… the eighteen donated to the veterinary hospital were used to extract their blood … (CS)

영어 번역을 할 때 항상 누가 무엇을 누구에게 하는 것인지 명확히 할 필요가 있다. 두 번째 번역문과 같이 'were used to extract their blood'라고 하면 개가 스스로 자기 피를 뺀다는 의미가 되어 난센스이다. 아래 문장들을 비교해보면서 올바른 동사의 사용법을 익히기 바란다.

The dogs were used to detect drugs.

The dogs were used for the purpose of detecting drugs.

The dogs were used to build up supplies of canine blood plasma.

The dogs were used for the purpose of building up supplies of canine blood plasma.

6 마약탐지견이 공혈 및 해부실습에 사용된 사실에 대해 서울대학교 동물병원장이 함구하고 있는 것인지, …

... whether the Director of the SNU Hospital for Animals was remaining silent on the matter of the treatment of the dogs. (OK)

... whether the Director of the SNU Hospital for Animals was remaining silent on the matter of the use of sniffer dogs as blood donor dogs or else for dissection practice. (AWK-CS)

두 번째 번역문은 이 문장만 보면 무리가 없는 번역이지만 텍스트 전체에서 보면 앞에 나온 내용을 반복해 어색하다. 첫 번째 번역문과 같이 바로 앞의 문단에서 이미 번역한 '공혈 및 해부실습에 사용된 사실'을 반복하지 않고 'the matter of the treatment of the dogs'로 대체하는 것이 자연스럽다. 이것은 3장 텍스트의 응결성에서 설명한 대체에 해당한다.

7 동물자유연대는 … 것을 요구한다.

The Korean Society for Animal Freedom has demanded that ... (OK)

The Korean Society for Animal Freedom is demanding that ... (OK)

The Korean Society for Animal Freedom demands that ... (VT)

세 번째 번역 예문에서는 'demands'로 현재 시제를 사용했는데 매우 강한 느낌을 준다. 한국의 번역 학습자들이 '한다'는 동사를 번역할 때 현재 시제를 지나치게 많이 사용하는 경향이 있다. 그렇지만 영어에서 현재 시제는 주로 'generally' 또는 'usually' 등과 같은 부사와 함께 정적인 상태를 가리킬 때 사용하며, 이 텍스트와 같이 동사 'demand'가 행동과 관련될 때에는 잘 사용하지 않는다.

8 동물자유연대는 국가 기관인 관세청이 국회의원에게 거짓 자료를 제출하였는지, 마약탐지견이 공혈 및 해부실습에 사용된 사실에 대해 서울대학교 동물병원장이 함구하고 있는 것인지, 관세청과 서울대학교는 이에 대한 진위 여부를 투명하게 공개해줄 것을 요구한다.

The Korean Society for Animal Freedom has demanded that both the KCS and SNU make full disclosures on this matter to determine whether the KCS as a government agency had tendered false documents to a National Assembly member, and whether the Director of the SNU Hospital for Animals was remaining silent on the matter of the treatment of the dogs. (OK)

The Korean Society for Animal Freedom has demanded that both the KCS and SNU make full disclosures on this matter to determine whether the KCS as a government agency had tendered false documents to a National Assembly member, or the Director of the SNU Hospital for Animals was remaining silent on the matter of the treatment of the dogs. (TS)

여러 개의 절로 구성된 장문의 경우 문장 구조에 유의하면서 번역해야 한다. 일반적으로 하위 절을 포함한 병렬 구조를 유지하면서 번역하는 것이 쉽지 않다. 첫 번째 번역문과 두 번째 번역문은 'and whether'로 표현했느냐 아니면 단순히 'or'로 표현했느냐의 차이만 있을 뿐인데 의미가 달라진다. 동물자유연대가 관세청과 서울대에 정보를 요구하고 있으므로 'or'는 정확하게 원문을 분석한 것이 아니다. '제출하였는지 … 함구하고 있는 것인지'를 정확히 번역하려면 'whether'를 반복해서 사용해야 한다.

9 동물보호법 제13조 6항 2호

Article 13, Section 2, Clause 6 of the Animal Protection Act (OK)

section 2, paragraph 6, article 13 of the Law for the Protection of Animals (AWK)

두 번째 번역문은 조-항-호를 번역함에 있어서 순서와 대문자 표기를 틀리게 했다. 또한 동물보호법의 표기도 법제처의 영문 법령을 따르는 것이 좋다. 법을 번역할 때 다음의 세 가지 사항을 기억해야 한다.

- 큰 단위에서 작은 단위로 이동해야 한다.
  Article > Section > Clause
- 법령 조항은 대문자를 사용해야 한다.
  'Article' (O) 'article' (X)
- 정확한 공식 법률 번역문이 있다면 이를 따라야 한다.

10 … 특수견을 활용하는 국가 기관은 …

Government bodies ... which use specially trained dogs ... (OK)

Government bodies ... that work in cooperation with specially trained dogs ... (AWK)

개가 업무에 대해서 사고하는 주체라기보다는 훈련에 반응하는 것이므로 아무리 개를 존중한다 해도 두 번째 번역문에서 사용한 'work in cooperation with'는 지나친 표현이다.

11 마약탐지견 사례의 경우 …

In the case of sniffer dogs, ... (OK)

In case of sniffer dogs, ... (CS)

'in case'와 'in the case'는 분명한 차이가 있는데 한국인들이 자주 혼용한다. 'In case of'는 가정하는 상황을, 'In the case of'는 실제 일어난 상황을 가리킨다.

핵심 번역 기술

미디어 번역

이 장을 마무리하면서 미디어 텍스트 번역에서 유의해야 할 이슈를 정리해 보았다.

헤드라인 번역

헤드라인은 클라이언트가 가장 처음 읽는 부분이므로 신뢰감을 줄 수 있도록 정확하고 자연스러운 영어로 번역하는 것이 매우 중요하다. 다음과 같이 지구온난화에 대한 헤드라인을 쓴다고 가정해보자.

Ice cap melting: new claim (OK)

The northern polar ice cap is melting according to a new claim (X)

위 두 번째 번역 예문은 일반 산문의 형태로 쓰였기 때문에 헤드라인으로 보이지 않는다. 헤드라인 작성 원칙을 간단히 소개한다.

1. 헤드라인에는 보통 하나의 정형동사(현재 시제)만 사용한다.
2. 헤드라인에는 보통 세 종류의 비정형동사(현재분사, 과거분사, 부정형)를 사용한다.
3. to 부정사는 되도록 사용하지 않는다.
4. 과거 사건을 표시하는 동사 형태는 수동태에서는 과거분사를 사용하며 능동태에서는 현재 시제를 사용한다.
   Actor killed in car crash

Car crash kills actor

5. 현재 사건을 표시하는 동사 형태는 현재분사이다.

US Congress considering bill to censor Internet

6. 미래 사건을 표시하는 동사 형태는 to 부정사이다.

Pentagon to consider cyberattacks of acts of war

7. 관사는 거의 쓰지 않는다.

8. 헤드라인 길이는 가능한 한 짧게 한다.

본문 번역

미디어 텍스트는 특정한 장르이다. 따라서 기사문에 해당하는 스타일이 있다. 영어로 번역을 잘하려면 영어 텍스트가 어떻게 쓰여졌는지 특성을 이해하고 있어야 한다. 영어로 쓰여진 미디어 텍스트를 주의 깊게 읽으면서 아래에 제시하는 번역 팁을 확인해보기 바란다.

1. 현재 사건을 표시하는 동사 형태는 현재분사이다.

US Congress is considering bill to censor internet.

2. 간결성이 가장 중요한 원칙이다. 지구온난화에 관한 미디어 텍스트를 다음과 같이 두 가지로 번역할 수 있다고 할 때 첫 번째 번역은 간단명료하지만 두 번째 문장은 지나치게 길다.

The northern polar ice cap is melting faster than previously thought, a new UK study shows. (OK)

It is reported by a leading scientific research establishment in the United Kingdom that the northern polar ice cap in the Arctic region is melting faster than scientists had previously thought according to available information. (AWK)

3. 헤드라인은 본문 텍스트와 분명히 형식적으로 분리되어 있다. 그렇지만

헤드라인에 제시된 정보가 본 기사문에 다시 언급되어야 한다.

4. 영어 미디어 텍스트의 첫 번째 문장은 대개 직접적인 진술을 하며, '-라고 전해진다' 또는 '-라고 한다'라는 표현을 쓰지 않는다. 따라서 영어로 번역을 할 때에는 한국어 원문의 형식에서 약간의 거리를 두고 번역해야 할 필요가 있다. 아래 두 번역 예문의 차이는 두 번째 예문이 한국어 원문에서 쓰는 '-전해졌다'는 보도 방식을 답습한 데 있다.

   A new study shows that the ice cap is melting at a faster rate. (OK)

   It is reported in a new study that the ice cap is melting at a faster rate. (AWK)

5. 언론 관련 텍스트의 경우 한국어에서는 사실의 상당량을 인용 부호로 표시하는 것이 흔한 반면 영어에서는 100단어당 10-25% 정도만 직접 인용으로 처리하고 나머지는 기자, 즉 기사 작성자의 말로 바꿔 표현한다. 인용 방식에 관해서는 다음 장에 별도로 설명을 했다.

6. 미디어 기사는 현재에 영향을 주는 과거 사건을 다루기 때문에 현재완료 시제가 자주 사용된다.

   To date United Nations Environmental Program (UNEP) National Committees have been established in thirty-two countries. (OK)

   To date United Nations Environmental Program (UNEP) National Committees were established in thirty-two countries. (VT)

7. 새로운 문단을 시작할 때 대명사보다는 구체적 지시를 사용해야 한다. 'It has been pointed out that ...'과 같이 'It ...'로 시작되는 문장도 피해야 한다.

8. 가능한 한 수동태를 피한다. 일반적인 글쓰기에서도 적용되듯이 수동태는 행위자agent를 강조하고 싶지 않을 때 또는 행위자가 알려지지 않을 때 쓰고, 대개 능동태를 많이 쓴다.

인용 방식

다른 사람의 말을 인용하는 방식과 관련된 직접 화법과 간접 화법의 사용에 있어 한국어와 영어 간에 분명한 차이가 있다. 아래 영어 기사문을 보면서 직간접 인용법을 어떻게 사용하고 있는지 살펴보자.

Medical authorities condemn unregulated teenage cosmetic surgery

A leading medical association has called upon the State Government to regulate cosmetic surgery and solarium use for under-18s.

Releasing a discussion paper on the subject today, the President of Doctors for Healthy Choices, Ron Sharma, said that while detailed data was not publicly available, anecdotal evidence suggested that teenagers were seeking and receiving these services in significant numbers. One cosmetic surgeon reported he was operating on more than 150 teenagers each year, and the rate was growing by six per cent annually. A magazine survey of 2,000 girls aged 12 to 18 found a third would be happy to have plastic surgery, and four per cent had already done so.

"This is very worrying," Dr. Sharma said. "All surgery carries some degree of risk."

Dr. Sharma said there were also major legal and ethical issues posed by such practices.

"To resort to a surgeon's blade is an adult response that is best left until one is an adult," she said.

말한 내용을 그대로 옮기기 때문에 직접 인용에는 극적인 요소가 있다. 따라서 감정에 호소하는 내용이나 주관적인 내용일 때 영어에서는 다음과 같이 직접 인용을 선호하는 편이다.

“This is very worrying," Dr. Sharma said. "All surgery carries some degree of risk.”

> "To resort to a surgeon's blade is an adult response that is best left until one is an adult," she said.

반면 객관적인 사실 위주의 정보이고 개인의 시각을 표현하는 것이 아닌 경우, 영어에서는 간접 인용 방식을 주로 사용한다.

> Dr. Sharma said that while detailed data was not publicly available, ...
>
> One cosmetic surgeon reported he was operating on more than 150 teenagers each year ... A magazine survey of 2,000 girls aged 12 to 18 found ...
>
> Dr. Sharma said there were also major legal and ethical issues posed by such practices.

영어의 담화 관습상 직접 인용과 간접 인용 사용의 차이가 있기 때문에 한영번역을 할 때 이 점을 고려해야 한다. 한국어 기사문에서는 문단 전체 내용에 직접 인용 부호를 종종 사용하는데, 이러한 원문의 형식을 영어 번역문에 그대로 옮긴다면 문제가 되므로 주의해야 한다.

항상 단순 명쾌하지는 않지만 직접 인용과 간접 인용 방식 간의 차이에 대해서 확실히 알아두는 것이 앞으로 번역할 때 도움이 될 것 같아 간단히 설명했다. 목표 언어권에 맞는 인용 방식을 사용하고 직접 인용과 간접 인용의 균형을 맞추는 일은 번역가의 판단에 달려 있다. 다른 번역 문제와 마찬가지로 관련 영어 텍스트를 많이 읽을수록 인용 방식의 번역에 대한 감을 잡을 수 있을 것이다.

인용 부호 사용에 있어서 미국식은 큰따옴표를, 영국식은 작은따옴표를 선호한다. 일관된 방식을 사용하는 한, 개인의 취향이라고 할 수 있다. 인용문 안에 인용 부호를 넣을 경우, 바깥에 작은따옴표를 사용했다면 인용 구문 안에 큰따옴표를 사용하고, 반대로 바깥에 큰따옴표를 사용했다면 인용 구문 안에 인용 부호를 사용할 때는 작은따옴표를 사용한다.

He said, ‘I never really believed the so-called Japanese “economic miracle” would last.’ (OK)

He said, “I never really believed the so-called Japanese ‘economic miracle’ would last.” (OK)

이외에도 인용 부호를 사용할 때 주의해야 할 사항을 아래 번역 예문을 보면서 설명하겠다.

예문 1:

임 교수팀은 ‘폴리머’란 물질에 ‘티타늄’이란 금속 원자를 섞으면 이런 문제가 해결되는 것을 발견했다.

Professor Ihm’s team found that by combining the metallic element titanium with a polymer they could solve this problem.

한국어 텍스트에서는 흔히 강조하거나 주목을 끌기 위해 작은따옴표를 사용한다. 그런데 한글 원문을 따라 영어 번역문에서도 ‘polymer’, ‘titanium’와 같이 작은따옴표를 사용하면 폴리머와 티타늄이 이 물질에 대한 정식 명칭이 아닌 것 같은 암시를 주기 때문에 문제가 있다.

예문 2:

첫 단계인 보육은 ‘국가가 책임지는 보육’이란 목표 아래 …

At the childcare level, with the objective of state-funded childcare, ...

한글 원문을 따라 작은따옴표를 사용하면 의도와 달리 ‘state-funded childcare’에 어폐가 있는 것 같은 느낌을 주기 때문에 문제가 있다.

예문 3:

러드 총리 ‘도둑맞은 세대’에 첫 공식 사과

Prime Minister Rudd’s first apology to stolen generation

만일 위 헤드라인을 'stolen generation'으로 작은따옴표를 넣어 번역한다면 이 표현이 글자 그대로의 순수한 의미가 아니라는 것을 뜻하게 된다. 그러나 외국 여성 관광객을 상대로 몸을 파는 자메이카 남자들에 관한 기사의 일부인 아래 예문에서는 이들이 제공하는 서비스가 일반적인 의미의 서비스가 아니기 때문에 다음과 같이 인용 부호를 사용했다.

> Jamaican men who offer their 'services' to foreign women in exchange for money

7장

경영경제

포커스 텍스트 경제보고서 외환위기 전후 10년 기업의 변화

번역 과제 1 마케팅의 미래

번역 과제 2 AMOLED 산업

핵심 번역 기술 은유 번역

Advanced Korean-English Translation Techniques

The original is unfaithful to the translation.

– Jorge Luis Borges

경영경제 관련 텍스트를 번역할 때에는 언어적 이슈와 언어 외적 이슈를 잘 처리해야 한다. 또한 무엇보다 전문 용어를 정확히 구사해야 한다. 단순히 대응어 표현을 아는 것보다 기업 운영과 투자, 재무 구조 등에 대한 개념을 이해하는 것이 번역을 하는 데 도움이 된다. 다시 말해 경제 부문의 주요 개념을 이해하고 관련 분야의 주제에 관한 폭넓은 지식을 갖추어야 번역할 때 언어 외적 문제를 효과적으로 다룰 수 있다. 그리고 중요한 것은 자신이 무엇을 모르는지도 알아야 한다는 점이다. 그래야만 자신의 능력 범위를 넘는 일을 하지 않으며 효과적으로 번역을 준비할 수 있다.

경영경제 관련 텍스트는 주제도 다양하고 텍스트 유형도 매우 다양하다. 이 장의 포커스 텍스트는 정부 관료 조직이나 군대에서 많이 사용하는 브리핑 내지 차트 스타일의 글이다. 영어로는 'briefing note' 또는 'point form'이라고 하는 개조식 스타일의 글은 한국 정부 기관이나 기업체의 보고서, 기획안 및 결제서류에서 많이 볼 수 있다. 개조식의 특징은 무엇보다 분명하고 간단하게 요점 중심으로 내용을 표현한다는 점이다. 완전한 문법적 구성을 가진 서술형 문장을 사용하지 않고 대개 하나의 절로 이루어진 문장들로 구성되어 접속사가 거의 필요하지 않다. 한눈에 잘 들어오게 하기 위해 숫자나 기호, 부제목, 소제목을 사용하며, 이 때문에 서술 구조를 쉽게 파악할 수 있다.

미디어 텍스트와 달리 브리핑 노트 식 문건은 객관적인 언어를 사용하기 때문에 어휘 선택에도 주의해야 한다. 이러한 텍스트에서는 경제 기사에서 흔히 보는 'plummet', 'skyrocket', 'slash'와 같이 극적인 느낌이 있는 컬러풀한 어휘는 삼가는 것이 좋다. 대신 'fall sharply', 'rise sharply', 'cut sharply'와 같은 표현을 쓰는 것이 일반적이다.

포커스 텍스트 경제보고서 외환위기 전후 10년 기업의 변화

한 경영전략연구소에서 한국 경제에 대한 아래 연구보고 문건을 영문 브리핑 자료로 사용하려고 한다. 번역을 의뢰받았다고 가정하고 번역해보기 바란다.

외환위기 전후 10년 기업의 변화

외환위기 이후 한국기업의 성장성이 둔화

- 외환위기를 기점으로 성장성보다 안정성을 추구하는 경향이 뚜렷이 표출
  - 제조업체의 매출증가율은 1987－1996년 기간 동안 9.0%에서 1997－2007년 동안 4.6%로 감소해 성장성이 급속히 둔화
  - 반면, 재무 안정성을 획기적으로 개선하여 제조업체 부채비율은 외환위기 이전(1996년) 평균 317%에서 2007년에 107%로 축소
- 한국 경제에서 높은 비중을 차지하는 100大 기업마저 성장성이 둔화
  - 100大 기업의 경우, 외환위기 이전 10년간 매출증가율은 연평균 11.4%에 달했으나 이후 10년간은 연평균 5.7%로 추락
  - 외환위기 전후 10년간 영업이익률 평균도 9.4%에서 8.5%로 감소하여 수익성 위주의 경영으로 전환되었다고 볼 수도 없는 상황

대규모 설비투자를 통한 성장방식의 종식

- 외환위기 이후 투자환경과 투자에 대한 기업의 인식이 모두 변화
  - 1990년대 중반까지는 차입경영에 의한 사업 확장이 용이했고 대마불사에

대한 믿음이 확고하여 대기업을 중심으로 대규모 설비투자를 단행

• 1993－1995년간 반도체 특수 등으로 한국 경제가 호황을 구가하자 여러 업종에서 과감한 설비투자가 이루어짐

－외환위기 이후 재무 건전성에 대한 각종 정부 규제가 강화된 점도 있으나 이에 앞서 기업 스스로도 충분한 현금성 자산 유지를 중시

• 유형자산증가율이 하락세로 들어선 후 이전과 같은 증가율로 복원되지 않는 상태를 지속

－특히 외환위기 이전 유형자산증가분에서 높은 비중을 차지하던 대기업의 투자가 저조. 대기업의 투자 감소로 인하여 외환위기 이전 10－20% 수준이었던 유형자산증가율이 2000년대 중반 이후 5% 내외로 하락

성장정체는 기업의 존망을 위협

• 한번 성장이 정체되면 이후에도 정체되기 쉬운 '정체의 관성'이 발생

－국내 기업을 대상으로 전년도에는 정체하지 않았는데 이듬해에 정체가 발생한 기업은 39%였으나, 한번 정체한 뒤 다시 정체한 기업은 59%, 2년 연속 정체한 뒤 다시 정체한 기업은 68%로 증가

• 정체의 늪에 빠진 기업은 存亡이 위태로워져 생존을 위해서라도 끊임없이 성장해야 함

－특히 국내 기업과 해외 기업 공히 성장정체가 4년 연속 발생할 경우 퇴출 가능성이 급격히 높아짐

출처: 삼성경제연구소 Issue Paper 2010. 2. 1. '한국기업의 신성장 전략' (신형원 외 저) 중에서 발췌

번역 준비

번역을 통해 메시지를 정확하게 전달하기 위해서는 원문의 성격과 목적을 확실히 이해해야 한다. 원문에 대한 분석이 번역에 앞서 이루어져야 목표 텍스트 생산 과정에서 어휘와 구문 선택에 관한 결정을 잘할 수 있다. 번역을 시작하기 전에 먼저 다음과 같은 기본적인 사항을 짚어보아야 한다.

누가 쓴 글인가(Who)? 경제 전문가가 쓴 글이다.

무엇에 관한 글인가(What)? 외환위기 이후 10년간 한국기업의 변화에 대한 글이다.

누구를 위한 글인가(For whom)? 원문은 경제 문제에 관심이 있는 한국의 오피니언 리더들을 대상으로 하며, 번역문은 한국 경제에 관심이 있는 외국의 경제 전문가들을 대상으로 한다.

글을 쓴 목적은 무엇인가(Why)? 경제 분석 결과를 공유하기 위해 쓴 글이다.

어디에/어떤 매체에 글이 실리는가(Where)? 영문 보고 자료로 배포될 것이다.

어떻게 메시지를 전달하는가(How)? 경제와 관련된 통계 수치를 많이 사용한 전문적인 내용을 일반적인 브리핑 노트 스타일에 따라 작성했다.

주의할 어휘와 표현

- 외환위기 foreign exchange crisis라고 쓸 수 없다. 1990년대 말 외환위기는 흔히들 Asian Financial Crisis라는 표현을 쓴다. 이렇게 표현하지 않으면 영어권 독자는 어느 금융위기를 말하는지 헷갈린다.
- 영업이익률 operating profitability rates나 ratio of operating profit to net sales, operating profit to sales ratio 등으로 번역할 수 있다.
- 설비투자 capital investment, facility investment, plant equipment investment 등으로 번역할 수 있다.

• **차입경영** 쉽게 말하면 돈을 빌려 사업을 하는 것이다. 회사 경영이 과도한 부채를 기반으로 하는 과다 차입 경영 구조highly leveraged financial structure는 부실기업이 되는 지름길이다.

• **대마불사** too big to fail. 원래 대마불사大馬不死는 바둑 용어로 여러 바둑점으로 연결된 말은 쉽게 죽지 않는다는 의미를 가지고 있다. 현재는 경제와 관련해서 은유적 표현으로 많이 쓰이고 있다. too big to fail은 거대 금융 기관이 파산할 경우 경제적 파장이 너무나 커서 정부가 이를 막고 지원해주기 때문에 망하지 않는다는 의미이다. 특히 2000년대 말 글로벌 경제위기 이후 도덕적 해이를 비판하여 자주 사용된다.

• **현금성 자산** 현금과 거의 유사한 환금성을 갖는 자산으로 liquid assets, cashable assets로 번역한다.

• **성장정체** low growth 또는 stunted growth 등으로 번역 가능하다.

• **퇴출** 같은 단어이지만 맥락에 따라 적합한 영어 대응어는 차이가 있다. 따라서 다양한 맥락에서 사용되는 의미를 정확히 파악해야 한다. 퇴출의 문자적 의미는 exit이지만 여기에서는 기업이 망하는 것을 의미하기 때문에 failure가 적절하다.

참고 번역문

Changes in Korean businesses ten years prior to and after the 1997-98 Asian Financial Crisis

Slower growth rates since the crisis

• Clear signs emerged of a switch from growth to stability.
  – The rate of sales growth for manufacturing firms 1987–1996 totaled 9% p.a.,[1] contracting sharply to 4.6% p.a. 1997–2007.
  – Their financial stability improved markedly, with their debt ratios

contracting from an average of 317% in 1996 to 107% in 2007.

- Downturn in the growth rates of Korea's top 100 companies[2]
  - During the ten years prior to the crisis these 100 firms achieved average annual sales growth of 11.4%. This dropped to 5.7% for the first ten years after the crisis.
  - However, as operating profitability rates fell from 9.4% to 8.5% over the same time-frames, these firms do not appear to have concentrated on raising profitability.

Seeking growth through large-scale capital investment at an end

- After the crisis both the investment climate and corporate awareness regarding investment changed.
  - Until the mid-1990s it was easy to achieve company growth through debt.[3] The too-big-to-fail syndrome was rife, and large-scale capital investment centering around large firms occurred.
- During 1993–95, as the Korean economy enjoyed exceptionally strong growth led by the semi-conductor sector, various companies made strong capital investments.
  - After the crisis many government regulations on the financial soundness of companies were strengthened, while companies themselves paid increased attention to maintaining adequate liquid assets.
- The tangible assets growth rate fell in the aftermath of the crisis and continues to be below pre-crisis levels.
  - In particular, investment by large companies, which before the crisis was responsible for much of the growth in this area, declined. Because of this reduced investment, the 10–20% rate increases recorded before the crisis fell to around 5% in the mid-2000s.

Low growth a threat to company outlooks

- Once growth stagnates it is easier for inertia to set in.
  – A study of domestic firms found that while 39% of firms showing stagnating growth had not shown this pattern the previous year, 59% maintained a stagnating pattern from the previous year, while 68% maintained this pattern after two consecutive stagnating years.
- Since becoming stuck in recession endangers the prospects of firms, continuing growth is necessary for their survival.
  – In particular, when domestic and international firms both remain stagnant for four years on end, the possibility of failure increases markedly.

1 'totaled 9% p.a. 1987–1996'와 같이 시기를 '9% p.a.' 뒤로 옮겨도 괜찮다. 'p.a.'는 'per annum'의 약어이다. 브리핑 노트 스타일이기 때문에 약어를 사용하면 효과적이다.

2 '한국 경제에서 높은 비중을 차지하는'을 간결하게 표현하기가 쉽지 않다. 이 경우 100대 기업은 그만큼 한국 경제에서 주요한 역할을 한다는 의미가 내포되어 있기 때문에 생략 가능한 내용이라 볼 수 있다. 'Top 100 companies' growth slowed down.'도 가능하지만 이 글의 스타일을 감안할 때 명사화nominalization하는 것이 좋다.

3 'debt' 대신 'borrowing'을 사용할 수도 있다.

번역 분석

1 외환위기 전후 10년 기업의 변화

Changes in Korean businesses ten years prior to and after the 1997–98 Asian Financial Crisis (OK)

Changes of Korean corporations for a decade before and after exchange crisis (AWK)

두 번째 번역문은 다수의 문제가 있다. 원문에 '기업의 변화'로 나와 있고 소유격 조사 '의'가 사용되었으므로 자동적으로 전치사 'of'가 맞다고 생각하면 오산이다. 조직이나 기관 등 동일한 대상이 변화할 때에는 전치사 'in'을 사용하여 다음 예문과 같이 쓴다.

Everyone's predicting a change in the weather tomorrow.
There's been a big change in the management structure of the company.

'change of'는 다음 예문과 같이 다른 것으로 바뀌거나 변경된다는 의미가 있다.

If your poor service continues, we'll have to seek a change of supplier.
The change of venue for the ceremony was necessary.

시간이나 시기에 무조건 'for'를 쓰는 것도 주의해야 한다. 외환위기 전후 10년를 가리킬 때 전치사 'in'이나 'during'이 'for'보다 적합하다. '10년'을 번역하면서 'in the ten years'로 표현할 수 있지만 제목이라는 특성상 최대한 간결하게 표현하도록 한다. 'for a decade'는 10년 후에 변화가 있었다는 의미에 가깝기 때문에 맞지 않다. 외환위기를 'exchange crisis'로 번역한 것도 잘못된 직역이다. 영어권에서 1997-98년 외환위기를 이렇게 쓰지 않는다는 것을 알고 정확한 표현법을 찾아 써야 한다.

2 외환위기를 기점으로 성장성보다 안정성을 추구하는 경향이 뚜렷이 표출

Clear signs emerged of a switch from growth to stability. (OK)
Since the economic crisis, Korean companies have notably shifted their

focus toward stability from growth. (AWK)

개조식 글은 헤드라인 번역과 비슷한 점이 있다. 첫 번째 번역문은 간결하고 효과적으로 문체를 살렸다. 반면 두 번째 번역문은 기술적descriptive 텍스트에 가까워 원문의 스타일을 살리지 못했다. 첫 번째 번역문에 'since the financial crisis'가 없는 이유는 바로 위 소제목에 외환위기 이후를 의미하는 'since the crisis'가 포함되어 있고(이때에도 간단히 'the crisis'라고 동일한 표현을 반복해서 쓰지 않았다), 한국어와 달리 영어에서는 같은 어휘나 표현을 거듭 반복해서 쓰지 않기 때문이다.

3 외환위기 이후 한국기업의 성장성이 둔화
외환위기를 기점으로 성장성보다 안정성을 추구하는 경향이 뚜렷이 표출

Slower growth rates since the crisis.
Clear signs emerged of a switch from growth to stability. (OK)
Since the Asian financial crisis, Korean companies' growth has slowed.
Companies have showed a clear trend of putting stability before expansion. (VT)

원문은 2010년 시점에서 1987–1997년과 1997–2007년을 비교하고 있기 때문에 과거 시제가 적합하다. 외환위기 10년 이후인 2007년에 이 문건을 작성했을 경우에는 현재완료 시제를 써야 하겠지만 이 글은 2010년 문건이다.

4 반면, 재무 안정성을 획기적으로 개선하여 제조업체 부채비율은 외환위기 이전(1996년) 평균 317%에서 2007년에 107%로 축소

Their financial stability improved markedly, with their debt ratios contracting from 317% in 1996 to 107% in 2007. (OK)

Meanwhile, their financial stability improved markedly, with their debt ratios contracting from 317% before the crisis in 1996 to 107% in 2007. (TS, WO)

Their financial stability improved markedly, with debt ratio contracting from 317% in 1996 to 107% in 2007. (N)

정보를 문장이 아닌 명사형으로 제시할 때는 글의 전환을 표시하는 부사와 접속사 등은 최대한 아껴 쓰는 것이 좋다. 따라서 'meanwhile'은 이런 유형의 텍스트에서는 불필요하다. 두 번째 번역 예문은 한글 원문의 '외환위기 이전(1996년)'을 누락하지 않고 번역하려고 하여 오히려 문제만 생겼다. 'before the crisis'를 1996 앞에 넣어 'before the crisis in 1996'으로 번역하면 외환위기가 1996년에 일어났다는 의미가 된다. 1996년이 외환위기 이전이라는 정보는 이미 문맥에서 제시된 정보이므로 굳이 반복적으로 쓸 필요가 없다.

5 … 이후 10년간은 연평균 5.7%로 추락

This dropped to 5.7% for the first ten years after the crisis. (OK)

This dropped to 5.7% during the first ten years after the crisis. (IN / PR)

원문의 의미는 10년간 평균을 가리키는데 'during'을 사용하면 10년 동안 어느 한 시점에 일어나는 일을 가리키기 때문에 이 문맥에서는 부적절한 표현이다.

6 대기업을 중심으로 대규모 설비투자를 단행

Large-scale capital investment centering around large firms occurred. (OK)

Large firms led a large-scale capital investment drive. (OK)

Large firms led a large-scale capital investment. (CS)

참고 번역문에서는 'investment'를 주어로 하여 위 첫 번째 예문과 같이 번역을 했으나 'firms'를 주어로 번역해도 무방하다. 번역을 할 때는 항상 호응을 생각해야 한다. 'lead'와 'investment drive'는 함께 쓰는 것이 가능하나 'investment'를 'lead'할 수는 없다. 따라서 세 번째 번역문은 맞지 않은 표현이다.

7 특히 외환위기 이전 유형자산증가분에서 높은 비중을 차지하던 대기업의 투자가 저조

In particular, investment by large companies, which before the crisis was responsible for much of the growth in this area, declined. (OK)

In particular, investment by large companies which before the crisis was responsible for much of the growth in this area declined. (P)

두 번째 번역문은 'which' 앞에 콤마를 넣지 않음으로써 'which' 이하 관계절이 'companies'를 수식해 의미가 불분명하다. 콤마는 의미의 모호성을 줄이고 명료성을 높이며, 관계절이 필수 정보를 담은 절인지 관계 없는 정보를 담은 절인지 구분해준다. 콤마가 의미상 중요하다는 것은 앞 장에서 관계사의 계속적 용법과 제한적 용법의 차이에 대해 설명할 때 간단히 언급했다. 아래 두 문장을 비교해보면 콤마를 사용했는지 안 했는지에 따라 문장의 의미가 달라짐을 알 수 있다.

The students who had prepared for the exam did well.

The students, who had prepared for the exam, did well.

첫 번째 문장은 학생들 중 일부, 즉 시험을 준비한 학생들만 잘 봤다는 의미가 된다. 반면 두 번째 문장은 모든 학생들이 다 잘 봤다는 의미로, 시험 준비를 한 것이 이유이다. 아래 두 가지 예를 더 보자.

He was often absent without an explanation, which was unacceptable. (OK)

He was often absent without an explanation which was unacceptable. (X)

위 첫 번째 문장은 어떠한 해명 없이 결석한 상황을 받아들이기 힘들다는 의미이다. 두 번째 문장은 용납할 수 없는 해명 없이 자주 결석했다는 뜻으로 의미가 통하지 않는다.

8 정체의 늪에 빠진 기업은 …

Companies stuck in recession ... (OK)

Companies unable to escape stagnation ... (OK)

Companies sunk into a swamp of stagnation ... (WW)

Companies mired in stagnation ... (WW)

세 번째와 네 번째 번역문은 모두 '늪에 빠진'을 충실히 표현하려고 했다. 다른 텍스트 유형이라면 모르겠지만 이 텍스트는 격식성 있고 객관적인 브리핑 스타일의 글이기 때문에 이런 표현이 적합하지 않다.

번역 과제 1 마케팅의 미래

한 민간 경영전략연구소가 웹사이트에 아래 원문과 영어 번역문을 실을 계획이라고 한다. 이와 관련하여 번역을 요청받았다고 가정하고 번역해보기 바란다.

마케팅의 미래

요즘 기업의 마케팅/홍보 담당자는 그 어느 때보다도 많은 변화의 한가운데에 있다. 과거에는 미디어 전체를 통하여 신문과 TV에 사람들이 가장 많이 시간을 소요하였지만 이제는 사람들이 가장 많이 접하는 미디어는 인터넷으로 넘어가고 있다. 이것은 광고의 효능성이란 측면을 볼 때 사람들이 가장 많이 시간을 보내는 인터넷으로 광고의 중심을 옮겨가야 함을 의미한다.

하지만 변화는 단순하게 미디어의 시간에 관한 것이 아니다. 요즘 사람들이 물품이나 서비스 구입에서 가장 많이 영향을 받는 것은 주위의 사람들의 의견이며 이것이 SNS나 인터넷의 상품평의 형태로 나타나고 있다. 즉 기존의 매스미디어의 방식—TV나 신문을 통해 대중을 향하여 기업이 고객에게 말하고 싶은 정보를 전달하는 방식—에서는 고객이 정보를 받고 영향을 받는 수동적인 성격이었지만 앞으로의 고객은 자신이 사용하였던 상품과 서비스에 관하여 적극적으로 의견을 표하고 수정을 요구하며 다른 사람들과 의견을 교환하는 적극적 주체로 바뀌고 있다.

이러한 변화는 앞으로 우리가 하고 있는 마케팅 활동에서 여러 가지를 재고하여야 함을 의미한다. 먼저 우리는 광고비의 가장 많은 부분을 고객의 상품 고려 단계에서 사용하고 있는데 이제는 기업이 매스미디어에 투자하는 광고도 중요하지만 사람들이 인터넷을 통하여 정보를 찾고 상품에 관하여 스스로 평가를 하는 단계에 대하여 투자하여야 한다. 두 번째는 기존의 상품에 대한 정보를 기업이 만들어 전달하여 나가는 프로세스가 더 이상 통할 수 없다는 것이다. 이제 상품에 관한 정보는 기업의 전략 마케팅에서 컨셉을 만들어 대중에게 전달되는 1차 단계와 그것을 소비자가 적극적으로 해석하고 본인들의 상품에 대한 경험을 바탕으로 정보를 만든 후 다른 사람에게 전하여지는 2차 단계로 이루어지며, 기존의 마케팅에서는 주로 1차 단계만 고려하였지만 고객은 가장 신뢰할 수 있는 정보로 2차 정보를 꼽고 있다는 것을 이해하여야 한다. 즉 상품에 관한 브랜드와 정보가 일방적인 전달형에서 고객과 만들어가는 상호 교환적으로 바뀌고 있으며, 그것에 맞추어 광고라는 컨셉도 기업이 하고 싶은 말을 전달하는 수단에서 고객과 같이 메시지를 만들어 가는 관계형으로 진화하여야 한다는 것이다.

출처: 세계미래포럼 '미래로 보는 세상' 2011년 8월 8일자 이준기 교수 기고문 중에서 발췌

번역 준비

누가 쓴 글인가(Who)? 경영 전략 전문가가 썼다.

무엇에 관한 글인가(What)? 변화하는 마케팅 트렌드를 분석함으로써 미래경영을 전략적 차원에서 접근한 글이다.

누구를 위한 글인가(For whom)? 경영, 특히 마케팅에 관심이 있는 독자층을 대상으로 한다.

글을 쓴 목적은 무엇인가(Why)? 미래경영에 대한 정보를 제시하기 위해 쓴 글이다.

어디에/어떤 매체에 글이 실리는가(Where)? 원문은 세계미래포럼 소식지에 실렸고, 번역문은 영문 웹사이트에 실릴 것이다.

어떻게 메시지를 전달하는가(How)? 마케팅에서 필요한 변화에 대해 전문가 시점에서 쓴 정보 중심적 텍스트이다.

주의할 어휘와 표현

- 마케팅/홍보 담당자 people responsible for marketing and publicity for business, corporate marketers and PR people, corporate marketers and publicists 등으로 보통 표현한다. PR이 publicity보다 폭넓게 사용된다(예: Governments devote an enormous amount of time to PR).
- 전달형, 관계형 대응어를 쉽게 찾을 수 없는, 저자가 사용한 표현이기 때문에 의미를 풀어 번역하는 것이 좋다.

참고 번역문

The future of marketing

These days, more than ever, people responsible for marketing and publicity for business find themselves facing many changes.[1] While in the past the media meant newspapers and TV to most people, these days the medium that people turn to most is the Internet.[2] From the point of view of the effectiveness[3] of advertising, this means marketers have to shift their focus accordingly.

However, these changes are not just a matter of the amount of time they spend in a given media. These days, in choosing which goods or services to buy, people are influenced first and foremost by the opinions of those around them, and this results in product evaluation using social networking services or the Internet. This signifies a change from the previous formula of using the mass media – that is, businesses using TV and the print media[4] to convey information to consumers – which was a passive model whereby people received this information and were influenced by it. Instead, this is now changing to a proactive formula in which consumers actively express their opinions on, and seek improvements to,[5] goods and services which they themselves have used, and on which they exchange opinions with other people.

These changes mean that we will have to reconsider a number of our current marketing activities. Firstly, we spend most of our advertising budget on promoting product awareness among consumers. Advertising in the mass media is still important, but businesses also need to invest in the process whereby people seek information and give their own assessments on products through the Internet. Secondly, the changes mean that businesses cannot continue to use the existing process through which they generate and communicate information on their products.[6] Currently information about products disseminates in two stages, consisting first of developing a marketing concept out of the business's strategic marketing profile and communicating this to consumers. This is followed by a second stage in which consumers actively evaluate the message,[7] whereupon they formulate their own message based on their actual experience of the product and pass this on to other people. Businesses need to understand that whereas existing marketing strategies have mainly devoted attention to the first stage, nowadays people opt for information from the second stage,[8] which they find has more credibility. This means that businesses will need to change from their current one-way communication model[9] for product brand information dissemination to one of mutual exchange with consumers, while advertising concepts will also need to evolve from being just a means of conveying what they wish to say toward a relationship in which they formulate their messages in concert with consumers.

1 = These days marketing and PR people in businesses are facing more changes than ever.

2 '사람들이 가장 많이 접하는 미디어'를 'the medium people spend the most time with'라고 번역할 수도 있다. 실상 '사람들이 가장 많이 접하는 미디어'는 인터넷을 의미하므로 영어로 번역할 때는 'media'가 아닌 단수형 'medium'으로 번역했다.

3 'effect'나 'efficacy'를 써도 되나 '광고 효과'이기 때문에 'effectiveness'로 번역했다.

4 'newspapers'도 가능하지만 'print media'가 좀 더 포괄적이다.

5 원문의 '수정'을 어휘 차원에서만 생각해보지 말고 사회문화적 맥락도 고려해 번역한다. 즉, 소비자의 입장에서 상품과 서비스에 대해 요구할 수 있는 수정이 어떤 의미일지 생각해보아야 한다. 또한 이 문장에서는 전치사와 콤마 사용을 포함해 구문에 주의해야 한다. 고객이 의견을 표하고, 수정을 요구하며, 다른 사람들과 의견을 교환하는 행위는 자신이 사용한 상품과 서비스에 모두 관계되어 있다. 전치사 'on'과 'to' 뒤에 콤마를 넣음으로써 상품과 서비스에 연결되도록 했고, 'exchange opinions with other people'도 그 상품과 서비스에 관한 의견 교환이기 때문에 전치사 'on'을 관계대명사와 함께 썼다.

6 'the changes mean that'은 텍스트의 응결성과 응집성을 높여주기 위해 추가한 어구로, 의미의 변화를 가져오지 않는 적절한 삽입이다. 이 번역문의 끝에서 두 번째 문장도 'Businesses need to understand'를 추가해서 글이 잘 읽히도록 했다. 텍스트의 유형과 기능에 따라 번역자 재량을 발휘할 수 있는 부분이다.

7 the message = information on the product

8 원문에서 제시된 '2차 정보'는 2차 단계 정보를 말한다. 'people consider information from the second stage more reliable'로 바꿔 표현할 수도 있다.

9 한글 원문의 '전달형'을 'one-way communication model'로 표현했다. '–형'이라고 해서 'type'를 쓰지는 않았다. 원문의 '관계형'은 'a relationship'을 사용해 번역했다.

번역 분석

1 요즘 기업의 마케팅/홍보 담당자는 그 어느 때보다도 많은 변화의 한가운데에 있다.

These days, more than ever, people responsible for marketing and publicity for relations in business find themselves facing many changes. (OK)

These days, people responsible for marketing and publicity for business find themselves facing many changes more than ever. (WO)

More than ever, people responsible for marketing and publicity for business, these days, find themselves facing many changes. (WO)

격식성 높은 텍스트에서는 일반적으로 주절 앞에 맥락 정보를 위치시킨다. 맥락 정보를 문장 맨 뒤에 놓는 것은 회화나 비격식성 텍스트에서는 흔하지만 기고문 성격의 텍스트에서는 부적절하다. 두 번째와 세 번째 번역 예문은 'these days'와 'more than ever'의 위치가 문두에 있지 않아 적절한 번역이 아니다.

2 … 많은 변화의 한가운데에 있다.

People find themselves facing many changes. (OK)

People find themselves facing seismic changes. (WW)

초보 번역자들은 원문의 표현 수위를 지키지 못하는 경향이 있다. 또한 미디어 텍스트에서 접한 표현을 자주 사용하는 경향도 있다. 그런데 미디어에서 흔히 사용하는 'whopping', 'skyrocket', 'plummet' 등은 극적이고 과장된 표현으로 일반적으로 많이 사용되지는 않는다. 그러므로 미디어 텍스트에 나오는 이런 표현을 다른 유형의 번역문에 사용하면 목표 텍스트 독자에게 어색하게 느껴진다. 따라서 텍스트의 장르와 상황에 따라 적절한 표현법을 선택해야 한다.

3 … 이제는 사람들이 가장 많이 접하는 미디어는 인터넷으로 넘어가고 있다. 이것은 광고의 효능성이란 측면을 볼 때 사람들이 가장 많이 시간을 보내는 인터넷으로 광고의 중심을 옮겨가야 함을 의미한다.

... these days the medium that people turn to most is the Internet. From the point of view of the effectiveness of advertising, this means marketers have to shift their focus accordingly. (OK)

... these days the medium that people turn to most is the Internet. From the point of view of the effectiveness of advertising, this means marketers should change their focus to the Internet, where people spend most of their time. (AWK)

앞서 설명한 영어 텍스트 작성에서 '대체'의 중요성을 일깨워주는 예문이다. '가장 많이 접하는 미디어'와 '가장 많이 시간을 보내는 인터넷'은 결국 반복된 내용이기 때문에 자연스러운 영어로 옮기기 위해서는 첫 번째 번역 예문과 같이 두 번째로 언급되는 인터넷에 대한 언급을 생략하고, 'accordingly'로 대체하는 것이 간결하고 좋다.

4 하지만 변화는 단순하게 미디어의 시간에 관한 것이 아니다.

However, the changes are not just a matter of the amount of time they spend in a given media. (OK)

However, changes are not just a matter of the amount of time involved. (A)

변화의 내용이 이미 앞서 나왔기 때문에 공유하는 정보를 언급할 때에는 정관사가 필요하다. 따라서 정관사를 사용하지 않고 'changes'라고 하는 것은 부정확하다. 또한 원문의 표현 '미디어의 시간'은 본문의 의미상 미디어를 접하고 사용하는 시간이라는 뜻으로 해석된다. 이렇게 함축적인 표현을 'media time'이나 'time of media'로 옮기면 의미가 통하지 않는다. 두 번째 번역 예문의 경우 관사 사용상의 오류가 있기는 하나 'the amount of time involved'는 간략하게 잘 번역했다. 이처럼 텍스트의 전후 내용을 살펴 맥락을 중심을 한 원문의 진정한 의미를 포착해야 원문 형식에 구애받지 않고 정확한 번역을 할 수 있다.

5 이러한 변화는 앞으로 우리가 하고 있는 마케팅 활동에서 여러 가지를 재고하여야 함을 의미한다.

These changes mean that we will have to reconsider a number of our current marketing activities. (OK)

These changes mean that in the future we will have to reconsider a number of the marketing activities that we have been doing. (AWK/LIT)

언어의 경제성 면에서도 그렇고, 'will have to reconsider'에 미래의 의미가 포함되어 있으므로 굳이 '앞으로'를 번역하여 'in the future'를 써줄 필요가 없다. 또한 '우리가 하고 있는 마케팅 활동'은 'our current marketing activities'처럼 'current'를 사용해서 '우리가 하고 있는'이라는 의미를 간단하면서도 효과적으로 전달할 수 있다. 이와 같이 형용사나 부사를 적절히 사용하는 것은 유용한 번역 기술 중 하나로 꼽힌다.

6 먼저 우리는 광고비의 가장 많은 부분을 고객의 상품 고려 단계에서 사용하고 있는데 …

We spend most of our advertising budget on promoting product awareness among consumers. (OK)

We spend most of our advertising expenses on promoting product awareness among consumers. (WW/AWK)

We spend most of our advertising costs on promoting product awareness among consumers. (WW/AWK)

'－비, 비용'이라는 단어만 놓고 보면 'budget'나 'expenses', 'costs'가 틀리지 않지만 같이 사용된 동사를 보면 오류가 있다. 동사 'spend'를 명사 'expenses'나 'costs'와 같이 사용할 수 없다. 이것은 연어 지식에 해당하며, 원어민들에게는 자연스럽고 직관적이지만 외국어 학습자들은 학습을 통해 익혀야 하는 부분이다. 아래 두 문장을 비교할 때, 'achieve results'는 가능하지만 동사 'show'의 목적어로 'performance'를 사용한 두 번째 문장은 연어 사용의 문제가 있다.

The majority of world's best mini conglomerates are achieving excellent results with their differentiated technologies in niche markets. (OK)

The majority of world's best mini conglomerates are showing excellent business performances with their differentiated technologies in niche markets. (AKW)

7 두 번째는 기존의 상품에 대한 정보를 기업이 만들어 전달하여 나가는 프로세스가 더 이상 통할 수 없다는 것이다.

Secondly, the changes mean that businesses cannot continue to use the existing process through which they generate and communicate information on their products. (OK)

Secondly, the existing process in which businesses make and transmit information on their products does not work any longer. (AWK)

두 번째 번역문은 '정보를 기업이 만들어 전달하여 나가는'에 해당하는 표현을 동사와 명사의 호응을 생각하지 않고 원문에 가깝게 표현하여 어색한 번역이 되었다. 첫 번째 번역문의 'generate and communicate information'에 비해 'make and transmit information'이라는 표현은 매우 부자연스럽다.

8 즉 상품에 관한 브랜드와 정보가 일방적인 전달형에서 고객과 만들어가는 상호 교환적으로 바뀌고 있으며, …

This means that businesses will need to change from their current one-way communication model for product brand information dissemination to one of mutual exchange with consumers, ... (OK)

Brand and information on products which are based on one-way communication are changing to two-way communication, ... (AWK)

번역을 하다 보면 원문의 재해석이 필요한 경우가 있다. '상품에 관한 브랜드와 정보'라는 표현을 그대로 영어로 옮긴 두 번째 번역 예문의 'brand and information on products'라는 영어 표현은 의미가 성립하지 않고 문법적으로도 문제가 있다. 첫 번째 번역 예문에 사용한 'product brand information'이라는 표현이 원래 의도하고자 하는 의미를 충분히 전달한다고 판단된다.

그리고 이 텍스트에서 자주 발견되는 현상인데, 불분명한 한글 원문의 주어를 영어에서는 명시적으로 써야 하기 때문에 적절한 주어를 찾아내는 것이 중요한 번역 전략이라고 할 수 있다. 첫 번째 번역 예문에서는 문장의 시작을 'This means that businesses will ...'로 했는데 번역을 문장 단위가 아닌 텍스트 층위에서 접근해야 함을 보여주는 좋은 예이다. 원문의 바로 앞 문장 '이제 상품에 관한 정보는 … 것을 이해하여야 한다.'에서 이해의 주체가 명시되어 있지 않았지만 이 글이 기업 홍보와 마케팅에 관한 내용임을 고려하여 'Businesses need to understand that ...'과 같이 문장 구조를 잡았다. 따라서 바로 다음에 이어지는 위 문장에서는 기업이라는 주어는 없으나 텍스트 내에서 내용과 정보 흐름을 볼 때 이것을 알아야 할 주체가 'business'이기 때문에 이렇게 번역한 것이다. 'communication model' 대신 'one'을 대신 쓴 것도 반복을 피하기 위한 텍스트의 응결성(3장 참조)에 해당하는 예이다.

번역 과제 2 AMOLED 산업

스마트폰 분야에서 경쟁력 있는 기업을 주목하는 해외 투자자들을 위해 컨설팅 회사에서 아래 보고서를 작성했다. 해외 투자자들에게 영어 번역문을 제공하기로 했다고 가정하고 번역해보기 바란다.

AMOLED 산업

AMOLED는 스마트폰, 태블릿 PC 등 전자기기의 화면표시장치로 사용되는 고급 디스플레이 패널인데, 스스로 삼원색의 빛을 내는 유기소재로 화면이 구성되어 있어 화면 전환이 빠르고 밝은 곳에서도 선명하게 보인다.

AMOLED 패널은 일반 LCD 패널에 비해 가격이 80% 이상 높은 고가임에도 불구하고 시장이 빠르게 성장할 정도로 잠재력이 큰 산업이다. 2015년 휴대기기용 AMOLED 패널 시장의 규모는 104억 달러, 노트 PC 및 태블릿 PC용 패널 시장의 규모는 68억 달러로 전망된다. 향후 양산 라인이 대형화되면 AMOLED 패널 시장의 성장은 보다 가속화될 것으로 예상된다.

일본, 대만 등 경쟁국 업체들이 AMOLED 패널 양산을 시작하면 지금과 같은 한국의 독점구조는 바뀌겠지만 선·후발 업체 간 격차는 유지될 것으로 보인다. AMOLED 생산 라인에는 경험과 노하우로 미세조정을 반복해야 하는 공정이 포함되어 있어 후발 기업이 진입하기가 어렵고, 진입하더라도 감가상각비와 수율 격차로 손익구조에서 선발 기업과 차이가 발생할 수밖에 없다.

AMOLED 패널 시장과 마찬가지로 AMOLED 생산장비 및 AMOLED 소재 시장에서도 한국기업의 활약이 돋보인다. 대부분의 AMOLED 생산장비를 한국 업체들이 공급하고 있으며, 일본 토기(Tokki)社가 독점 공급하던 증착장비도 5.5세대부터는 한국 패널업체와 장비업체들이 공동 개발하여 사용할 예정이다. AMOLED 소재 시장에서도 한국 소재업체들과 글로벌 기업들의 경합이 예상된다. 한편, AMOLED 기술이 발전함에 따라 차세대 디스플레이 개발 경쟁도 치열하게 전개되고 있다.

한국이 AMOLED 산업의 주도권을 유지·강화하기 위해서는 자체 R&D나 공동 연구를 통해 차세대 기술을 선점하는 것이 필수적이다. 또한 장비 및 소재 업체와의 긴밀한 협력으로 선제적으로 대응하고, 핵심 소재를 둘러싼 특허전쟁을 사전에 대비해야 하며, 시장 동향에 대한 체계적인 분석과 전후방 업체 간 정보 공유로 AMOLED 시장의 선점효과를 극대화해야 한다.

출처: SERI 경영노트(2010. 12. 16), '한국이 열어가는 첨단 산업, AMOLED'
(박성배 저) 중에서 발췌 및 정리

번역 준비

누가 쓴 글인가(Who)? 경영·경제 전문가가 썼다.

무엇에 관한 글인가(What)? 전망이 밝은 아몰레드 산업을 소개하는 보고서이다.

누구를 위한 글인가(For whom)? 원문은 산업 동향 및 경영 문제에 관심이 있는 국내 지식인 독자층을 대상으로 하며, 번역문은 이러한 분야에 관심이 있거나 정통한 외국의 투자자들을 대상으로 한다.

글을 쓴 목적은 무엇인가(Why)? 새로이 부상하는 아몰레드 산업에 대한 전망을 제시하기 위한 글이다.

어디에/어떤 매체에 글이 실리는가(Where)? 컨설팅 회사가 투자자들에게 정보를 제공하는 웹사이트에 올라가게 된다.

어떻게 메시지를 전달하는가(How)? 사실 위주의 정보를 제공하는 동시에 업계 분석을 통해 전문가적 관점을 제시하고 있다.

주의할 어휘와 표현

- 화면표시장치 display panel로 번역한다. display 대신 screen을 써도 된다.
- 유기소재 organic material, organic compound라고 번역 가능하다. '소재'를 materials, ingredients, compounds 등으로 번역할 수 있다. compound는 용어 자체가 여러 물질이 혼합된 화합물이라 단수를 많이 쓴다.
- 양산 라인 mass production line으로 간단히 번역할 수 있다. 양산 라인은 양산을 하는 공장을 말하며 line 대신에 fab, plant 등과 바꿔 쓸 수 있다. 양산은 mass production, 또는 production on a large scale이라고 번역 가능하다. 양산 라인이 대형화된다는 의미는 양산 라인에서 다룰 수 있는 기판의 크기가 커진다는 것을 뜻한다.
- 선·후발 업체 여기서는 기술 개발과 관련되므로 early and late developers라고 표현한다. developer 대신 starter를 쓸 수도 있다.
- 감가상각비 depreciation cost로 번역할 수 있다.
- 수율 원재료 투입 수에 대한 완성된 양품의 비율을 말하는 것으로 yield (rate)로 번역한다. 생산수율yield rate of production을 가리키며 생산성과 수익성과 밀접한 관련이 있다.
- 증착장비 vacuum deposition equipment이라고 번역할 수 있다. 매우 전문적인 용어라 일반 사전에 나오지 않기 때문에 본문에 언급된 Tokki사의 홈페이지에서 찾아낸 용어이다.
- 전후방 업체 upstream and downstream industries라고 번역할 수 있다. 전후방 업체란 산업이나 기술이 생산 흐름 상 앞뒤에 위치한 밀접한 관련이 있는 업체를 말한다. 소재를 만드는 업체를 후방 업체, 최종 소비자가 접하는 제품을 만드는 업체를 전방 업체라고 한다. forward and backward industries라는 표현을 사전에서 찾을 수 있지만 backward라는 표현이 주는 부정적인 느낌 때문에 잘 사용되지는 않는다. 전방 업체를 front-end industries, 후방 업체를 back-end industries라고 많이 쓴다. 이 용어를 검색할 수 없었다면 일반적인 표현인 related industry 정도를 쓸 수 있겠다.

참고 번역문

The AMOLED industry

AMOLEDs (Active Matrix Organic Light-Emitting Diodes)[1] are high resolution display panels used in electrical devices such as smart phones and tablet PCs. The AMOLED panel is composed of an electroluminescent layer of organic materials which emits RGB lights, enabling a faster response time[2] and enhanced brightness, even in strong ambient light.

Despite high prices, which are over 80% higher than those of LCD panels, the AMOLED panel market has grown rapidly and has strong potential for further growth. It is anticipated that by 2015 the size of the market for AMOLED panels in mobile devices will be $10.4 billion, and for notebook and tablet PCs $6.8 billion. As production lines for AMOLED panels move to next-generation production, it is expected that market growth will accelerate further.

When firms in competing countries such as Japan and Taiwan begin large scale production, then Korea will no longer be the sole AMOLED manufacturer, but it would still maintain its advantage over late developers. As the AMOLED production process requires constant calibration in the light of know-how and experience, late entrants will find it difficult to enter the market, and even if they do, will be at a commercial disadvantage to earlier entrants in terms of depreciation costs and yield rates.

Just as is the case in the market for AMOLED panel, Korean firms are notably very active in the markets for AMOLED production equipment and materials.[3] Most equipment is supplied by Korean firms, and vacuum deposition equipment, which Japan's Tokki Corporation used to exercise a monopoly over, is expected to be localized for the 5.5th and higher generation production lines under joint development by domestic panel and equipment manufacturers. In the market for AMOLED components as well, we can expect competition between Korean and global suppliers. Meanwhile, with the development of AMOLED technology, competition to develop next-generation display technology is continuing vigorously as well.

In order to maintain and strengthen its leadership in AMOLED production, Korea will need to stake out a dominant position[4] in next-generation technology, either through its own R&D or jointly with others. Close cooperation with equipment and material manufacturers will be necessary to enable preemptive responses[5] to challenges, while it will also be necessary to make a head start in dealing with patent disputes relating to core components. Korea must also strive to gain the maximum benefit from its current position of advantage through structural analysis of market trends and information sharing between upstream and downstream partners.

1 원문에는 'AMOLED'라고만 나와 있지만 이것이 무엇의 약자인지에 대한 설명이 필요하다고 판단한 이유는 번역문의 독자는 상세한 정보를 알 필요가 있는 투자자들이기 때문이다.

2 '화면'이 전환된다고 해서 'screen'을 생각하면 물리적인 스크린이 바뀐다는 엉뚱한 의미가 되므로 유의해야 한다. 원문이 의미하는 것은 스크린 상의 이미지인 것이다. 'The images displayed can be changed quickly…' 또는 'The images on the screen can be changed rapidly…'라고 표현할 수도 있다. 그렇지만 AMOLED와 같은 디스플레이 기술에서 말하는 화면 전환은 업계 전문 용어를 사용하여 번역할 수 있다. 256쪽 번역 분석을 참고하기 바란다.

3 원자재가 아니라 공정을 거친 소재이기 때문에 'AMOLED components'라고 해도 무방하다.

4 '선점하다'는 남보다 앞서 차지한다는 뜻으로, 'take a lead' 등으로 표현할 수도 있다. 여기 본문에서는 기술을 선점하는 것이므로 '먼저 기술을 개발하다' 정도로 표현해도 좋다. 이 글에서는 'stake out a dominant position'으로 번역했다. 맨 마지막 문장에 다시 비슷한 표현을 사용한 선점효과는 'benefit from its current position of advantage'로 바꾸어 표현했다.

5 '선제적으로 대응하다'는 원문에서 '선제적으로'는 부사이지만 번역문에서는 형용사로 바꿔 'preemptive response'로 번역했다. '선제'는 선수를 써서 남을 먼저 제압하는 것으로 역시 은유적 표현이라 할 수 있는데 'preemptive strike'처럼 선제적이라는 의미 그대로 영어권에서 쓰기 때문에 원문의 은유를 그대로 옮겨 번역했다. 그렇지만 '특허전쟁'은 은유적 표현인 'war'를 쓰기에는 '전쟁'이라는 느낌이 강하기 때문에 특허분쟁이라는 본래의 뜻을 살려 번역했다. 이처럼 은유에 대한 처리 방식이 다양하다. 이에 대해서는 핵심 번역 기술에서 자세히 설명할 것이다.

번역 분석

1 AMOLED는 스마트폰, 태블릿 PC 등 전자기기의 화면표시장치로 사용되는 고급 디스플레이 패널인데, …

AMOLEDs (Active Matrix Organic Light-Emitting Diodes) are high resolution display panels used in electrical devices such as smart phones and tablet PCs. (OK)

AMOLED is a high resolution display panel used in electrical devices such as smart phones and tablet PCs. (N)

두 번째 문장의 번역 오류는 기본적인 리서치의 중요성을 보여준다. 인터넷으로 검색해보면 'AMOLED'는 단독으로 쓸 때 영어 텍스트에서 복수로 표현한다는 사실을 금방 알 수 있다. 'AMOLED'가 무엇의 약자인지 텍스트에서 처음 등장할 때에는 풀어서 써주는 것이 좋다.

2 … 스스로 삼원색의 빛을 내는 유기소재로 화면이 구성되어 있어 화면 전환이 빠르고 밝은 곳에서도 선명하게 보인다.

The AMOLED panel is composed of an electroluminescent layer of organic materials which emit RGB lights, enabling a faster response time and enhanced brightness, even in strong ambient light. (OK)

The screen is composed of organic compounds which emit their own light, comprising the three primary colors of red, green and blue. AMOLED displays offer high refresh rates and great visibility even in direct sunlight. (AWK/IN)

두 번째 번역문에서처럼 삼원색 빛을 'light, comprising the three primary colors of red, green and blue'라고 설명하듯이 풀어 쓰지 않고 기술 텍스트에서 사용하는 'emit light (RGB)' 또는 'emit RGB light' 등의 표현을 쓰는 것이 산업 전문가가 쓴 글에 적합하다. 화면 전환이 빠르다는 것을 첫 번째 번역문은 'faster response time'으로, 두 번째 번역문은 'refresh rates'로 표현했다. 'refresh rate'도 화면 전환과 밀접한 관련이 있는 개념인데 이것은 화면이 1초에 리프레쉬되는 횟수(Hz), 즉 화면재생빈도를 말한다. 이 문맥에서는 'response time(응답 시간)'이 맞는 표현인데 이는 화면에서 하나의 픽셀이 검정색-흰색-검정색으로 돌아오는 데 걸리는 시간(ms)이다. 두 개념이 밀접하게 연관이 되어 있어 초보자들이 쉽게 구분하기가 어렵다. 화면 전환을 어휘 대응 차원에서 생각하면 'response time'을 바로 떠올리거나 찾기 어렵지만 'AMOLED'의 원리와 개념에 대한 영어 텍스트를 검색하고 조사하다 보면 관련 용어를 접하게 되고, 추가 조사를 통해 용어의 개념과 용례를 확인하면서 더욱 적절한 표현을 찾게 된다.

3 AMOLED 패널은 일반 LCD 패널에 비해 가격이 80% 이상 높은 고가임에도 불구하고 시장이 빠르게 성장할 정도로 잠재력이 큰 산업이다.

Despite high prices, which are over 80% higher than those of LCD panels, the AMOLED panel market has grown rapidly and has strong potential for further growth. (OK)

Although they cost upwards of 80% more than other conventional LCD panels, AMOLED panels are a major industry with strong potential to grow their market share rapidly. (IN)

Although AMOLED panels are 80% more expensive than LCD panels, this new industry is growing rapidly and has great potential. (IN)

AMOLED panels industry has a considerable potential because the market for AMOLED display panels has been growing rapidly despite its high price, which is 80% higher than LCD panels. (A/CS)

주어를 무엇으로 잡느냐에 따라 문장 구조가 달라질 수 있다. 첫 번째 번역문은 'AMOLED panel market'을 주어로 하여 이 시장이 빠르게 성장했으며 잠재력이 크다고 표현했다. 두 번째 번역문은 'with strong potential to grow their market share rapidly'로 번역하여 시장점유율을 급속히 늘릴 잠재력이 크다는 의미는 있지만 원문의 고가임에도 불구하고 시장이 빠르게 성장했다는 의미는 충분히 살리지 못했다. 세 번째 번역문은 'has great potential'이라고만 표현했는데 어떤 잠재력인지 수식 어구가 필요하다. 마지막 네 번째 번역문은 'AMOLED panels industry'를 주어로 하여 표현을 했는데, 산업의 존재가 이미 알려졌기 때문에 정관사가 필요하다. 그리고 부정관사를 사용할 수 없는 명사 'potential' 앞에 부정관사를 사용하여 'a considerable potential'이라고 한 것도 관사 사용 오류에 해당한다. 또한 문장 구조 면에서도 'despite its high price', 'which is 80% higher than LCD panels'가 문장 맨 뒤에 위치하면서 논리 흐름이 자연스럽지 않다.

4 2015년 휴대기기용 AMOLED 패널 시장의 규모는 104억 달러, 노트 PC 및 태블릿 PC용 패널 시장의 규모는 68억 달러로 전망된다.

It is anticipated that by 2015 the size of the market for AMOLED panels in mobile devices will be $10.4 billion, and for notebook and tablet PCs $6.8 billion. (OK)

The size of the AMOLED panel market for mobile devices is expected to grow to $10.4 billion by 2015, while the market size for laptop and tablet PC AMOLED panels is forecast to grow to $6.8 billion by the same year. (AWK)

—

두 번째 번역문이 부자연스러운 이유 중 하나는 불필요하게 많은 단어를 썼다는 점이다. 가능하다면 간결하게 표현하는 것이 좋다.

5 대부분의 AMOLED 생산장비를 한국 업체들이 공급하고 있으며, 일본 토기(Tokki)社가 독점 공급하던 증착장비도 5.5세대부터는 한국 패널업체와 장비업체들이 공동 개발하여 사용할 예정이다.

Most equipment is supplied by Korean firms, and vacuum deposition equipment, which Japan's Tokki Corporation used to exercise a monopoly over, is expected to be localized for the 5.5th and higher generation production lines under joint development by domestic panel and equipment manufacturers. (OK)

Most equipment is supplied by Korean firms, and with the development of the 5.5 generation panels, vacuum deposition equipment, which Japan's Tokki Corporation used to exercise a monopoly over, will now be developed jointly with Korean panel and equipment manufacturers. (OK But...)

Most equipment is supplied by Korean firms, and vacuum deposition equipment will now be developed jointly with Korean panel and equipment manufacturers with the development of the 5.5 generation panels, which Japan's Tokki Corporation used to exercise a monopoly over. (IN/AWK)

—

원문의 '공동 개발'은 결국 설비를 국산화localization하겠다는 말이다. 실제로 이러한 반도체 설비들이 비싼 데다가 해외에서 들여오기 때문에 비용 절감이나 유지 보수 문제 때문에 국산화하려는 노력을 많이 한다. 5.5세대가 패널을 말하는 것이기는 하나 여기서 설비와 같이 말할 때는 5.5세대 패널을 가공할 수 있는 라인에서 설비를 쓰겠다는 것이 좀 더 정확한 의미에 가깝다. 그렇기 때문에 두 번째 번역문보다는 첫 번째 번역문이 원문의 의미를 더 잘 담아낸 번역이다. 이에 비해 세 번째 번역문은 논리적으로 정보가 제시되지 않아 이해하기도 어렵다. 번역할 때에는 정보의 흐름에 주의해야 하며, 서로 연결되어야 할 정보가 맞게 번역되었는지 확인해야 한다. 세 번째 번역문에서는 Tokki사가 독점 공급했다는 내용과 증착장비와의 거리가 멀어 일본 회사가 독점 공급하던 것이 증착장비가 아닌 5.5세대 패널같이 보인다.

6 한국이 AMOLED 산업의 주도권을 유지 · 강화하기 위해서는 자체 R&D나 공동 연구를 통해 차세대 기술을 선점하는 것이 필수적이다.

In order to maintain and strengthen its leadership in AMOLED production, Korea will need to stake out a dominant position in next-generation technology, either through its own R&D or jointly with others. (OK)

Korea will need to stake out a dominant position in next-generation technology, either through its own R&D or jointly with others, in order to maintain and strengthen its leadership in AMOLED production. (AWK)

첫 번째 번역문이 두 번째 번역문보다 정보의 흐름이 논리적이고 자연스럽다. 앞서 5장에서 설명한 바와 같이 맥락 정보('In order to ...') – 주절('Korean will need to ...') – 부가적인 세부 사항('... either through ...')의 순서로 영어 문장 구조를 잡는 것이 좋다.

핵심 번역 기술

은유 번역

경제 관련 텍스트만큼 비유적 표현을 많이 사용하는 텍스트도 없을 것이다. 경제학자는 은유metaphor 없이 말할 수 없다고 한 학자도 있다. 경제는 불황-호황-침체-회복(recession-expansion-contraction-revival)의 주기를 겪는데 경기 팽창기expansion와 관련된 은유적 표현만 봐도 아래와 같이 다양하다.

Economic activity continued to expand at a solid pace.
Economic activity continued to expand briskly.
Economic activity maintained strong expansion.
Economic activity was expanding at a moderate rate.
Economic expansion remained robust.
The economy had continued to expand at a brisk pace.
The economy showed a good deal of forward momentum.
The pace of economic expansion picked up substantially.

위 예문에서 보는 바와 같이 경제가 생물 혹은 기계적 과정이라는 개념에 기초한 은유를 많이 사용한다. 예를 들면, 경제 성장과 관련된 은유적 표현에 많이 사용되는 명사 'growth', 형용사 'robust', 'brisk' 등은 살아 있는 생명체의 개념으로 경제를 다룬 것이고, 'downturn', 'decline', 'turn up', 'pick up', 'decelerate' 등과 같은 동사는 경제를 기계적 과정에 빗대어 흔히 사용하는 은유적 표현이다. 한국어 텍스트에서도 경제에 관한 대응 표현을 쉽게 찾을 수 있어서 위의 경제 관련 은유는 비교적 어렵지 않게 번역할 수 있지만 일반적으로 은유 표현을 번역하기는 쉽지 않다. 앞 장에서의 토사구팽과 같은 사자성어를 포함해서 이 장에서 언급되었던 대마불사 등 여러 가지 은유적 표현을 번역하면서 느꼈을 것이다.

네이버 국어사전은 은유를 '사물의 상태나 움직임을 암시적으로 나타내는 수사법'이라고 정의한다. 은유는 다른 사물이나 개념에 빗대어 표현하는 것으로 한 사회와 문화 내의 경험과 사고에 바탕으로 두고 형성된 것이라 문화적 특수성을 띠며, 이로 인해 번역하기가 까다롭다.

은유의 종류도 다양하다. 인생을 여정에 비유하거나 선거를 전쟁이나 전투에 비교하는 은유적 개념은 일상화되어 진부하기까지 하다. 이와 같이 상투적인 은유가 있는가 하면 시인이나 작가들의 개성이 묻어나는 독창적인 은유도 있다. 번역학 문헌을 보면, 대체로 다음과 같은 다섯 가지 방식으로 은유 번역이 이루어진다.

1. 원문 은유를 유지하여 번역하기

마케팅은 아이디어 싸움이다.

→ Marketing is a battle of ideas.

도덕성에 치명타를 입은 대통령

→ The president, whose moral standing sustained a fatal blow, ...

런던에서 연일 승전보를 전하고 있는 우리 선수들

→ Our athletes who are bringing us news of victories in London day after day.

이와 같이 '아이디어 싸움', '치명타', '승전보'는 영어로 번역할 때 'a battle of ideas,' 'a fatal blow,' 'news of victories'로 은유를 그대로 사용해 표현해도 영어권 독자들에게 익숙하다.

2. 은유를 직유로 번역하기

그 사람은 대두 종결자이다.

→ His head is like a gigantic rock.

은유가 내포된 비유라면 직유는 '같은', '처럼' 등의 표현을 많이 사용하며 직접적으로 다른 사물에 비유한다. 요사이 유행어이긴 하지만 대두 종결자는 머리가 엄청나게 큰 사람을 뜻한다. 이것을 영어로 번역할 수 있는 방법은 다양한데 여기에서는 큰 바위에 비유하여 'like a gigantic rock'이라고 표현했다.

3. 도착어 문화권 대응 은유로 번역하기

죽기 아니면 까무러치기

→ sink or swim

눈에 가시 같은 존재

→ a pain in the neck

옛날 미인의 대명사였던 박꽃

→ a/the gourd flower, which in the past was used as a metaphor for feminine beauty

대마불사에 대한 믿음이 확고하여…

→ The too-big-to-fail syndrome was rife ...

위의 예들은 언어적 표현만 다르지 실제 의미는 같다. 또 다른 예를 들면 우리말에서는 '눈에 가시' 같은 존재라고 표현하지만 영어에서는 '목의 고통(pain in the neck)' 또는 '엉덩이의 고통(pain in the arse)'이라고 표현한다. 이와 같이 대응 은유어가 존재하는 것을 알면 매우 효과적인 번역이 가능하다.

4. 은유를 살려서 번역하고 설명을 추가하기

개보다 못한 인간

→ 'He is lower than a dog', which means that he is a person of bad character.

개보다 못하다는 표현을 번역할 때 개에 대한 문화적 시각의 차이를 고려해야 한다. 한국어에서 개와 같이 취급되거나 개에 비유되는 것은 모욕적이다. 영어권에서 'It's a dog's life.'라는 표현도 있기는 하지만 일반적으로 개는 사랑스러운 대상이다. 그래서 'a person worse than a dog'이라고 하면 무슨 뜻인지 의아해할 수 있다. 영어권에서도 100여 년 전에는 'cur'와 같이 개를 비하하는 표현이 있었지만 지금은 거의 쓰지 않고, 동물을 아끼고 사랑하는 문화가 보편적이기 때문에 이러한 한국적 은유를 영어로 번역할 때에는 의미를 명확히 하게 하기 위해 필요하다면 위와 같이 설명을 보탤 수 있다.

5. 의미 위주로 번역하기

옛날 미인의 대명사였던 박꽃

→ a/the gourd flower, which in the past was used to be likened to a beautiful woman

3에서는 '미인의 대명사'를 'a metaphor for feminine beauty'라고 표현했지만 위 번역문에서는 뜻을 풀어서 아름다운 여자에 대한 비유로 사용되었다고 번역한 것이다.

황혼의 생활고

→ the economic plight of the elderly

황혼은 노년층을 가리키는 은유적 표현인데 영어로 'twilight'은 노년층을 가리키는 은유가 아니다. 원문은 신문 기사 제목이다. 정보성 텍스트의 특성상 원문 은유의 이미지 보존보다 의미 전달이 중요하므로 황혼의 원래 의미인 'the elderly'로 번역하는 것이 적절하다.

이제까지는 구문당 하나의 은유가 포함된 경우의 번역을 살펴보았지만 다음 문장과 같이 한 문장 안에 하나 이상의 은유가 있는 경우도 많다. 이러한 경우에는 상황에 따라 원문의 은유를 살리거나 의미만 살리는 식으로 번역을 할 수도 있다. 아래 예문에서는 은유를 살려서 번역했다.

선진국 문턱을 밟기도 전에 인재 부족으로 성장 엔진이 꺼져버릴 지경이다.

→ Just as we are about to cross the threshold into advanced country status, the drivers of our growth are on the brink of stalling due to inadequate human resources.

'선진국 문턱을 밟다'는 '선진국 대열에 합류한다'는 의미로 '문턱'이라는 은유를 유지하면서 번역할 수 있다. 문턱을 넘어서야 선진국이 되는 것이므로 'cross the threshold into advanced country status'라고 번역했다. 물론 'join the ranks of advanced countries' 등 다른 번역 방법도 있다. '성장 엔진이 꺼져버릴 지경'은 성장 동력에 많이 사용하는 은유로서 엔진에 빗대어 표현했다. 'our growth engine is on the brink of coming to a halt'라고 번역해 원문의 은유를 그대로 살려도 좋고 위의 번역 예문과 같이 'drivers of our growth are on the brink of stalling'으로도 번역할 수 있다. 이와 같이 은유 번역에 한 가지 방법만 있는 것이 아니기 때문에 텍스트의 유형과 기능에 적절한 번역 방법을 선택해 자연스러운 영어로 의미를 정확하게 전달하는 것에 초점을 맞추면 된다.

8장

과학기술

Advanced Korean-English Translation Techniques

There is no such thing as a perfect, ideal, or 'correct' translation. A translator is always trying to extend his knowledge and improve his means of expression; he is always pursuing facts and words.

– Peter Newmark

이 장에서는 과학기술과 관련된 번역을 다룬다. 구체적으로는 음식물쓰레기로 바이오가스를 생산하는 기술, 원자력시설 안전검사, 그리고 IT 컨버전스에 관한 내용의 텍스트를 번역해볼 것이다.

기술적인 내용을 담은 텍스트, 간단히 칭하여 기술 텍스트를 번역하려면 언어 능력이 탁월해야 할 뿐 아니라 기술에 대한 배경 지식도 있어야 한다. 즉, 기술 텍스트의 번역에서는 언어 능력을 포함한 번역 기술만큼 주제 지식의 중요성이 강조된다. 기술 텍스트는 전문가를 위해 전문가가 쓴 글이므로 요구되는 번역의 정확성 수준이 상당히 높다. 따라서 기술적 텍스트를 번역할 때에는 무엇보다 '기술'에 대해 이해하고 옮겨야 한다. 텍스트에 소개된 기술이나 공정을 명료하게 설명하지 않은 번역문을 받으면 의뢰한 측에서 만족할 수 없을 것이다. 기술과 관련된 복잡한 개념이나 공정 등을 기술할 때 원문의 내용을 번역자가 제대로 이해해야 정확한 번역을 할 수 있다. 특히 전문가를 대상으로 하는 기술 텍스트의 경우 대상 독자가 이미 해당 내용을 충분히 알고 있으리라는 가정하에 생략과 논리의 비약이 빈번하게 일어난다. 따라서 번역자는 번역을 시작하기에 앞서 텍스트 전체를 아우르는 개념 및 텍스트의 전반적인 흐름을 꼼꼼하게 이해해야 한다.

특히 기술 텍스트에서는 복잡하고 긴 문장을 번역하기 전에 먼저 문장 구조와 내용을 잘 분석해야 정확한 의미 전달이 가능하다. 원문을 정확히 이해하려면 텍스트에 관한 리서치가 필수적이고, 필요하다면 원문 저자 혹은 관련 분야 전문가의 자문을 받음으로써 최대한 정확성을 기해야 한다. 이 장에서는 가능하면 포커스 텍스트와 번역 과제 텍스트를 번역하기에 앞서 기술 번역에 대해 설명한 핵심 번역 기술을 먼저 읽어보기를 권한다.

포커스 텍스트

사보 기사

음식물쓰레기로 바이오가스 생산 신기술 개발

기업 영문 홈페이지에 올릴 아래 사보 기사문의 번역을 의뢰받았다고 가정하고 번역해보기 바란다.

음식물쓰레기로 바이오가스 생산 신기술 개발

우리 회사가 최근 음식물 폐기물을 이용해 에너지를 얻는 신기술 개발에 성공, 환경부로부터 환경신기술 인증을 획득했다.

이번에 환경신기술을 획득한 기술은 우리 회사가 현대엔지니어링, 인천환경공단과 공동 개발한 것으로 음식물쓰레기에서 발생되는 폐수(음폐수)를 섭씨 50도 이상의 고온에서 발효시켜 바이오가스를 생산하는 동시에 음폐수를 주거지역 방류 수질 기준까지 처리하는 기술이다. 또한 이 기술로 음폐수 바이오가스화 공정에서 발생되는 암모니아를 회수해 복합액체비료의 원료로 활용할 수도 있다.

이 기술은 기존에 '바다에 버려 처리하던 음식물쓰레기를 에너지 원료로 변신시킨 친환경 기술'이라는 평가를 받고 있는데, 우리 회사는 유효미생물과 분해가 덜 된 고형물을 분리하여 반송하는 '멤브레인(Membrane) 기술'을 바이오가스 생산 공정에 접목시켜 이를 가능케 했다.

바이오가스 생산 기술은 유기물 제거율을 기존 60%에서 90%까지 향상시킨 동시에 바이오가스 생산량도 기존보다 30% 향상시켰으며, 멤브레인 공정과 암모니아 회수공정이 완전 밀폐형으로 운전되기 때문에 악취 발생을 원천적으로 차단하고, 슬러지(공정부산물) 발생량 역시 80% 이상 줄인 것이 특징이다.

우리 회사 관계자는 "이번 신기술을 통해 음식물쓰레기 처리 시 발생하던 악취와 최종 유출폐수 처리문제를 동시에 해결할 수 있게 됐다"며 "향후 우리 회사가 수주하는 턴키공사 및 민간 제안사업의 음식물류폐기물 자원화 현장에 적용해 친환경 녹색에너지 확보의 핵심기술로 활용할 계획"이라고 말했다.

출처: 현대건설 사보 231호 '환경을 생각한 특별한 녹색 아이디어' 중에서 발췌

번역 준비

번역을 통해 메시지를 정확하게 전달하기 위해서는 원문의 성격과 목적을 확실히 이해해야 한다. 원문에 대한 분석이 번역에 앞서 이루어져야 목표 텍스트 생산 과정에서 어휘와 구문 선택에 관한 결정을 잘 할 수 있다. 번역을 시작하기 전에 먼저 다음과 같은 기본적인 사항을 짚어보아야 한다.

누가 쓴 글인가(Who)? 기업 홍보팀에서 작성했다.
무엇에 관한 글인가(What)? 바이오가스 생산 신기술 개발에 관한 소식이다.
누구를 위한 글인가(For whom)? 현대건설과 기술 발전에 대한 동향에 관심 있는 외국 기업인과 기술인들을 대상으로 한다.
글을 쓴 목적은 무엇인가(Why)? 신기술 개발에 대한 대외 홍보 뉴스이다.
어디에/어떤 매체에 글이 실리는가(Where)? 기업 웹사이트에 실리게 된다.
어떻게 메시지를 전달하는가(How)? 정보성 텍스트에 해당하므로 객관적인 관점에서 기술적 내용을 소개한 글이다.

주의할 어휘와 표현

- **우리 회사** 홍보성 텍스트에서는 회사명을 부각시키는 것이 필요하다. 더구나 '우리 회사'가 텍스트의 맨 처음에 나오므로 현대건설이라고 구체적으로 명기하는 것이 좋다. 현대건설은 Hyundai Engineering & Construction(HDEC)로 쓴다.

- 음식물쓰레기에서 발생되는 폐수(음폐수) food waste leachate. sludge는 다양한 종류의 남은 찌꺼기를 가리키므로 음폐수를 가리키는 협의의 표현을 쓰는 것이 낫다.
- 유효미생물 effective micro-organism. 자연계에 존재하는 유산균, 효모, 광합성 세균, 사상균 등 많은 종류의 유익한 미생물들을 배양액 속에 공존시킨 액체 미생물이다.
- 유출폐수 effluent, effluent discharge로 번역할 수 있다.
- 민간 제안사업 private initiative projects로 번역한다. 민간 투자사업 중에 정부 고시사업이 아닌, 민간 부문이 제안해서 추진하는 사업을 가리킨다.

참고 번역문

New technology developed for producing biogas from food waste

Hyundai Engineering & Construction (HDEC) has recently succeeded in developing a new technology which extracts energy from the processing of food waste, and has had this technology recognized by the Ministry of Environment.

This new technology, produced by HDEC in conjunction with Hyundai Engineering and the Environmental Corporation of Incheon, ferments the food waste leachate at temperatures of 50 degrees Celsius and above, producing biogas, while at the same time producing a remnant of sufficient quality for discharge from residential areas. Moreover, it captures the ammonia released in the process of producing the biogas, which can then be used as a raw material in the manufacture of complex liquid fertilizers.

This new technology has been assessed as an environmentally

friendly technology which extracts energy from food waste usually dumped at sea. It has been achieved through grafting membrane technology, by which effective micro-organisms are separated from less decomposed solid matter, onto the technology of biogas production.

The technology enhances the rate of elimination of organic materials from 60% to 90% and increases biogas production by 30%. A particular feature is that because the ultrafiltration process as well as the ammonia recovery process takes place in a completely sealed unit, the release of bad odors is cut off at the source. Moreover, it reduces by 80% or more the amount of sludge produced, which is the major source of bad odors as well as a key factor in raising costs.

A staff member at HDEC stated that it has been able to solve both the problem of bad odor emission during the waste food treatment process and the management of treated effluent discharge. The company plans to apply the new technology to the turn-key projects which it has on order and to private initiative projects for the industrial processing of food waste, using it as a core technology for the generation of eco-friendly green energy.

번역 분석

1 우리 회사가 최근 음식물 폐기물을 이용해 에너지를 얻는 신기술 개발에 성공, 환경부로부터 환경신기술 인증을 획득했다.

Hyundai Engineering & Construction (HDEC) has recently succeeded in developing a new technology which extracts energy from the processing of food waste, and has had this technology recognized by the Ministry of Environment. (OK)

Hyundai Engineering & Construction (HDEC) has recently succeeded in developing a new technology which extracts energy from the processing of food waste, and the Ministry of Environment has recognized this technology. (PR/CS)

—

한국어는 '우리 회사'이지만 영문 홍보 텍스트의 독자는 외국인이라는 점을 감안할 때 'our company'를 쓰기보다는 회사명을 쓰는 것이 더 효과적인 PR이 된다. 이 텍스트의 핵심은 현대건설과 현대건설이 개발한 신기술에 대한 PR이다. 그러므로 주어를 현대건설과 신기술로 하는 것이 자연스럽고, 오히려 이 텍스트의 주제가 아닌 정부 부처를 주어로 하게 되면 초점을 흐리게 되는 번역이 된다. 기술 관련 텍스트에서는 이와 같이 주체보다 프로세스가 더 중요한 경향이 있다.

2 환경신기술을 획득한 기술은 …

This new technology, ... (OK)

This technology which has received recognition as a new technology ... (AWK)

—

앞에서 응결성을 설명하면서 영어 텍스트에서는 생략할 수 있는 정보는 생략해야 한다고 설명한 바 있다. 이전 문단에 이미 나온 신기술 인증을 획득했다는 정보를 생략하지 않고 반복 사용한 두 번째 번역은 부자연스럽다.

3 … 기술은 … 발효시켜 … 처리하는 기술이다.

This new technology ferments ... (OK)

This new technology is a technology which ferments ... (OK BUT...)

두 번째 번역 예문의 경우 동일한 어휘(technology)를 불필요하게 반복해서 쓰고 있다. 영어 텍스트에서는 'This is/There is ...' 등으로 문장을 시작하는 것은 스타일적인 측면에서 그다지 보기 좋지 않다. 단순히 'A는 B이다'라고 be 동사를 사용해서 정의를 내리기보다는 다른 동사를 사용하는 것이 보다 효과적이다. 첫 번째 번역 예문에서처럼 동사 'ferment'가 be 동사보다 나은 선택이다.

4 또한 이 기술로 음폐수 바이오가스화 공정에서 발생되는 암모니아를 회수해 복합액체비료의 원료로 활용할 수도 있다.

Moreover, it captures the ammonia released in the process of producing the biogas, which can then be used as a raw material in the manufacture of complex liquid fertilizers. (OK)

Moreover, through this technology the ammonia released in the process of producing the biogas can be captured then used as a raw material in the manufacture of complex liquid fertilizers. (OK BUT...)

'이 기술로'를 'through this technology'로 번역하면 행위 주체가 모호해지고 수동태로 표현해야 한다. 이보다는 'it (this technology)'를 주어로 해서 능동태로 번역하는 것이 좋다.

5 이 기술은 기존에 '바다에 버려 처리하던 음식물쓰레기를 에너지 원료로 변신시킨 친환경 기술'이라는 평가를 받고 있는데 …

This new technology has been assessed as an environmentally friendly technology which extracts energy from food waste usually dumped at sea. (OK)

This technology has been assessed as 'environmentally friendly, extracting energy from food waste usually dumped at sea.' (P)

두 번째 번역문의 경우 작은따옴표를 사용한 것이 문제이다. 친환경 기술임을 평가하는 주체도 불분명한데다가 인용 부호 안의 내용이 사실이기 때문에 인용 부호를 쓰기에는 적절하지 않은 경우에 해당한다. 아래 번역 예문도 마찬가지이다.

6 '멤브레인(Membrane) 기술'을 바이오가스 생산 공정에 접목시켜 …

... through grafting membrane technology ... (OK)

... through grafting the 'membrane technology' ... (P)

원문에서는 주목을 끌거나 강조하기 위해 신기술명을 작은따옴표 안에 넣었다. 영어 번역문에서 'membrane technology'와 같이 인용 부호를 사용하면 이 멤브레인 기술이 표준 용어가 아니거나 저자가 만들어낸 표현임을 의미하게 되어 원문이 뜻하는 바와 맞지 않는다. 한국어 원문에 작은따옴표가 있다고 해서 영어 번역문에서 그대로 표기해서는 안 된다.

7 우리 회사 관계자는 …

A staff member at HDEC ... (OK)

A source from HDEC ... (AWK)

A spokesperson for HDEC ... (AWK)

A person connected to HDEC ... (AWK)

'관계자'는 한국 언론 보도에서 자주 사용되는 표현이나 영어에서 대응어를 찾기는 쉽지 않다. 영어 미디어에서 'A source...'를 사용하는 경우는 취재원이 익명을 요청한 때이므로 사보에서 현대 관계자를 지칭해 'a source'라고 쓰는 것은 적절하지 않다. 'spokesperson'을 쓸 수 있다면 굳이 관계자라는 표현을 쓰지 않았을 수 있다. 'A person connected to…' 역시 부자연스러운 표현이다. 또한 앞에서도 설명했듯이 원문은 '우리 회사'이지만 'our company' 대신 회사명을 밝히는 것이 영어 텍스트에 적합하다.

번역 과제 1 원자력시설 안전검사

한 원자력 관련 기관에서 웹사이트에 아래 문건의 영어 번역문을 올리려고 한다. 번역을 의뢰받았다고 가정하고 번역해보기 바란다.

원자력시설 안전검사

원자력시설에 대한 안전검사는 시설의 공사·설치·성능 및 사업자의 활동 등이 원자력 관계 법령 및 관련 기술 기준에 따라 적합한지를 현장에서 확인하는 것이다. 안전검사에는 건설 중인 원자력시설에 대한 사용전 검사 및 시설검사(핵연료 주기시설), 가동 중인 원자력시설에 대한 정기검사, 건설 및 가동 중인 원자력시설 등에 대한 품질보증검사, 원자력발전소의 주요 부품 제작에 관한 생산 품질보증검사 및 원자력발전소 주재관실에서 수행하는 일상검사와 원자력시설에 주요 현안이 발생할 경우 수행하는 특별검사 등이 있다.

(중략)

2009년에 발생한 원자로 정지 사건은 모두 7건이었다(자동 정지 3건, 수동 정지 4건). 1998년에 원자력발전소 호기당 평균 정지율이 처음으로 1.0회 이하인 0.8회를 기록한 이래 2009년도에는 가장 낮은 0.35회를 기록하였다.

2001년에는 새우, 해파리 등 해양생물의 유입으로 울진 원자력발전소의 원자로가 5차례 멈춰 평균 정지율이 증가하였고 2003년에는 태풍 '매미'의 영향으로 5기의 원자력발전소가 한꺼번에 멈추는 사건이 발생해 평균 정지율이 1.17회까지 증가하였으나 원자력발전소 가동 연수 증가에 따른 운전경험의 축적, 규제기관 및 사업자의 재발 방지 노력과 설비 개선 등에 따라 평균 정지율이 지속적으로 감소되었으며 최근에는 0.5회/년 이하로 유지되고 있다.

한편 2009년에 원자력발전소에서 발생한 사건을 계통별로 분류한 결과 7건(64%)은 2차 계통 고장에 의한 것으로 확인되었다. 1차 계통 고장으로 발생한 4건(36%)의 경우에도 원자로의 안전에 심각한 영향을 미치는 사건은 없었다.

원인별로 분류한 결과, 인적실수에 의한 고장 1건(9%), 기계적 원인 1건(9%), 전기적 원인 8건(73%), 계측제어 원인 1건(9%)으로 나타났다. 2008년과 비교하여 전기결함으로 인한 사건이 많이 발생하였으나 인적실수 및 계측결함에 의한 사건은 상대적으로 적게 발생하였다.

출처: 『2010 원자력안전백서』 중에서 발췌

번역 준비

누가 쓴 글인가(Who)? 원자력 전문가가 썼다.

무엇에 관한 글인가(What)? 원자력시설 안전검사에 관한 글이다.

누구를 위한 글인가(For whom)? 원자력 안전에 관심을 가진 외국인 전문가들을 대상으로 한 글이다.

글을 쓴 목적은 무엇인가(Why)? 백서의 특성상 정부 기관이 정보를 전달하기 위해 쓴 글이다.

어디에/어떤 매체에 글이 실리는가(Where)? 원자력 관련 기관의 웹사이트에 영어 번역문이 실린다.

어떻게 메시지를 전달하는가(How)? 사실 위주의 내용을 간결하면서도 기술적인 언어로 작성했다.

주의할 어휘와 표현

- **원자력시설** 원자력시설 안전검사에 대한 번역을 하기 위해서는 먼저 원자력시설이 무엇을 의미하는지에 대한 지식이 필요하다. 우리 법에 의하면 원자력시설은 발전용 원자로와 연구용 원자로, 핵연료 주기시설로 나눌 수 있다. 쉽게 말해 발전용 원자로는 발전을 하는 설비이고, 연구용 원자로는 전기를 만들지 않고 핵반응만 일으키는 시설이며, 핵연료 주기시설은 핵반응을 일으켜 핵연료를 만드는 곳이다. 그 외에 방사성폐기물의 저장, 처리 · 처분시설, 핵물질 사용시설, 그 밖에 대통령령으로 정하는 원자력 이용과 관련된 시설이 있다. 이러한 주제 지식을 바탕으로 본문에 나오는 원자력시설을 nuclear power plant로 번역하면 불완전한 정보이므로 정확하지 않다고 볼 수 있다. 보다 포괄적인 nuclear facilities나 nuclear installations으로 번역해야 한다. 원자력 관련 어휘는 한국원자력안전기술원(www.kins.re.kr)에서 발행한 참고 자료를 활용할 수 있다.
- **사업자** 여기서는 원전을 가동, 발전하는 사업자를 가리키므로 operator를 쓴다.
- **건설 중인 원자력시설에 대한 사용전 검사** 사용전 검사를 pre-operational inspection이라고 하든지 inspection prior to operation이라고 번역할 수 있다. 원전 건설에서는 시운전commissioning이 중요한 단계이다. 시운전은 핵연료를 장착하고 가동 전까지의 모든 단계를 포함한다.
- **핵연료 주기시설** nuclear fuel cycle facility 또는 nuclear fuel cycle equipment and facilities 등으로 번역한다.
- **정기검사** regular inspection, periodic inspection 모두 가능하지만 원자력 전문가들은 일반적으로 periodic overhaul을 사용한다.
- **주재관** 공무를 수행하기 위해 어떤 곳에 머물러 있는 관리를 가리키며 resident officer로 번역 가능하다. 주재관에 대해서도 원자력 관련 규정을 보면 「교육과학기술부와 그 소속기관 직제」 제20조에 따라 원자로 및 관계시설의 안전 규제에 관한 사무를 수행하기 위하여 원자력발전소 부지 내에 주재하는 본부 소속 공무원을 주재관이라고 칭한다는 것을 확인할 수 있다. 여기서는 보다 구체적으로 주재관의 역할을 고려하여 resident government safety inspection officer로 번

역하면 된다.

- **일상검사** routine inspection. 정기적으로 하는 검사는 아니고 필요할 경우 그때 그때 하는 검사라는 이유로 현장에서는 ad-hoc이라고 한다.
- **원자로 정지** the shutdown of a nuclear reactor라고도 번역할 수 있다. 원자로와 관계된 전문 용어는 상당히 기술적이므로 리서치가 중요하다.
- **해양생물의 유입** inflow of marine life. intake를 쓰면 열을 식히기 위한 의도적 해수 유입의 의미가 된다. 해양생물을 의도적으로 유입하려는 것이 아니기 때문에 유입의 번역은 inflow가 적합하다.
- **1차 계통** primary system으로 번역할 수 있다. 원전설비는 1차 계통, 2차 계통, 보조설비로 나눌 수 있는데 1차 계통은 원전에 직접 영향을 주는 원자로 및 주변기기이고, 2차 계통은 원전설비를 가동하기 위한 터빈 등을 가리킨다.

참고 번역문

Safety inspections of nuclear power plants

Safety inspections of nuclear installations including the nuclear fuel cycle entail *in situ* verification of whether the plant's construction, installations, performance and operational activities comply with both the laws relating to nuclear power and relevant technical standards.[1] They comprise inspections of nuclear facilities and nuclear fuel cycle installations and equipment carried out during the facility construction phase prior to the plant becoming operational, periodic inspections of facilities and equipment after the plant becomes operational, quality assurance inspections during both construction and operation phases, quality assurance inspections during the manufacture of key components of nuclear power plants, routine inspections carried out by the resident government safety inspection officer, and special inspections after significant safety events.

(section omitted from the original document)

In 2009 there were seven occurrences involving the shutdown of a nuclear reactor; three were automatic and four manual. In fact, since the shutdown rate for nuclear power plants first fell below 1.0 to 0.8 occurrences per year in 1998, this represented a historically low figure of 0.35.

In 2001 the average shutdown rate rose after the Uljin Nuclear Power Plant reactors shut down on five occasions due to the inflow of marine life such as shrimp and jellyfish in the plant's seawater, and in 2003 the rate rose to 1.17 when five plants shut down simultaneously due to Typhoon Maemi. However, with the accumulation of experience over years of operating the plants, with efforts on the part of both regulatory authorities and plant operators to prevent the recurrence of problems, and with improvements in plant and equipment, the average shutdown rate has fallen, and in recent times has remained below 0.5 occurrences per year.

Systems analysis of the occurrence during 2009 confirmed that seven of the eleven occurrences were due to malfunctions in secondary systems, while the four malfunctions in primary systems involved no serious threat to the safety of the reactor.

The causes were determined as human error (one occurrence),[2] mechanical (one occurrence), electrical (eight occurrences), and instrument control (one occurrence). Electrical failures were considerably more frequent compared with 2008, while human and instrument failures fell.

1 복잡한 문장을 분석해보면, 원자력시설 안전검사는 검사 대상이 되는 네 가지, 즉 시설의 공사 · 설치 · 성능 및 사업자의 활동 등이 법령과 기술 두 가지 기준에 기초해서 적합한지 확인하는 검사라는 내용이다. 이러한 내용이 하나도 빠짐없이 번역되도록 주의해야 한다.

2 원문에서는 괄호 안에 퍼센티지(%)가 표기되었지만 실제 건수는 각기 한 건뿐이라 퍼센티지를 표시하기 부적합한 맥락이라고 판단되어 번역문에서는 넣지 않았다. 영어 텍스트에서는 좀 더 높은 건수일 때 퍼센티지를 사용하는 것이 자연스럽게 받아들여진다.

번역 분석

1 원자력시설 안전검사

Safety inspections of nuclear power plants (OK)

Safety inspection for nuclear power plants (N)

Safety inspection procedures for nuclear power plants (IN)

영어로 번역할 때에는 항상 명사의 단수형을 쓸지 복수형을 쓸지 고려해야 한다. 원문에서 다양한 검사를 언급하고 있으므로 'inspection'의 복수형이 적절하다. 어떤 검사를 할 것인지 설명하고 있기는 하나 실제 절차를 다루는 것은 아니기 때문에 'procedure'를 쓰는 것은 적절하지 않다.

2 안전검사에는 건설 중인 원자력시설에 대한 사용전 검사 및 시설검사(핵연료주기시설), 가동 중인 원자력시설에 대한 정기검사, 건설 및 가동 중인 원자력시설 등에 대한 품질보증검사, 원자력발전소의 주요 부품 제작에 관한 생산 품질보증검사 및 원자력발전소 주재관실에서 수행하는 일상검사와 원자력시설에 주요 현안이 발생할 경우 수행하는 특별검사 등이 있다.

They comprise inspections of nuclear facilities and nuclear fuel cycle installations and equipment carried out during the facility construction phase prior to the plant becoming operational, periodic inspections of facilities and equipment after the plant becomes operational, quality assurance inspections during both construction and operation phases, quality assurance inspections during the manufacture of key components of nuclear power plants, routine inspections carried out by the resident government safety inspection officer, and special inspections after significant safety events. (OK)

They comprise initial inspections of power generating and nuclear fuel cycle installations and equipment carried out during the nuclear power facility construction phase prior to commissioning, regular inspections of the nuclear power generating plant and equipment after commissioning, quality assurance inspection of the nuclear power facility during both construction and operation phases, quality assurance inspection during the manufacture of key components of the nuclear power plant itself, regular inspection of the nuclear power facility carried out by the nuclear power facility plant managers, and special inspections where safety events relating to nuclear power installations have occurred. (AWK/IN)

원문의 첫 문단에서는 '원자력'이라는 단어가 여덟 번 나온다. 그러나 번역문에는 같은 단어 'nuclear power'를 반복해서 쓰는 것은 좋지 않다. 아무리 격식성 있는 문건이라 해도 서너 번 정도 반복하는 것으로 충분하다. 따라서 첫 번째 번역 예문에서는 반복을 피하기 위해 대체나 생략을 사용했다.

3 … 건설 중인 원자력시설에 대한 사용전 검사 및 시설검사 …

… inspections of nuclear facilities and nuclear fuel cycle installations and equipment carried out during the facility construction phase prior to the plant becoming operational, … (OK)

… inspections of nuclear facilities and nuclear fuel cycle installations and equipment carried out during the facility construction phase prior to commissioning, ... (IN)

관련 기술 및 용어를 정확하게 이해하지 않으면 두 번째 번역 예문과 같은 문제가 생긴다. '건설 중'이라는 표현을 두 번째 번역 예문에서는 'prior to commissioning'이라고 옮겼는데, 시운전도 크게 보면 건설 단계에 해당한다. 시운전 단계를 검사 대상에 별도로 언급하면 이렇게 번역해도 괜찮겠지만 바로 이어지는 내용에 '가동 중인 … 정기검사'만 있어서 이렇게 시운전 전 단계로 번역하면 안전검사 대상에서 시운전 단계가 누락되는 결과가 생기게 되므로 주의해야 한다.

4 … 가동 중인 원자력시설에 대한 정기검사 …

... periodic inspections of facilities and equipment after the plant becomes operational, ... (OK)

... periodic inspections of the nuclear power generating plant and equipment after commissioning, ... (IN)

... regular inspections for facilities and equipment after commissioning, ... (PR)

위 두 번째 번역문은 '가동 중인 원자력시설'을 'nuclear power generating plant and equipment'로 표현했는데 이렇게 하면 발전용 원자로와 직접 연관되지 않은 시설을 배제해버리게 되어 내용이 부정확한 번역이 된다. 세 번째 번역문은 전치사 사용에 문제가 있다. 'for'는 목적을 암시하고, 누구를 위한 것을 뜻할 때 사용하지만 검사 대상에는 사용할 수 없다. 아래의 문장과 같이 목적을 가리킬 때에는 'for'를 사용할 수 있다.

They carried out inspections for the purpose of determining safety regulation compliance.

5 … 원자력발전소 주재관실에서 수행하는 일상검사 …

... routine inspections carried out by the resident government safety inspection officer, ... (OK)

... regular inspection carried out by resident plant managers, ... (IN)

앞에서 설명한 대로 여기서의 주재관은 원자력 안전관리 규제를 담당하는 정부 관리이므로 'resident plant manager'로 번역하면 사업자 측 관리자와 구분이 되지 않아 적합하지 않다.

6 … 원자력시설에 주요 현안이 발생할 경우 수행하는 특별검사 등이 있다.

... and special inspections after significant safety events. (OK)

... and special inspections where safety events have occurred. (OK)

... and special inspections in situations where safety events have occurred. (OK)

... and special inspections in case safety events have occurred. (IN)

... and special inspections in the case where safety events have occurred. (AWK)

참고 번역문에서와 같이 'after significant safety events'나 또는 'following safety events'로 표현하는 것은 가능하다. 그러나 네 번째와 다섯 번째 번역문과 같이 'in case'와 'in the case'를 써서 표현하는 것은 적절하지 않다. 'in case'는 앞으로 있을 상황에 사용하는 표현이므로 이 맥락에서는 쓸 수 없다. 'in the case [where]' / 'in cases [where]'는 미래보다는 과거에 일어난 상황을 가리킨다. 아래 몇 개의 용례를 제시한다.

Take an umbrella in case it rains.

Here's $10 in case you need to get a taxi home.

In cases where refugees are unable to prove their identity, a long process of investigation takes place.

In the case where a student gets 64%, teachers will usually give them the benefit of the doubt and award 65% and a Credit.

7 (중략)

(section omitted from the original document) (OK)

Omitted (INC/LIT)

... (IN)

원문에서 '중략'은 이 책에 싣기 위해 텍스트 편집상 생략하게 된 부분을 표시한 것이다. 중략이 어느 정도의 내용을 생략한 것인지 판단해서 번역 방식을 정해야 한다. 생략의 표시로 말줄임표를 사용하기도 하지만 말줄임표는 짧은 내용의 생략일 경우 텍스트의 흐름을 유지하기 위해 사용하는 것이 대부분이고 원문의 경우는 여기에 해당하지 않는다. 'omitted'라고만 표현하면 내용이 생략되었음을 알려주기는 하지만 누가 생략했는지는 알 수 없다. 번역자에 의한 생략이 아니라 원문에 그렇다는 점을 분명히 할 필요가 있다. 이를 감안할 때 '(section omitted from the original document)'로 번역하는 것이 적절하다.

8 2009년에 발생한 원자로 정지 사건은 모두 7건이었다(자동 정지 3건, 수동 정지 4건).

In 2009 there were seven occurrences involving the shutdown of a nuclear reactor; three were automatic and four manual. (OK)

In 2009 there were seven times of shutdowns of a nuclear reactor; three times were automatic and four times were manual. (AWK/LIT)

In 2009 there were seven occurrences involving the shutdown of a nuclear reactor, which account for three automatic and four manual shutdowns. (CS)

두 번째 번역문은 3건, 4건을 번역하면서 부자연스러운 영어 표현을 사용했다. '건'에 해당하는 영어 대응어는 없지만 맥락에 따라 몇 '회'를 가리키는 'occurrences'나 'cases'를 쓸 수 있다. 세 번째 번역문에는 중대한 구문 오류가 있다. 여기에서는 'account for'를 잘못 사용했는데 아래 예문들과 같이 'account for' 앞에는 원인, 뒤에는 결과나 현상이 있어야 한다.

Three automatic and four manual shutdowns accounted for the total of seven shutdowns in 2009.

In 2009 there were seven occurrences involving the shutdown of a nuclear reactor, which accounted for only a minor portion of the total amount of power lost to the national grid during this time.

9 1998년에 원자력발전소 호기당 평균 정지율이 처음으로 1.0회 이하인 0.8회를 기록한 이래 2009년도에는 가장 낮은 0.35회를 기록하였다.

In fact, since the shutdown rate for nuclear power plants first fell below 1.0 to 0.8 occurrences per year in 1998, this represented a historically low figure of 0.35. (OK)

In 1998, the average shutdown rate per nuclear reactor recorded 0.8, which was the first record below 1, followed by the lowest record of 0.35 in 2009. (CS)

In 1998, since the average shutdown rate per unit reached 0.8 times, which was under 1.0 for the first time, the rate has dropped to the lowest level to 0.35 times in 2009. (CS)

두 번째와 세 번째 번역문 모두 심각한 구문 오류가 있어 의미 전달이 정확하게 이루어지지 않고 어색한 표현이 많다. 두 번째 번역문의 경우 2009년 0.35

최저 기록이 1998년 0.8을 뒤따르는 기록이라고 표현하여 논리적이지 않다. 세 번째 번역문은 'In 1998'이 'since'가 이끄는 절보다 앞에 오는 것부터 이상하다. 이와 같은 오류는 원문의 구조를 꼼꼼히 분석하면서 줄일 수 있다. 원문은 '… 이래, B에는 … 기록하였다'는 구조로 아래와 같이 단순화할 수 있다.

In fact, since the shutdown rate ... in 1998, in 2009, the lowest-ever rate of 0.35 was recorded.'

10 … 처음으로 1.0회 이하인 0.8회를 기록 …

... first fell below 1.0 to 0.8 occurrences ... (OK)

... recorded a rate of 0.8, below 1.0 for the first time ... (OK)

... recorded a rate below 1.0 for the first time, at 0.8 ... (OK)

... recorded for the first time below 1.0 times at 0.8 times ... (AWK)

첫 번째 번역문에서 볼 수 있듯이 '기록했다'고 해서 반드시 동사 'record'를 쓸 필요는 없다. 동사 'record'의 용법은 5장 핵심 번역 기술에서 설명한 바 있다. 네 번째 번역문에서는 '회'에 대응할 단어로 'times'를 사용했는데 격식성이 맞지 않는 표현이다. 앞서 번역 분석 8에서도 두 번째 번역문에 'times'가 사용되어 문제가 있었다. 이 경우 영어 텍스트에서는 '회'를 꼭 번역해 넣을 필요가 없다.

11 … 2003년에는 태풍 '매미'의 영향으로 5기의 원자력발전소가 한꺼번에 멈추는 사건이 발생해 평균 정지율이 1.17회까지 증가하였으나 …

... and in 2003 the rate rose to 1.17 when five plants shut down simultaneously due to Typhoon Maemi. (OK)

... and in 2003 the rate surged/soared/skyrocketed to 1.17 when five plants shut down simultaneously due to the Typhoon 'Maemi'. (WW, AWK)

앞에서 미디어 텍스트에서 사용하는 스타일의 표현을 다른 텍스트 유형에서는 함부로 쓰지 않는 것이 좋다고 설명했다. 많은 번역 학습자들이 'whopping', 'skyrocket', 'plummet' 등과 같은 표현을 종종 쓰는데 이러한 표현은 주의를 끌기 위한 언론 보도 스타일에 걸맞다. 정부 백서와 같이 격식성 있는 문서에는 전혀 어울리지 않는 이러한 표현을 사용하면 번역에 대한 신뢰도를 떨어뜨릴 뿐이다.

두 번째 번역 예문은 태풍 '매미'를 the Typhoon 'Maemi'로 표현했는데 태풍 이름 앞에는 정관사를 쓰지 않는다. 또한 작은따옴표를 넣은 것도 원문이 의미하는 바와 달라지게 되어 정확한 번역이 아니다(6장 핵심 번역 기술 참고). 태풍과 같은 자연재해에 관한 보도를 영어로 많이 접하고 주의 깊게 읽음으로써 두 번째 번역 예문과 같이 태풍 이름 앞에 정관사를 사용하는 오류를 피할 수 있을 것이다.

12 최근에는 0.5회/년 이하로 유지되고 있다.

... in recent times [the rate] has remained below 0.5 occurrences per year. (OK)

... recently [the rate] remains below 0.5 occurrences per year. (VT)

사실 한국어 '최근에'와 영어 'recently'는 딱 떨어지는 대응어가 아니다. 'recently'는 어떤 일이 일어난 가까운 과거의 시점을 가리킨다. 예를 들면 'He recently returned from overseas.'와 같이 행위가 이루어진 시점을 가리키거나 'Recently I've been feeling very tired in the mornings.'처럼 어떤 과정이 시작된 시간 범위를 가리킬 때 사용한다. 'recently'는 격식성 있는 텍스트에서 현재 시제와 같이 사용될 수 없고 'in recent times'가 본문의 텍스트 유형에 적합한 표현이다.

번역 과제 2 IT 컨버전스의 진화

IT 컨버전스 발표용 PPT 자료의 번역을 의뢰받았다고 가정하고 번역해보기 바란다.

IT 컨버전스의 진화

1. IT 컨버전스의 확대와 경쟁 심화

□ IT 컨버전스는 미디어, 통신, 인터넷이 각 영역별로 구축한 네트워크-단말기-콘텐츠의 수직적인 가치사슬을 수평적으로 융합

－아날로그 기술 하에서는 네트워크-단말기-콘텐츠가 수직계열화

·미디어, 통신, 인터넷이 각 영역별로 케이블망-TV-방송콘텐츠, 공중통신망-전화기-음성통화, 인터넷망-PC-웹콘텐츠 등과 같이 수직계열화

－디지털 융합기술로 인해 네트워크-단말기-콘텐츠가 수평적으로 융합화

·네트워크는 IT 기반의 디지털 방식으로 수렴되며, 단말기는 컴퓨팅, 통신, 디스플레이 기능을 상호 융합, 콘텐츠는 웹 기반의 디지털 파일로 표준화

네트워크 컨버전스: 실시간 IPTV 서비스 개시와 융합서비스 확산

□ IPTV 서비스 개시로 네트워크 사업자 간 결합상품 경쟁이 심화될 전망

－2008년 11월 KT가 실시간 지상파방송을 포함한 완전한 IPTV 서비스를 시작하였고, IPTV 3사는 2009년 상반기 중 전국으로 서비스를 확대할 전망

－IPTV의 보급은 디지털콘텐츠의 공급 및 수요를 확대시키며 케이블 TV를 포함한 디지털 미디어 시장의 성장을 견인할 전망

· 그러나 IPTV 사업자는 콘텐츠 확보와 망 고도화 비용 때문에 조기 수익 창출이 어렵고, 유선방송 사업자도 경쟁 심화로 수익이 하락할 전망

- 결합상품 판매와 쇼핑 등 부가서비스 확장을 위한 공격적 마케팅이 예상
  - · IPTV는 결합상품 중 차별화가 가장 용이한 마케팅 포인트이며, 데이터 전송량을 증가시켜 초고속 인터넷 서비스의 고도화를 유도
  - · 후발사업자들이 디지털방송을 앞세운 결합상품으로 전화 및 초고속 인터넷 부문에서 선발사업자의 시장점유율을 잠식 가능

□ IP 기반의 방송·통신·인터넷 융합서비스가 유무선에서 중단 없이 제공

- 결합서비스의 진화: (1) 단순 교차판매(판매 촉진) → (2) 결합판매(사업자는 해지율 하락, 소비자는 요금 감소 및 통합고지서의 편리함) → (3) IP 기반의 융합서비스(가입자당 매출 증대 및 고정비 절감)
- 유선 기반 결합서비스에서 향후 유무선 융합서비스로 확대될 것으로 예상

출처: SERI 경제 포커스 제228호 'IT 컨버전스의 진화'(이성호 저) 중에서 발췌

번역 준비

누가 쓴 글인가(Who)? 경제 전문가가 쓴 글이다.

무엇에 관한 글인가(What)? IT 컨버전스의 양상과 전망에 관한 글이다.

누구를 위한 글인가(For whom)? 영어 발표문은 IT 컨퍼런스 참석자들을 대상으로 한다.

글을 쓴 목적은 무엇인가(Why)? IT 컨버전스의 동향과 전망에 관해 분석한 정보를 제공하기 위한 글이다.

어디에/어떤 매체에 글이 실리는가(Where)? 번역문은 PPT 형식의 인쇄물로 제작되어 발표 현장에서 배포될 것이다.

어떻게 메시지를 전달하는가(How)? 기술적인 내용을 간결하게 서술했다.

주의할 어휘와 표현

- **컨버전스** convergence, converging으로 번역할 수 있다. 통합 또는 융합 현상으로 번역되는 컨버전스는 여러 분야에서 사용되는 용어이며 보편적으로 독립적으로 개발된 기술이 하나로 합쳐져 새로운 기술이 되는 것을 가리킨다. 관점에 따라 IT 컨버전스가 무엇을 포함하는지 범주가 다를 수 있으나 일반적으로 IT 컨버전스는 IT와 타 산업 간의 융합을 뜻한다. IT 기술 번역에 관심 있는 사람은 IT 컨버전스, 디지털 컨버전스의 개념과 관련 분야에 대한 이해를 갖추어야 할 것이다.
- **수평적으로 융합** horizontally converging, horizontal convergence 등으로 표현할 수 있다.
- **수직계열화** linked vertically, vertically integrated, vertical integration 등으로 번역된다. 수직통합은 경영 · 경제 분야에서 한 기업이 생산, 유통, 소비에 이르기까지 supply chain의 전 과정을 다 관장하는 것을 의미한다. 따라서 독점이 되기 쉬운 문제가 있어서 수직통합은 국내에서는 대기업과 관련해서 자주 거론된다. 수평통합은 동일한 과정을 수행하는 경쟁 기업이 여러 개 존재하는 것을 뜻한다. 컨버전스에서는 경영 경제의 supply chain 대신 value chain을 도입하여 수직통합과 수평통합의 개념을 차용한 것이다. 모바일이나 IT 컨버전스에서는 integration과 convergence가 동의어로 많이 사용되는데, integration보다 convergence를 진화한 개념으로 사용한다.
- **실시간 지상파방송** real-time terrestrial broadcasting으로 번역할 수 있다.
- **결합상품** IT 업계에서 표준화된 용어가 bundled products인데 이를 모르고 combined products라고 직역하면 주제 지식이 부족함을 드러내는 것이다.
- **IPTV 3사** the three major IPTV providers. 이 분야에서 쓰이는 용어에 익숙하지 않으면 사업 부문에 따라 다른 사업자를 칭하는 명사의 선택이 쉽지 않다.
- **망 고도화** network upgrade나 upgrading networks, providing high-speed networking 등으로 쓴다. 수준이나 정도가 높아진다는 고도화라는 의미에 착안해서 번역하면 된다.

- 선발사업자 early market entrants, established operators, existing operators로 표현할 수 있다. 후발사업자는 late market entrants로 번역한다.
- 시장점유율 market share라는 용어가 있다.
- IP 기반의 ... 융합서비스 여기서 기반을 빼고 IP services라든가 IP convergence services라고 번역하면 의미가 달라진다. IP services는 IP라는 서비스를 의미하는 데 비해 IP 기반의 서비스는 IPTV와 같이 인터넷 프로토콜을 기반으로 해서 제공되는 다양한 서비스를 아우르는 표현이다.
- 단순 교차판매 straightforward product cross-selling. 원래 금융 회사 간에 다른 회사 상품을 판매하는 방식을 가리키는 용어였으나 본문에서는 다른 통신 회사 제품의 판매를 가리킨다.
- 해지율 (service) cancellation rate로 번역한다.
- 통합고지서 한 번 발행하는 고지서에 여러 가지 항목이 청구되는 형식이다. single billing으로 번역할 수 있다.

참고 번역문

Evolution of IT convergence

1. The expansion of IT convergence and intensification of competition

☐ IT convergence horizontally converges the vertical value chains of networks, terminals and contents constructed in their separate domains by the media, telecommunications, and the Internet.

– Under analogue technology, these chains were vertically integrated.

· The media, telecommunications, and the Internet formed the sector specific value chains of cable networks–TV–program content,[1] public telecommunication networks–telephones–voice communication, and Internet networks–terminals–web content, respectively.

– Digital convergence enables horizontal convergence between networks, terminals and contents.

· Networks are increasingly based on IT digital format, terminals bring together the computer telecommunications display functions, and content becomes standardized in Web-based digital file format.

Network convergence: Launch of real-time IPTV services and the spread of convergence services

□ The launching of IPTV is expected to intensify competition among network operators to provide bundled products.[2]

– In November 2008 Korea Telecom began a complete IPTV service which included real-time terrestrial broadcasting, and the three major IPTV providers expect to expand their coverage[3] nationwide in the first half of 2009.

– The penetration of IPTV is expected to expand both the supply and the demand for digital contents, thus driving growth in the digital media market, including cable TV.

· However, due to the cost of expanding digital content and upgrading networks, IPTV operators will have difficulty generating profits in the short term, while cable operators can also expect profits to drop due to the increased competition.

– Aggressive marketing in order to expand ancillary services such as bundled services and shopping channels is therefore likely.

· IPTV is the key selling point in the marketing of bundled services, and also enables companies to increase the rate of data transmission,[4] thus driving the rapid growth of broadband services.[5]

· Late market entrants may make inroads on the market share of early market entrants in the telephone and broadband sectors through bundled products headed by digital broadcasting.

□ IP-based convergence services broadcast via the Internet and are provided seamlessly via the same wireless feed.[6]

– Service bundling has evolved out of (1) straightforward product cross-selling (which promotes sales), leading to (2) bundled sales (which provides a lowering of service cancellation rate, reductions in charges, and the convenience of single billing), thus leading to (3) bundled IP services (which achieves increased sales per subscriber and reduced fixed costs).

– It is expected that in the future service bundling will expand from cable-based bundling to fixed-mobile convergence(FMC) services.

1 같은 문장에 나온 'web content'를 비롯해 일반적인 콘텐츠를 지칭할 때에는 'content'를 사용한다면 특정 프로그램의 경우에는 보통 'contents'를 쓴다.

2 다음 표현과 바꿔 쓸 수 있다. 'The launch of IPTV is expected to stimulate competition amongst network operators over bundled products.'

3 서비스망을 coverage로 표현했다.

4 '차별화가 가장 용이한 마케팅 포인트'를 'the key selling point in the marketing of...'로 번역했다. 'key selling point'라는 표현 자체가 벌써 경쟁 상품보다 경쟁력이 있다는 것을 암시하므로 굳이 차별화를 명시적으로 번역하지 않았다. 이 문장을 다음과 같이 번역할 수도 있다. 'IPTV has the convenient marketing feature of enabling specialization in bundled services, and this will lead companies to increase the rate of data transmission.'

5 초고속 인터넷을 'high-speed Internet'이라고 번역해도 되지만 전문가들은 'broadband'를 더 많이 쓴다.

6 'IP-based services converging broadcasting, telecommunication, and the internet are provided seamlessly over wired and wireless networks.'와 같이 번역할 수도 있다.

번역 분석

1 아날로그 기술 하에서는 네트워크–단말기–콘텐츠가 수직계열화

Under analogue technology, these chains were vertically integrated. (OK)
Under analogue technology, networks, terminals and contents were constructed vertically. (AWK)

여러 차례 설명한 바와 같이 반복되는 내용은 대체나 지시의 방법을 사용해 표현하는 것이 보편적이다. 두 번째 번역문에서도 대체가 필요하다. 바로 앞 문장에 나온 단어인 'networks', 'terminals', 'contents'를 똑같이 반복해서 쓰는 것보다 'these chains'라고 간결하게 표현하는 것이 좋다.

2 미디어, 통신, 인터넷이 각 영역별로 … 수직계열화

The media, telecommunications, and the Internet formed the sector specific value chains ... (OK)
The media, telecommunications, and the Internet were also vertically integrated ... (OK)
The media, telecommunications, and the Internet were also systematized perpendicularly ... (WW)

세 번째 번역 예문의 경우에는 수직계열화의 대응어 맞추기식 직역을 하여 어색한 표현이 되었다. 수직계열화가 경영 용어라는 것을 모르면 이러한 오역이 나오기 쉽다. 수직계열화는 일반적으로 'vertical integration'이라는 용어가 존재하나 이 대신 참고 번역문에서는 'sector specific value chains'라는 표현을 사용했다.

3 미디어, 통신, 인터넷이 각 영역별로 케이블망–TV–방송콘텐츠, 공중통신망–전화기–음성통화, 인터넷망–PC–웹콘텐츠 등과 같이 수직계열화

The media, telecommunications, and the Internet formed the sector specific value chains of cable networks–TV–program content, public telecommunication networks–telephones–voice communication, and Internet networks–terminals–web content, respectively. (OK)

The media, telecommunications, and the Internet were also integrated vertically and in separate domains such as cable networks, television and program content; public telecommunication networks, telephones and voice communication; and Internet networks, terminals, and web content. (IN)

미디어, 통신, 인터넷은 본문에 나오는 세 가지의 가치사슬을 형성한다. 원문에서 미디어는 케이블망-TV-방송콘텐츠, 통신은 공중통신망-전화기-음성통화, 인터넷은 인터넷망-PC-웹콘텐츠로 각기 수직계열화된 것이다. 첫 번째 번역문에 비해 두 번째 번역문은 IT 컨버전스에 대한 원문의 내용을 정확하게 전달하는 데에 부족함이 있다. 수직계열화가 구체적으로 각 영역에서 어떻게 이루어져 있는지를 설명해주지 못했고, 'also'를 사용함으로써 의미에 혼동을 준다. 해당 분야에 대한 이해가 부족한 데서 기인한 번역 문제이기도 하다. 첫 번째 번역문에서 굳이 원문과 마찬가지로 하이픈을 써 준 이유는 각각 세 개가 긴밀하게 수직적으로 연결되어 하나의 가치사슬을 구성한다는 의미를 강조하기 위해서이다.

4 디지털 융합기술로 인해 …

Due to digital convergence technology … (OK)

As a result of digital convergence technology … (OK)

Thanks to digital convergence technology … (WW)

'-로 인해'를 번역할 때 'because of'나 'due to' 등을 먼저 떠올리는데 영어는 물주 구문이 흔하기 때문에 참고 번역문에서와 같이 'Digital convergence enables ...'로 쓸 수도 있다. 'thanks to'는 긍정적인 뉘앙스로 '-덕에'와 같은 의미이다. 본문과 같이 사실적이고 핵심만 전달하는 중립적인 텍스트에는 어울리지 않는다.

5 네트워크는 IT 기반의 디지털 방식으로 수렴되며, …

Networks are increasingly based on IT digital format, ... (OK)

Networks will be based on IT digital format, ... (VT)

원문과 같이 포인트별로 나열한 텍스트에서는 사용되는 동사 시제의 폭이 넓지 않다. 앞으로 계속 진행될 과정이기는 해도 이미 시작된 컨버전스 현상에 대해 다룬 글이기 때문에 현재 시제가 더 적절하다.

6 네트워크는 IT 기반의 디지털 방식으로 수렴되며, 단말기는 컴퓨팅, 통신, 디스플레이 기능을 상호 융합, 콘텐츠는 웹 기반의 디지털 파일로 표준화

Networks are increasingly based on IT digital format, terminals bring together the computer telecommunications display functions, and content becomes standardized in Web-based digital file format. (OK)

Networks increasingly based on IT digital format, terminals bringing together the computer telecommunications display functions, and content standardized in Web-based digital file format. (CS)

첫 번째 번역 예문과 달리 두 번째 예문에는 동사가 다 생략되었다. 포인트 형식의 텍스트이기는 해도 동사를 생략할 수 없다. 특히 이 문장과 같이 장문의 경우에는 더욱 그렇다.

7 네트워크 컨버전스: 실시간 IPTV 서비스 개시와 융합서비스 확산

Network convergence: Launch of real-time IPTV services and the spread of IT convergence services (OK)

Network convergence: real-time IPTV services launched and IT convergence services expanded (AWK)

두 번째 번역문은 뉴스 보도 제목과 같이 과거분사를 사용했는데 이러한 장르의 텍스트에는 적절하지 않다. 번역하는 텍스트의 장르에 적합한 스타일을 따라야 한다.

8 IPTV 3사는 2009년 상반기 중 전국으로 서비스를 확대할 전망

The three major IPTV providers expect to expand their coverage nationwide in the first half of 2009. (OK)

Three major IPTV operators are expected to expand their coverage nationwide by the first half of 2009. (A)

The three major IPTV providers are expected to expand their coverage nationwide in the first half of 2009. (PS)

The three major IPTV providers expect to expand their coverage nationwide by the first half of 2009. (IN/AWK/PR)

두 번째 번역문이 부정확한 이유는 문법적으로 틀렸기 때문이 아니라 사실과 다르기 때문이다. 3사가 존재하는데 정관사 없이 'three major IPTV operators' 라고 하면 시장에 3사 이상 존재한다는 의미가 되어 사실과 부합하지 않는다. 언어적 리서치뿐 아니라 관련 사실과 배경 자료에 관해서도 확인하면서 번역해야 한다. 세 번째 번역문의 문제는 스타일과 관련이 있다. 사업자들과 일반 시민들이 서비스 확대를 기대하고 있는 것이 사실이고, 굳이 수동태를 쓸 이유

가 없다. 본문에서 '전망'이라는 표현이 반복해서 나오는데 매번 'is expected to ...' 라고 번역하면 어색한 표현이 된다. 네 번째 번역 예문의 문제는 시간과 관련된 전치사 사용에 있다. '2009년 상반기 중'은 'by the first half of 2009'이 아니라 'in/during the first half of 2009'으로 번역해야 한다. 'by'는 다음과 같이 데드라인이나 특정한 일자, 약속 시간 앞에 사용하며, 기간 앞에는 사용하지 않는다.

... by the end of the first half of 2009

... by the beginning of the first half of 2009

9 IPTV의 보급은 … 할 전망

The penetration of IPTV is expected to ... (OK)

The diffusion of IPTV is expected to ... (OK)

The availability of IPTV will ... (VT)

위 두 예문과 달리 세 번째 문장은 'will'을 사용한 것이 문제이다. 'will'을 쓰면 저자의 확신에 찬 예측이라는 느낌을 주기 때문에 객관적인 톤을 유지하는 이런 유형의 텍스트에 주관적 예측은 적합하지 않다.

10 … 공격적 마케팅이 예상

Aggressive marketing ... is therefore likely. (OK)

Aggressive marketing ... is therefore expected to be implemented. (AWK)

번역을 할 때에는 언어의 경제성을 항상 생각해야 한다. 한 단어로 해결할 수 있는데 몇 개의 단어를 쓰는 것은 불필요한 낭비이다.

11 결합서비스의 진화: (1) 단순 교차판매(판매 촉진) → (2) 결합판매(사업자는 해지율 하락, 소비자는 요금 감소 및 통합고지서의 편리함) → (3) IP 기반의 융합서비스(가입자당 매출 증대 및 고정비 절감)

Service bundling has evolved out of (1) straightforward product cross-selling (which promotes sales), leading to (2) bundled sales (which provides a lowering of service cancellation rate, reductions in charges, and the convenience of single billing), thus leading to (3) bundled IP services (which achieves increased sales per subscriber and reduced fixed costs). (OK)

Service bundling has evolved as follows: (1) simple product cross-selling (sales promotion) → (2) bundled sales (lowered serve cancellation and decreased fees and single billing) → (3) IP-based bundled services (increased sales and reduced fixed costs per subscriber). (AWK)

두 번째 번역문은 여러 가지 문제를 지적할 수 있다. 4장의 번역 과제 2에서 원문에 사용된 화살표를 번역문에는 사용하지 않는 것이 좋다고 설명한 바 있다. 여기에서도 영문 텍스트에 화살표를 쓰는 것은 스타일상 어울리지 않는다. 앞서 '네트워크-단말기-콘텐츠가 수직계열화'를 번역할 때에도 영어 번역문에서는 하이픈을 쓰지 않았는데 이것도 비슷한 문제라 할 수 있다. 또한 'decreased fees' 역시 어색한 표현이다. 이보다는 'lower fees'가 자연스럽다. 뿐만 아니라 두 번째 번역문은 괄호 안의 내용과 텍스트의 내용을 연결시키는 응결 장치가 없고, 지나치게 직역을 했다. 괄호 안의 '가입자당 매출 증대 및 고정비 절감'에서 '가입자당'이 수식하는 구가 '매출'만인지, '고정비'까지인지 애매한 점이 있으나 '가입자당 고정비'를 인터넷에서 검색해보면 빈도수가 매우 낮은 표현임을 알 수 있다. 결과적으로 '가입자당'은 매출 증대에만 해당한다고 판단할 수 있으므로 'per subscriber'를 'fixed costs' 뒤에 쓸 수 없다.

핵심 번역 기술

기술 번역

기술적인 텍스트를 다루는 번역을 보통 기술 번역technical translation이라고 한다. 엄밀히 말해 기술 텍스트에 속하는 텍스트 유형을 뚜렷하게 구분하기 쉽지 않고, 기술 번역에 대한 학문적 정의가 확립된 것도 아니다. 그렇지만 이 책에서는 주제 지식, 용어 지식, 기술적 글쓰기 능력이 필요한 전문 번역specialized translation 중 과학 또는 응용과학기술에 한정해서 기술 번역으로 다루기로 한다.

기술 번역에서는 정확한 전문 용어를 사용하는 것이 중요하다. 기술적인 내용을 다루기 때문에 언어 선택에도 주의를 기울여 용어를 정확하게 써야 한다. 예를 들면 이 장의 번역 과제 중 하나인 'IT 컨버전스의 진화' 텍스트에 결합상품이라는 용어가 나온다. 결합상품을 사전에서 한 단어씩 찾아서 'combined products'라고 번역하게 되면 번역자의 주제 지식이 부족함을 드러내는 것이라고 앞서 설명한 바 있다. 수직계열화vertical integration도 마찬가지이다. 사전만으로 해결할 수 없는 용어이다. 수직계열화를 인터넷에서 검색하면서 여러 가지 자료를 살피다 보면 관련 영어 용어들도 눈에 띈다. 이러한 용어들을 해외 사이트에서 확인해보면서 사용 여부에 대해 판단하게 된다. 7장 번역 과제 2의 'AMOLED 산업' 텍스트에서도 증착장비나 화면 전환과 관련된 전문 용어가 나왔다. 이러한 전문 용어는 번역사가 사전 지식이 없거나 참고 자료가 제공되지 않으면 대응 표현을 쉽게 확인할 수 없으므로 조사 연구를 거쳐야 한다. 기술 번역에서는 전문가 집단에서 사용하는 용어와 표현을 사용해야 번역 능력을 인정받을 수 있다.

특히 기술 분야의 경우에는 영어로 된 전문 용어가 상당 부분을 차지한다. 'IT 컨버전스의 진화' 텍스트에 나오는 컨버전스, 네트워크, 콘텐츠, 디지털 파일 등이 좋은 예이다. 하지만 우리가 사용하고 있는 영어로 된 전문 용어 중에는 국내에서만 통용되는 한국화된 용어가 꽤 많이 있다는 사실을 기억해야 한다. 이러한 용어들을 그대로 옮기기 전에 단수와 복수 구분 등 문법적인 사항에 주의하면서 자연스럽고 정확한 영어 표현으로 옮겨야 한다. 이 장에서 앞서 설명한 바와 같이 'content'와 'contents'의 차이를 구분해야 하는 것도 그 예라 할 수 있다.

과학기술 관련 텍스트를 번역하는 데 있어서 번역 기술 못지않게 중요한 능력이 정보 검색 및 리서치 능력이다. 번역자가 과학기술의 모든 분야에서 원텍스트 작성자만큼 전문가일 수는 없다. 다만 전문 번역사는 어떠한 분야이든 분석력과 리서치 능력을 바탕으로 텍스트를 정확하게 이해하고 번역할 줄 알아야 한다. 이를 위해서는 전문 서적, 인터넷, 관련 전문가 등을 적극적으로 활용해야 한다. 출발 언어로 쓰여진 참고 문헌을 통해 이해를 높이는 것도 중요하지만 번역 목표 언어로 쓰여진 참고 문헌을 많이 봄으로써 적절한 용어와 표현을 익히는 것도 중요하다. 전문 번역사는 해당 분야의 전문가 집단이 공유하는 지식 수준과 담화 방식을 최대한 따라가도록 노력해야 한다. 기술 정보를 이해하고 관련 기술 용어를 알더라도 기술 전문가들이 해당 분야에서 글을 쓰거나 말하는 방식, 즉 담화 방식을 알지 못하면 표현에 어려움을 겪게 된다.

좋은 기술 번역은 '기술적 다시 쓰기technical rewriting'라는 말도 있다. 기술적 글쓰기technical writing의 원칙이 명료성, 간결성, 정확성이라는 점을 고려해서 기술 번역을 해야 한다. 과학기술을 전공했거나 기술 관련 취미를 가진 경우가 아니라면 폭넓은 독서 영역 중에 영어로 쓰여진 기술 텍스트도 포함시켜 그러한 글들이 어떻게 작성되었는지 학습해야 할 것이다. 우선 자신에게 흥미로운 주제의 텍스트를 선택해서 읽는 것부터 시작하면 좋다. 무턱대고 용어집을 만들기보다는 먼저 텍스트 내에서 정보의 흐름과 기술 방식을 눈여겨보기 바란다. 폭넓은 리딩을 통해 기초 작업을 해놓으면 기술 텍스트의 스타일적 특징을 이해하고 관련 기술 문제나 과정을 수월하게 이해할 수 있기 때문에 좀 더 자신감이 붙고, 실제 번역일을 할 때 도움이 된다.

기술 텍스트는 같은 지식을 공유하는 커뮤니티 내에서 정보 전달을 목적으로 하기 때문에 기술 번역의 경우 문학 번역에 비해서 문화와 관련된 정보로부터 자유롭다고 생각할 수 있다. 물론 매뉴얼과 같이 100% 기계적이거나 기술적인 내용의 텍스트는 상대적으로 비문화적 요소가 강한 것이 사실이지만 기술 번역도 나름대로 문화적 요소를 고려해야 할 부분이 있다. 해당 기술에 능통한 특정 집단만을 대상으로 하는 것이 아니라 일반적인 대중을 대상으로 하는 기술 번역도 늘고 있는데, 이처럼 일반 독자를 대상으로 하는 텍스트 번역의 경우에는 목표 문화권의 사회문화적 배경을 고려해 번역을 할 필요가 있다. 예를 들면, 양 언어권에서 기술의 발전 속도가 다르고 기술의 발전을 묘사하는 부분과 관련된 관습이나 생활방식의 차이가 있을 때, 그리고 전문 용어가 다른 함의를 가질 경우 번역사는 이러한 차이를 고려해서 번역을 해야 한다. 또한 원문에서 사용한 비유에 대한 대응 표현을 적절하게 번역하는 것도 기술 번역에서 필요한 번역 기술이다.

9장

법률

포커스 텍스트 법원 안내 자료 외국인을 위한 재판상 이혼절차 안내

번역 과제 1 공소장

번역 과제 2 음원사용 계약서

핵심 번역 기술 법률 번역

To deny access to translation and interpreting services oppresses human rights and violates laws.

– Nataly Kelly

국제화의 영향으로 인해서 인적 · 물적 이동이 빈번해지고 국제 교류가 증가하는 가운데 한국을 포함한 많은 국가들이 큰 변화를 겪게 되었다. 새로운 인구의 유입과 문화적 공존은 여러 면에서 새로운 형태의 교류와 접촉을 낳았으며, 이러한 추세에 따라 법률적인 문제로 한국인이 외국 사법 기관을 접촉하거나 국제 소송을 하는 건수도 많아졌다. 자연히 한국의 사법 절차에 참여하는 외국인과 외국 기업들도 늘게 되었다. 이와 같이 교역과 투자를 위해 한국 법률에 관심을 가지는 외국인 개인과 외국 기업들이 많아졌으며, 비즈니스의 영역이 넓어지면서 다양한 법률 문서의 번역 수요도 증가했다.

법률 번역에 해당하는 텍스트는 주제와 형식 면에서 매우 다양하지만 이 장에서는 이혼 소송 절차 안내문, 형사사건 공소장, 음원사용 계약서를 다룬다. 먼저 재판상 이혼절차에 대해 소개하고 있는 포커스 텍스트는 설명문에 가까우며 정보를 제공하는 텍스트이기 때문에 원문의 내용을 분명하고 간결한 표현을 사용하여 번역해야 한다. 번역 과제 1에서는 범죄 사실에 관한 공소장을, 번역 과제 2에서는 간단한 계약 문서를 번역하게 되는데 원문의 언어사용역, 특히 법률 용어와 법률 텍스트의 스타일을 벗어나지 않아야 한다. 또한 사용되는 언어적 표현과 스타일에 주의해서 번역해야 한다. 이런 텍스트를 접해본 적이 없다면 매우 어려운 번역 과제이겠지만, 충분히 준비하면서 비슷한 유형의 텍스트를 많이 접하여 경험이 쌓이게 되면 법률 번역이 점차 수월해질 것이다. 법률 번역을 잘하려면 언어 능력 외에도 법률적인 지식이 있어야 한다는 점을 기억하면서 전문성을 갖추기 위해 노력해야 한다.

법률 번역에 대한 이해를 위해 먼저 핵심 번역 기술을 읽은 후에 포커스 텍스트와 번역 과제를 번역해보기 바란다.

포커스 텍스트

법원 안내 자료

외국인을 위한 재판상 이혼절차 안내

법원에서 외국인을 위한 재판 관련 안내 자료를 영어로 번역하여 홈페이지에 싣기로 하고 번역을 의뢰해왔다. 가사 소송절차 중 이혼절차에 관한 아래 안내문을 번역해보자.

외국인을 위한 재판상 이혼절차 안내

1. 협의이혼과 재판상 이혼

- 대한민국 민법에 의한 이혼은 크게 협의이혼과 재판상 이혼으로 나뉩니다.
- 부부가 서로 이혼 및 미성년 자녀의 양육에 관한 사항에 합의한 경우에는 협의상 이혼절차에 의하여 이혼할 수 있습니다.
- 부부 사이에 이혼에 대한 합의가 이루어지지 않은 경우에는 협의상 이혼을 할 수 없고, 법원에 이혼 소송을 제기하거나 조정을 신청하여야 합니다.

2. 이혼 소송의 제기

- 부부 사이에 이혼 및 재산분할에 관하여 협의가 이루어지지 않거나, 미성년 자녀의 친권 및 양육권, 양육비, 면접교섭에 관한 다툼이 있는 경우, 또는 혼인관계 파탄에 책임 있는 상대방에게 위자료를 청구하고자 할 때에는 이를 청구하는 소송을 가정법원에 제기하여야 합니다.
- 재판상 이혼절차에서는 이혼 이외에 위자료, 재산분할도 청구할 수 있습니다. 당사자가 이를 청구하지 않는 경우 법원은 이에 관한 판결을 하지 않습니다.

- '위자료' 청구란 이혼 소송의 한쪽이 혼인관계의 파탄에 책임이 있는 다른 쪽에게 자신이 입은 정신적 손해를 금전적으로 배상해달라고 구하는 것을 말합니다.
- '재산분할' 청구란 부부가 이혼을 하면서 혼인 중에 공동의 노력으로 형성, 유지한 부부공동재산의 분할을 구하는 것을 말합니다.
- 부부 사이에 미성년 자녀가 있는 경우에는 추가로 자녀에 대한 '친권자 및 양육자의 지정', '양육비의 부담' 및 '면접교섭'에 관한 사항을 정하게 됩니다.

3. 재판상 이혼 사유

- 대한민국 민법 제840조에 의하면 다음 사유 중 하나 이상이 인정될 경우에 재판상 이혼을 청구할 수 있습니다.

민법 제840조(재판상 이혼 원인)
부부의 일방은 다음 각호의 사유가 있는 경우에는 가정법원에 이혼을 청구할 수 있다.

1. 배우자에 부정한 행위가 있었을 때
2. 배우자가 악의로 다른 일방을 유기한 때
3. 배우자 또는 그 직계존속으로부터 심히 부당한 대우를 받았을 때
4. 자기의 직계존속이 배우자로부터 심히 부당한 대우를 받았을 때
5. 배우자의 생사가 3년 이상 분명하지 아니한 때
6. 기타 혼인을 계속하기 어려운 중대한 사유가 있을 때

출처: 법원행정처 발행 '법정 통역인 편람' 중에서 발췌

번역 준비

번역을 통해 메시지를 정확하게 전달하기 위해서는 원문의 성격과 목적을 확실히 이해해야 한다. 원문에 대한 분석이 번역에 앞서 이루어져야 목표 텍스트 생산 과정에서 어휘와 구문 선택에 관한 결정을 잘할 수 있다. 번역을 시작하기 전에 먼저 다음과 같은 기본적인 사항을 짚어보아야 한다.

누가 쓴 글인가(Who)? 법원 관계자인 법률 전문가가 작성했다.
무엇에 관한 글인가(What)? 한국 민법상 이혼에 관한 텍스트이다.
누구를 위한 글인가(For whom)? 이혼절차에 관한 정보를 필요로 하는 외국인들을 위한 글이다.
글을 쓴 목적은 무엇인가(Why)? 한국 민법에 의한 이혼, 그중에서도 재판을 통한 이혼 소송에 관한 정보를 제공하기 위함이다.
어디에/어떤 매체에 글이 실리는가(Where)? 법원 웹사이트에 실리게 된다.
어떻게 메시지를 전달하는가(How)? 법률적인 내용을 일반인이 이해할 수 있도록 비교적 평이한 스타일로 기술했다.

주의할 어휘와 표현

- 대한민국 민법 The Civil Code of the Republic of Korea. 일반적으로 민법은 civil law, civil code, civil act 등으로 번역할 수 있다. http://elaw.klri.re.kr/kor_service/main.do에서 법령을 입력하면 영문 법령을 검색할 수 있다.
- 협의이혼, 재판상 이혼 이혼하는 방법에는 합의에 의한 협의이혼과 소송을 통해 법원의 판결을 구하는 재판에 의한 이혼이 있다. 전자는 divorce by (mutual) agreement, 후자는 divorce by trial 또는 judicial divorce라고 한다.
- 이혼 소송을 제기하거나 '이혼 소송을 제기하다'는 file for a divorce, apply for a divorce, file an application for divorce 등으로 번역 가능하다. 법원에 이혼 소송을 제기할 때 file a divorce complaint(또는 petition) with the court도 많이 쓴다.

- 재산분할 division of marital property로 번역한다. 여기서 한국어는 단순히 '재산'이지만 영어로는 property가 아닌 marital property로 번역하는 것이 이 맥락에서는 더 정확한 표현이다.
- 친권 일반적으로 parental right, parental authority로 번역한다.
- 양육비 financial support, child maintenance 등으로 표현한다.
- 면접교섭 visitation, access 등으로 번역할 수 있다. 면접교섭권은 visiting rights, visitation rights 모두 가능하다.
- 혼인관계 파탄 the breakdown of the marriage라는 대응 표현이 있다.
- 위자료 alimony, spousal support로 많이 쓰며 spouse maintenance도 가능하다.
- 부정한 행위 배우자 간의 정조 의무를 위반하는 부정 행위는 육체적 간통에 국한되지 않는 법적 해석을 감안할 때 adultery보다 infidelity가 더 적절한 표현이다.
- 직계존속 부모와 조부모 등을 가리키며 lineal ascendants로 번역한다.

참고 번역문

Judicial divorce guidelines for foreign citizens

1. Divorce by mutual agreement and divorce by trial

- The Civil Code of the Republic of Korea recognizes two main types of divorce: divorce by mutual agreement and judicial divorce.
- Spouses may divorce by mutual agreement in cases where they agree on the terms of the divorce and the custody of minor children.
- Where spouses fail to agree on divorce terms,[1] they may not file for divorce by mutual agreement and must file for judicial divorce or seek mediation.

2. Filing for judicial divorce

- Spouses must file for judicial divorce in the Family Court if they cannot reach agreement on dissolving the marriage and dividing marital property, or if they cannot agree on parental authority, custody, maintenance, or visiting rights with respect to minor children, or if one spouse wishes to seek spousal support from the other party as the party responsible for the breakdown of the marriage.
- During judicial divorce proceedings, in addition to the dissolution of the marriage, a spouse may claim compensation/alimony and property. If neither party makes a claim, the court will not render a judgment on this.
- 'Claim for compensation/alimony' means that one party to the divorce proceedings is seeking monetary compensation for mental distress caused by the other spouse who is held to be responsible for the breakdown of the marriage.
- 'Petition for the division of property' means seeking a division of marital property acquired and held jointly during the marriage.
- If there are minor children involved, additional provisions for guardianship, fostering, financial support, and visiting rights will be determined.

3. Grounds for judicial divorce

Under Article 840 of the Civil Code of the Republic of Korea, a petition for judicial divorce may be filed on one or more of the following grounds.[2]

1. One spouse has committed infidelity.
2. One spouse has been maliciously deserted by the other.
3. One spouse has been seriously maltreated by the other or by his/her lineal ascendants.

4. The lineal ascendants of one spouse have been seriously maltreated by the other spouse.
5. One spouse's existence or whereabouts cannot be determined after a three-year period.
6. Any other serious reasons exist that make a continuation of the marriage difficult.

1 대부분의 경우 합의이혼도 이혼하면서 해결해야 하는 이슈에 서로 간의 합의가 있을 때 가능한 것이므로 'agree on divorce'보다는 'agree on divorce terms'가 정확한 표현이다.

2 '민법 제840조(재판상 이혼원인): 부부의 일방은 다음 각호의 사유가 있는 경우에는 가정법원에 이혼을 청구할 수 있다.'는 본문의 바로 앞 문장과 동일하게 반복되는 내용이기 때문에 재판상 이혼에 관한 안내문의 성격상 동일한 내용을 반복하는 것이 부자연스럽다고 판단되어 번역문에서는 생략했다.

번역 분석

1 외국인을 위한 재판상 이혼절차 안내

Judicial divorce guidelines for foreign citizens (OK)

Judicial divorce proceedings guidelines for foreign citizens (OK)

Divorce proceedings guidelines for foreign citizens (INC)

A guide for judicial divorce for foreign citizens (WW)

Guidelines about judicial divorce for foreign citizens (AWK)

제목은 텍스트의 첫인상을 좌우하기 때문에 정확하게 번역해야 한다. 세 번째 번역 예문은 재판상 이혼이라는 점을 밝히지 않아 정확성이 부족하고, 네 번째 번역 예문은 'guide'라는 어휘 선택에 문제가 있다. 'guide'는 무엇을 하기 위한 지시, 즉 'how to do something'의 성격이 강한데 이 텍스트는 이혼절차에 대한 정보를 제공하는 것이 목적이므로 'guideline'이 더 적합한 표현이다. 다섯 번째 번역 예문을 보면 'guideline' 뒤에 전치사 'about'을 썼는데 이는 비격식성 텍스트에 적합한 표현으로 격식성 있는 텍스트에는 'relating to'를 사용하는 것이 좋다.

2 부부가 서로 이혼 및 미성년 자녀의 양육에 관한 사항에 합의한 경우에는 협의상 이혼절차에 의하여 이혼할 수 있습니다.

Spouses may divorce by mutual agreement in cases where they agree on the terms of the divorce and the custody of minor children. (OK)

Spouses can divorce by mutual agreement in cases where they agree on the terms of the divorce and the custody of minor children. (AWK)

You may divorce by mutual agreement in cases where you and your partner agree on the terms of the divorce and the custody of minor children. (IN)

'할 수 있다'는 원문의 표현 때문에 조동사 'can'을 사용하기 쉬운데 'can'은 비격식적인 표현으로 좀 더 단순한 가능성을 나타낼 때 사용한다. 이에 비해 조동사 'may'는 보다 격식성을 갖춘 허가를 표현할 때 사용한다. 판사가 이혼사건 판결을 하는 경우에는 'may'가 적합하다. 일반인을 가리킬 때 주어로 'you'를 사용할 수 있지만 원문에서도 2인칭 주어를 사용하지 않았고 텍스트 특성상 'you'를 사용하는 것이 부적절하다.

3 … 법원에 이혼 소송을 제기하거나 조정을 신청하여야 합니다.

... must file for judicial divorce or seek mediation. (OK)

... should file for judicial divorce or seek mediation. (IN)

'해야 한다'는 의미로는 보통 조동사 'must'와 'should'를 사용한다. 앞에서 'should', 'have to', 'must'를 비교할 때 적합한 조치를 권하는 기본적인 기능이 있다는 점을 설명한 바 있다. 이 경우에는 재판상 이혼을 하는 부부이기 때문에 'should'보다는 선택의 여지가 없다는 의미를 내포한 'must'가 더 낫다.

4 … 또는 혼인관계 파탄에 책임 있는 상대방에게 위자료를 청구하고자 할 때에는 …

… or if one spouse wishes to seek spousal support from the other party as the party responsible for the breakdown of the marriage. (OK)

… or if one spouse wishes to seek alimony from the other party who is responsible for the breakdown of the marriage. (IN)

… or if one spouse wishes to seek spousal support from the other party who is allegedly responsible for the breakdown of the marriage. (IN)

'who is responsible for …'와 같은 표현은 명백하고 객관적인 문제에 대한 책임을 묻는 경우에 쓸 수 있다. 혼인관계 파탄에 대해 객관적으로 책임이 있다고 단정할 수 없는 부분이 있기 때문에 번역 표현에 유의해야 한다. 위의 첫 번째 번역문에서는 '… the other party as the party responsible for the breakdown of the marriage'로 'as'를 사용함으로써 상대 배우자가 책임이 있다고 '믿는 것'임을 표현했다. 반면 'the other party who is responsible for the breakdown of the marriage'로 표현한 두 번째 번역문은 혼인관계 파탄에 대해 객관적인 책임으로 단정해버려서 문제가 있다고 할 수 있다. 법률 텍스트는 단정적이고 편견이 들어간 표현을 기피하는 경향이 있다. 예를 들어 'is guilty'가 아닌 'found to be guilty'라고 한다든지 'alleged to be', 'deemed to be'와 같은 표현을 사용하는 것이 그 예이다. 세 번째 번역문에서는 책임의 소재가 객관적이지 않다는 점을 살리기 위해 'allegedly'라는 부사를 사용했는데 상당히 유용한 표현이기는 하나 혼인관계 파탄의 책임이 있다고 누가 주장하는allege 것인지 분명히 할 필요가 있어서 적절한 번역이라고 할 수 없다.

5 부부 사이에 미성년 자녀가 있는 경우에는 추가로 자녀에 대한 '친권자 및 양육자의 지정', '양육비의 부담' 및 '면접교섭'에 관한 사항을 정하게 됩니다.

If there are minor children involved, additional provisions for guardianship, fostering, financial support, and visiting rights will be determined. (OK)

If there are minor children involved, additional provisions in the categories mentioned above will be determined. (AWK)

이미 앞에서 대체나 생략을 응결성 장치의 하나로 설명한 바 있다. 그런데 법률 텍스트는 특성상 가독성과 정보의 흐름보다 정확성이 보다 중요하기 때문에 같은 어휘 및 표현을 반복해서 사용하는 편이다. 인용 부호가 원문에 있다고 해서 번역문에서도 반드시 동일하게 넣어줄 필요는 없다는 것은 앞에서 이미 설명했으므로 여기에서는 상세한 설명은 생략한다.

6 배우자에 부정한 행위가 있었을 때

One spouse has committed infidelity. (OK)

One spouse has committed an act of unchastity. (AWK)

여기서 배우자는 일방, 즉 한쪽을 의미하기 때문에 'one spouse'로 번역했다. 다른 일방은 'the other'로 번역하면 된다. 두 번째 번역문의 'act of unchastity'는 법제연구원 웹사이트에 제시되어 있는 민법 제840조의 번역에 사용된 표현이지만 구식 표현으로 이 번역문을 읽는 영어권 독자들은 번역사의 어휘 감각이 떨어진다고 생각할 것이기 때문에 수정이 필요하다. 'chaste'나 'unchaste'는 여성의 정조, 정숙과 관련지어 많이 사용되었다. 영미권 국가들의 이혼 관련 사이트를 찾아 'grounds for divorce'를 검색해보면 '부정한 행위'에 대한 적절한 영어 표현을 찾을 수 있을 것이다.

7 배우자 또는 그 직계존속으로부터 심히 부당한 대우를 받았을 때

One spouse has been seriously maltreated by the other or by his/her lineal ascendants. (OK)

One spouse has been seriously maltreated by the other or by his/her family members. (IN)

직계존속은 부모, 조부모 등의 친족을 가리키는데 이러한 직계존속의 범위를 알면 두 번째 번역 예문과 같은 오역을 피할 수 있다. 가족은 존속이 아닌 형제자매를 포함하기 때문에 'family members'라고 하면 정확하지 않은 번역이다.

8 배우자의 생사가 3년 이상 분명하지 아니한 때

One spouse's existence or whereabouts cannot be determined after a three year period. (OK)

One spouse's life or death cannot be determined after a three year period. (WW/LIT)

두 번째 번역 예문은 '생사'를 'life or death'로 직역한 것인데 'life or death'는 행방불명이 된 사람의 생사를 논할 때 사용하는 표현이 아니다. 이런 경우 'existence'나 'whereabout'가 적절하다. 장기간 행방불명 시 사망으로 간주하는 'death in absentia'와 같은 영어 표현을 익혀둘 필요가 있다.

번역 과제 1 공소장

법원으로부터 외국인 피고인에게 보낼 공소장을 번역해달라는 요청을 받았다고 가정하고 번역해보기 바란다. 아래 원문은 공소장의 일부분에 해당하며 실제 공소장에는 성명, 죄명, 적용 법조 등의 내용이 포함된다.

공소장

피고인은 나이지리아 국적을 가진 외국인으로 본인 소유의 29라 2848호 아반테 승용차량의 운전업무에 종사하는 사람이다.

2012. 1. 21. 02:10경 피고인은 혈중알콜농도 0.198%의 술에 취해 정상적인 운전이 불가능한 상태에서 위 아반테 승용차를 운전하여 서울 마포구 성산동 21 성산대교 4차로 중 4차로를 따라 성산대교 북단 방면에서 성산대교 남단 방면으로 진행하던 중 전후좌우 주시의무를 태만히 한 채 4차로에서 3차로를 거쳐 2차로로 차선을 변경한 과실로, 2차로 상에서 진행 중이던 피해자 김범수(남, 40세) 운전의 88바 1999호 카니발 승용차의 앞 범퍼 부분을 피고인 운전의 아반테 승용차의 뒷 범퍼 부분으로 들이받아 그 충격으로 위 카니발 승용차가 중앙분리대에 설치된 가로등과 충돌하여 피해자가 카니발 승용차 밖으로 튕겨 나가면서 반대편 1차로로 떨어지게 하였다.

이 사고로 피해자에게 약 8주간의 치료를 요하는 두상골 골절과 뇌진탕 등의 상해를 입게 함과 동시에 위 카니발 승용차 및 가로등을 수리비 약 3,110만 원이 들도록 손괴하고도 곧 정차하여 피해자를 구호하는 등의 조치를 취하지 아니하고 그대로 도주하였다.

번역 준비

누가 쓴 글인가(Who)? 검찰에서 작성한 공소장이다.

무엇에 관한 글인가(What)? 피고인의 범죄 사실에 관해 기술한 문서이다.

누구를 위한 글인가(For whom)? 원문은 검찰이 법원에 제출하는 공문서이고 번역문은 외국인 피고인이 받게 될 것이다.

글을 쓴 목적은 무엇인가(Why)? 범죄 사실에 대해 기술함으로써 공소의 법적 근거를 제시한 것이다.

어디에/어떤 매체에 글이 실리는가(Where)? 피고인 개인에게 문서 형태로 송달된다.

어떻게 메시지를 전달하는가(How)? 공소장이나 판결문에서 볼 수 있는 전형적인 법률 문서 스타일의 텍스트이다. 공소장 두 번째 문단은 전체가 한 문장이다. 이와 같이 법률 텍스트에서는 장문長文을 쉽게 찾아볼 수 있다.

공소 내용이 범죄 사실을 기반으로 하기 때문에 내러티브를 구성하게 되는데 이때 시각화도 유용한 전략이다. 그렇지만 미디어 텍스트와 달리 법률 텍스트는 가독성이 중요한 고려 대상은 아니다. 공소장 번역문은 공소 제기 대상이 된 형사 피고인을 대상으로 하는데, 이들이 자신에 대한 죄명과 공소 사실을 바로 알고 방어권을 행사할 수 있도록 정확하게 번역해야 한다.

주의할 어휘와 표현

- **공소장** 보통 bill of Indictment라고 번역하는데 이러한 법률 용어의 번역이 간단한 문제가 아님을 잘 보여주는 예이기도 하다. 한국의 경우 기소독점주의에 따라 검사만 공소권을 행사하는데 피고인이 유죄를 인정해도 재판을 받게 된다. 반면 영미 법계에서는 유죄 답변을 한 피고인은 양형에 관한 재판만 받으면 된다. 중범죄의 경우 대배심 재판에서 기소되며 이를 indictment라고 하기 때문에

사실상 모든 한국의 형사 사건의 공소장을 bill of indictment를 사용해서 번역하는 것은 법제도상의 차이를 고려할 때 정확하지는 않다. 그러나 한 단어를 번역하면서 많은 설명을 할 수 없기 때문에 편의상 bill of Indictment로 번역하는 편이다.

- 2012. 1. 21. 한국의 고소장이나 법률 문서에서 흔히 보는 일자 표기 방식이지만 영어 일자 방식에 맞는 방법을 따라야 한다.
- 운전업무에 종사하는 사람 일상적인 표현이 아님을 쉽게 알 수 있다. 사실 직업이 운전기사가 아니기 때문에 차량 운전자라는 뜻으로 해석 가능하다.
- 혈중알콜농도 0.918% a blood alcohol reading of 0.198으로 번역할 수 있다. The legal blood alcohol concentration (BAC), Prescribed concentration of alcohol (PCA) 모두 같은 뜻이다.
- 성산대교 4차로 중 4차로를 따라 성산대교 북단 방면에서 성산대교 남단 방면으로 진행 일반적인 글과 법률 텍스트의 특징 차이를 잘 보여주는 부분 중 하나이다. 법률 문서는 사실에 대한 정확한 묘사와 기술을 요한다. in a southerly direction in the outer (fourth) lane of the four-lane Seongsan Grand Bridge로 번역할 수 있는데 4차로가 맨 가장자리 차선이라는 것을 명확히 하기 위해 outer를 써주었다.
- 전후좌우 주시의무를 태만히 '전후좌우 주시'라는 한자어 여섯 자에 해당하는 간단한 영어 대응어는 없다. 전후좌우를 문자 그대로 번역하지 않아도 운전자의 주시의무에는 전후좌우 주시가 포함된다. 따라서 운전과 관련해서 주의를 살핀다는 의미로 aware of his surroundings 또는 check his surroundings를 쓸 수 있다. 한편 이를 게을리 했을 때 inadequate surveillance를 쓸 수 있다.
- 중앙분리대 median divider, median, parkway, median strip 등의 표현을 쓸 수 있다.
- 두상골 의학 용어로는 pisiform bone이고 손목뼈를 가리킨다. 법률 번역에서 언어사용역을 보존하는 것이 중요하기는 하지만 이 텍스트의 번역 목적이 피고인에게 죄명과 범죄 사실에 대한 정확한 정보를 전달하는 것이므로 wrist/wristbone이라고 밝혀주는 것이 이해를 돕는다.

참고 번역문

Bill of indictment

The accused, a Nigerian national, was driving a Hyundai Avante, license plate number 29라 2848, of which he was the owner.

At around 02:10 on 21 January 2012, the accused, who had a blood alcohol reading of 0.198, and was in no fit condition to drive, was driving the aforementioned Avante in a southerly direction in the outer (fourth) lane of the four-lane Seongsan Grand Bridge in Seongsan-dong-21, Mapo-gu, Seoul. In changing from Lane 4 across to Lane 2, the accused failed to check his surroundings, and his rear bumper hit the front bumper of a Carnival minivan, license plate number 88바 1999, driven by Mr. Kim Beom-su (male, 40), which was in Lane 2. As a result of the impact, the aforementioned Carnival struck a street light on the median divider, and the driver was thrown clear of the vehicle, landing in Lane 1 on the opposite side of the road.

As a result of this accident, the accused caused the victim injuries including a fracture of the wrist (pisiform bone) and a concussion,[1] which required eight weeks' treatment, while causing damage to the Carnival and the street light amounting to approximately 31.1 million won. Moreover, instead of immediately stopping to render assistance to the victim,[2] the accused simply left the scene of the accident.

1 'a cold'나 'a stroke'과 같이 영어 병명이나 증상 앞에 부정관사를 항상 쓰는 경우가 있는가 하면 'concussion'이나 'cancer'는 선택 사항이라고 볼 수 있다. '-tis', '-osis', '-rhea' 접미사를 사용하는 병명 앞에는 부정관사를 쓰지 않는다.

2 'rescue the victim'이라고는 쓸 수 없다. 동사 'rescue'는 'He was rescued from a burning car.'와 같이 생명이 위태로운 긴박한 상황에서 구출하는 경우에 사용하는 표현이므로 이 문맥에는 어울리지 않는다.

번역 분석

1 피고인은 나이지리아 국적을 가진 외국인으로 본인 소유의 29라 2848호 아반테 승용차량의 운전업무에 종사하는 사람이다.

The accused, a Nigerian national, was driving a Hyundai Avante, license plate number 29라 2848, of which he was the owner. (OK)

The accused, who is a Nigerian national, is the person who drove his own Avante passenger car (29라 2848호). (AWK/LIT)

The accused, who is a foreigner who holds Nigerian nationality with license number 29라 2848 ... (AWK/LIT)

사실 원문의 '－에 종사하는 사람이다'는 표현은 일상적인 표현과 거리가 있다. 피고인이 운전기사도 아니고 자신의 승용차를 운전한 사람이기 때문에 다소 생경한 원문 표현을 어떻게 자연스러운 영어로 옮길 것인가 고민해야 한다. 두 번째 번역 예문처럼 'is the person who ...'와 같이 번역하면 운전자의 신분 확인에 관해 논란이 있는 듯한 느낌을 주기 때문에 공소장에서 사용하기에는 정확하지 않은 표현이라 할 수 있다. 마찬가지로 'drove his own Avante' 라고 표현하면 다른 사람 소유의 아반테도 사건과 관련되어 있는 것 같은 인상을 준다. 영어 법률 텍스트에서는 동사 'drive' 대신 'operate a vehicle'과 같이 동사 'operate'를 쓰기도 한다. 두 번째 번역 예문과 같이 번호만 쓰면 무슨 번호인지 글을 읽는 이가 잘 모를 수 있기 때문에 첫 번째 예문과 같이 'license plate number'를 같이 써야 한다. 또한 두 번째 번역문은 직역을 하면서 관계대명사 'who'를 중복 사용한 것이 매우 어색하다. 세 번째 예문은 시제에 문제가 있다. 피고인이 운전하던 중에 일어난 사건이기 때문에 과거진행 시제가 적합하다. 그리고 'Nigerian nationality'를 가진 사람이 'foreigner'라는 것은 자명한 사실이기 때문에 영어로는 중복된 정보를 밝힐 필요가 없다.

2 … 피고인은 혈중알콜농도 0.198%의 술에 취해 정상적인 운전이 불가능한 상태에서 위 아반테 승용차를 운전하여 …

… the accused, who had a blood alcohol reading of 0.198, and was in no fit condition to drive, was driving the aforementioned Avante … (OK)

… the accused, who had a blood alcohol reading of 0.198, and was in a condition in which he was unable to do normal driving, was driving the aforementioned Avante … (AWK/LIT)

두 번째 번역문은 간단히 표현할 수 있는 것을 장황하게 여러 단어를 사용해 번역함으로써 지나친 직역투의 문장이 되었다.

3 … 성산대교 4차로 중 4차로를 따라 성산대교 북단 방면에서 성산대교 남단 방면으로 진행하던 중 …

… was driving the aforementioned Avante in a southerly direction in the outer (fourth) lane of the four-lane Seongsan Grand Bridge … (OK)

… was driving the aforementioned Avante from the northern end to the southern end of the Seongsan Grand Bridge in the fourth of four lanes … (AWK)

두 번째 번역문 역시 한글 원문의 형식을 그대로 따라감으로써 부자연스러운 영어 표현이 되었다. 첫 번째 번역문에서 'lane' 앞에 전치사 'on'이 아닌 'in'을 사용한 것을 주목할 필요가 있다.

4 … 피해자 김범수(남, 40세) 운전의 88바 1999호 카니발 승용차 …

… a Carnival minivan, license plate number 88바 1999, driven by Mr Kim

Beom-su (male, 40) ... (OK)

... the Carnival, license plate number 88바 1999, driven by forty year-old Mr Kim Beom-su ... (AWK)

텍스트 장르가 언론 보도문이라면 두 번째 번역문에서와 같이 'forty year-old Mr. Kim Beom-su'로 쓰는 것이 가능하겠지만 공소장과 같은 텍스트 유형에는 격식성이 부족한 표현이라 적절하지 않다.

5 그 충격으로 위 카니발 승용차가 중앙분리대에 설치된 가로등과 충돌하여 …

As a result of the impact, the aforementioned Carnival struck a street light on the median divider, ... (OK)

As a result of the impact, the aforementioned Carnival struck a street light which was installed on the median divider, ... (AWK)

두 번째 번역문은 한글 원문에 필요한 텍스트적 요소를 그대로 번역하면서 어색한 표현이 되었다. 원문에서는 중앙분리대 가로등보다는 중앙분리대에 설치된 가로등이 좀 더 정확한 의미 전달이 되기 때문에 '설치된'을 썼지만 영어는 이런 내용은 생략하는 편이라 'which was installed ...'는 불필요한 관계절이다.

6 … 피해자가 카니발 승용차 밖으로 튕겨 나가면서 반대편 1차로로 떨어지게 하였다.

... the driver was thrown clear of the vehicle, landing in Lane 1 on the opposite side of the road. (OK)

... the driver flew out of the vehicle, and fell in Lane 1 on the opposite side of the road. (WW)

범죄 사실에 대해 묘사·기술한 글을 번역하기가 생각보다 까다롭다. 정확하면서도 자연스러운 표현을 찾기가 쉽지 않기 때문이다. 두 번째 번역문에서와 같이 '튕겨 나가다'는 표현에 대해 'fly out of'을 쓰게 되면 운전자가 마치 새처럼 날아 나갔다는 의미가 되어 이상하다. 'clear of'나 'thrown out of'는 사용 가능한 표현이다. 또한 두 번째 번역문에서는 바닥에 떨어지다는 의미로 'fall'을 썼는데, 이 동사는 수직낙하의 개념에 가까워 여기에서는 방향과 상관 없는 동사 'land'가 적절한 선택이다. 이와 같이 어휘에 따라 의미가 달라지기 때문에 적절한 어휘를 선택하는 것이 결코 쉬운 일이 아니다.

7 … 두상골 골절과 뇌진탕 등의 상해 …

… injuries including a fracture of the wrist (pisiform bone) and a concussion … (OK)

… injuries such as a fracture of the wrist and a concussion … (IN)

… injuries such as a fracture of the wrist and a concussion etc … (IN/AB)

'등'의 등가적 표현이 'et cetera'라고 생각하는 번역 학습자들이 많이 있는데 맥락에 따라 '등'을 어떻게 번역할지 결정해야 한다. 의존명사 '등'은 그 밖에도 같은 종류의 것이 더 있음을 나타내는 말이다. 예를 들면, '선관위는 김 씨 등을 선거법 위반으로 고발했다'는 문장에서 '등'은 문맥상 김 씨 외에 다른 사람도 고발했다는 의미를 가진다. 또한 '등'은 열거한 대상을 한정할 때도 사용한다. '미국, 중국, 일본, 러시아 등 4개국이 6자회담 재개를 적극적으로 지지한다.'는 문장에서 '등'은 또 다른 나라가 있는 것이라기보다는 4개국, 즉 복수임을 나타낸다. (사실을 정확하게 기재하는 공소장의 특성을 고려할 때) 원문에서 사용된 '등'의 의미도 골절과 뇌진탕과 같은 복수의 상해를 가리킨다고 볼 수 있다.

앞에서 명사 뒤에 이어 'such as'가 사용될 때에는 명사를 더 명확하게 밝혀줄 경우이지만 모든 예를 열거했을 때는 'such as'를 쓰지 않는다고 설명한 바 있다. 그러므로 두 번째 번역 예문은 틀린 표현이다. etc.는 앞에 콤마가 있어야 하며 and 없이 열거하고 맨 뒤의 예 앞에 붙인다. 'such as'와 'etc.'를 같이 사용하지 않는다. 따라서 위 세 번째 번역문도 맞지 않은 표현이다. 아래 예문들을 통해 'such as'의 용례를 살펴보자.

Religious books such as The Bible and The Koran ... (OK)

Large ships such as the Queen Mary ... (OK)

Korea has eight provinces: Gyeonggi-do, Gangwon-do ... (OK)

In a democracy the three branches of government, namely, the executive, legislative and judicial, are largely independent of each other. (OK)

Korea has eight provinces such as Gyeonggi-do ... (X)

In a democracy the three branches of government, such as the executive, legislative and judicial, are largely independent of each other. (X)

8 곧 정차하여 피해자를 구호하는 등의 조치를 취하지 아니하고 그대로 도주하였다.

Moreover, instead of immediately stopping to render assistance to the victim, the accused simply left the scene of the accident. (OK)

Moreover, instead of immediately stopping to take measures such as rendering assistance to the victim, the accused simply left the scene of the accident. (AWK)

두 번째 번역문 역시 원문 '구호하는 등의 조치'에서 '등'을 'such as'를 사용해 무리한 직역을 시도한 예라고 할 수 있다. 또한 불필요하게 많은 단어를 사용한 것도 부자연스럽다.

번역 과제 2 음원사용 계약서

음원 관계사로부터 아래 계약서의 번역을 의뢰받았다고 가정하고 번역해보라.

음원사용 계약서

홍길동뮤직과 Michael L. Brown은 음원의 사용과 관련하여 다음과 같이 계약을 체결한다.

제1조 [계약의 당사자]

① 음원의 권리자 홍길동을 '갑'이라 하고 음원의 사용자 Michael L. Brown을 '을'이라 한다.

② 당사자가 수인인 경우, 그 개개인을 이 계약의 당사자로 한다.

제2조 [목적]

이 계약은 갑의 음원을 을이 사용함에 있어 갑, 을 관련된 사항을 정하는 것을 목적으로 하며, 각 조, 항과 같이 음원사용 계약서를 체결함에 있어 상호 신의성실로서 이를 이행하기로 한다.

제3조 [이용허락 음원의 내용]

① 아티스트: 나가수

② 트랙: 이별

③ 앨범 타이틀: 가을여행

제4조 [이용허락 지역]

① 갑의 을에 대한 이용허락 지역은 대한민국에 한하며 비독점적으로 주어

진다.

② 대한민국 외에서 제1조의 음원을 출시할 경우에는 갑의 승인을 별도로 요한다.

제5조 [로열티]

① 을은 갑에게 제1조의 음원 사용에 대하여 선급금으로 삼백만 원(₩3,000,000)을 지급하기로 한다. 단, 선급금은 제2항의 로열티 지급 시 우선 공제하기로 한다.

② 로열티는 MC, CD 공히 반품을 제외한 순 판매량에 대해 공히 1/총 수록곡×PPD×%로 한다.

③ 을은 로열티를 매분기 말(3월, 6월, 9월, 12월) 마감 후 ○일 이내에 현금으로 지급한다.

④ PPD 가격은 MC원 CD원으로 한다.

⑤ 갑에게 로열티 지불 후 추가로 반품되는 양에 대해서는 을이 로열티 반환을 청구할 수 있으며, 갑은 이의가 없는 한 청구서를 발급한 날로부터 ○일 이내에 반환하여야 한다.

제6조 [저작인접권 분쟁해결주체]

제3조의 곡에 대하여 저작인접권 분쟁이 생기면 갑이 전적으로 책임을 지며 이를 해결하는 주체가 된다.

제7조 [을의 의무]

① 을은 갑의 허락 없이 제1조 곡의 EDIT, REMIX 등 어떠한 형태로든 원곡의 녹음을 변형할 수 없다. 여기서의 허락은 서면에 의하여야 한다.

② 을은 갑이 제공한 제2조의 음원을 사용함에 있어 원 녹음의 수준을 보장해야 한다.

③ 을은 제1조의 음원에 대하여 제3자에 대해 어떠한 이유 및 형태로든지 재이용을 허락할 수 없다.

제8조 [계약의 효력기간]

① 본 계약은 계약이 이루어진 날부터 ○년 간으로 한다.

② 본 계약의 만료는 계약 만료 1개월 전에 서면으로 통보하여야 하며, 별도의 통보가 없으면 1년간 자동 연장 된다.

제9조 [계약의 해제 또는 해지]

갑 또는 을이 정당한 이유 없이 이 계약을 위반하는 경우에는 상대방은 이 계약을 해제 또는 해지할 수 있다.

제10조 [손해배상책임]

갑과 을은 계약기간 중 일방 당사자가 계약을 위반하여 타방 당사자에게 손해가 발생 시 이에 대한 손해를 배상할 책임을 진다.

제11조 [서면주의]

이 계약과 관련한 모든 통지와 청구 및 쌍방의 권리와 의무에 관한 확인 및 변경은 문서로 한다.

제12조 [재판관할]

본 계약에 의하여 분쟁이 발생 시, 서울지방법원을 제1심 전속 관할법원으로 한다.

제13조 [기타]

① 본 계약에 정함이 없는 사항은 저작권법과 민법에 정한 바에 따른다.

② 본 계약의 각 조항 해석에 의문이 발생한 사항에 대해 갑과 을은 성의를 갖고 협의하며 해결하기로 한다.

③ 본 계약서는 갑, 을이 계약서에 서명 날인함으로써 유효하고 이를 증명하기 위해 계약서 2통을 작성하고 각각 서명 날인하고 간인하여 1통씩 보관한다.

아르코지원컨설팅센터 제공

번역 준비

누가 쓴 글인가(Who)? 음원 계약 당사자가 작성했다.

무엇에 관한 글인가(What)? 음원 사용에 관한 계약 내용이 명시된 계약서이다. 계약서는 개인 또는 계약 당사자 간의 법률이다.

누구를 위한 글인가(For whom)? 영어 번역문은 영어를 사용하는 외국인 계약 당사자를 위한 글이다.

글을 쓴 목적은 무엇인가(Why)? 계약 주체와 계약 사항을 명시하기 위한 것이다.

어디에/어떤 매체에 글이 실리는가(Where)? 계약서라는 서면 형태로 사용된다.

어떻게 메시지를 전달하는가(How)? 일반적인 계약서 양식을 따르고 있으며 계약서에서 흔히 사용되는 전형적인 문구가 포함되었다.

주의할 어휘와 표현

- **음원**音源 audio content로 번역할 수 있다. 네이버 사전에 의하면 음반에 실은 노래나 연주의 출처를 뜻한다. 그렇지만 직역은 금물이다. 음원사용 계약서는 audio content license/licensing agreement로 번역하면 된다.
- **저작인접권** 저작권과 유사한 권리로서 실연자, 음반 제작자, 방송 제작자들의 권리를 인정해주는 것이다. related rights, neighboring rights라는 용어가 있다.
- **만료** expiration, termination 등으로 표현할 수 있다. expiration은 자동적으로 효력을 상실하는 경우에 쓰고 의도성이 있는 경우에는 termination을 쓴다.
- **해제 또는 해지** 계약 해제는 해지권을 가진 일방에 의한 계약의 효력을 소멸하는 것이고 소급적 효력이 있다. 당사자 일방의 의사 표시에 의한다는 점과 그 발생 원인에 있어서 해지는 해제와 유사하지만 특정 시점부터 무효로 한다는 점, 즉 소급효가 없다는 점에서 해제와 구별된다. 계약의 해지는 termination으로, 해제는 termination, cancellation, rescission 등으로 번역할 수 있다.
- **서면주의** '민주주의'처럼 대응어가 없기 때문에 풀어서 표현해야 한다.

- 재판관할 jurisdiction으로 번역한다.
- 1심 전속 관할법원 계약 당사자 간의 소송 문제를 다룰 해당 관할 1심 법원을 말하는 것으로 court of first instance로 번역할 수 있다.
- 기타 기타를 et cetera로 자동적으로 번역하기 전에 계약 문서라는 텍스트 특징과 장르를 한 번 더 생각해보아야 한다.
- 서명 날인 signature and seal로 번역한다. 기명 날인과의 차이는 print name이냐 signature이냐이다.
- 간인 서류 편철 시 앞뒤 서류가 이어져 있음을 표시하기 위해 종잇장 사이에 걸쳐서 도장을 찍는 것을 말한다. a seal across conjoining pages라고 대응 표현은 성립하지만 여기에서는 each with signatures and seals affixed라고 하면 의미가 통한다.

* 영문 계약서 양식은 인터넷 검색으로 손쉽게 찾을 수 있다. 계약서의 양식을 참고하는 데 다음의 웹사이트도 유용하다. http://contracts.onecle.com

참고 번역문

Audio content licensing agreement

With respect to the use of audio content, Hong Gil Dong Music and Michael L. Brown hereby agree as follows.

Article 1: Parties to the contract

1. The owner of the rights to the audio content, Hong Gil Dong Music, is hereinafter referred to as Party A, and the user of the audio content, Michael L Brown, is hereinafter referred to as Party B.
2. Should one party comprise a number of people, each individual is regarded as a party to this contract.

Article 2: Object of the Agreement

The object of this agreement is to determine the particulars with regard to the use by Party B of audio content whose rights are owned by Party A. By the conclusion of this audio content licensing agreement, both parties undertake to carry out the terms of this contract in good faith.

Article 3: The scope of the audio content for which permission is granted

Artist: Na Ga-soo

Track(s): Farewell (Ibyeol)

Album title: Autumn trip (Gaeul yeohaeng)

Article 4: Territory covered by the agreement

1. Party A grants a non-exclusive license to use this audio content in the territory of the Republic of Korea.
2. Should the audio content referred to in Article 1 be used outside the Republic of Korea, separate permission from Party A will be required.

Article 5: Royalties

1. With respect to the use of the audio content referred to in Article 1, Party B undertakes to pay an advance royalty of three million won (KRW 3,000,000). The parties agree that the royalty payments listed in Paragraph 2 will be deducted against the advance royalty payment.[1]
2. The royalties will be calculated on the basis of the gross sales figure minus returned MCs and CDs according to the formula of recorded song x PPD (Published Price to Dealer)[2] x ____ percentage.
3. Party B will make royalty payments in cash within a period of ___

days following the end of each quarter, namely March, June, September and December.

4. The PPD price is set at KRW ___ per MC and KRW ___ per CD.
5. With respect to further returned items after royal payments have been made, Party B may request a royalty payment refund, and unless Party A has grounds for objection, Party A must make the repayment within ___ days of the written refund request being made.

Article 6: Settlement of neighboring rights disputes

With respect to the songs referred to in Article 3, should disputes relating to neighboring rights arise, Party A will take full responsibility in the matter of seeking a resolution to such disputes.

Article 7: Obligations of Party B

1. Party B may not alter the audio content referred to in Article 1 without the consent of Party A, either by editing, remixing or any other means. Such consent must be given in writing.
2. In the utilization of the audio content referred to in Article 2, Party B must guarantee audio quality to the level of the original recording.
3. Party B may not grant permission for the re-use of the audio content described in Article 1 to a third party for any reason and in any form.

Article 8: Duration of the contract

1. This contract will remain in force for ___ years from the effective date.
2. Termination of this contract requires advance notice of one month in writing, and in the absence of advice to the contrary, the contract will be automatically extended at yearly intervals.

Article 9: Termination or cancellation

Should either party be in breach of this contract without cause, the other party may terminate or cancel this contract.

Article 10: Compensation

Should either party cause loss to the other party by being in breach of this contract, they will be responsible for compensating the other party for the loss incurred.

Article 11: Written notification

All notifications, requests, and affirmations or changes relating to the rights and duties of either party with respect to this contract shall be made in writing

Article 12: Legal jurisdiction

Should disputes arise with respect to this contract, the Seoul Central District Court is the court of first instance.

Article 13: Other matters

1. Any matters not determined in this contract will be dealt with in accordance with the Copyright Act and the Civil Act.
2. Where queries exist regarding the interpretation of individual sections of this contract, the two parties agree to resolve them by negotiation in good faith.
3. This contract comes into force with the affixing of the signatures and seals of the two parties to this contract, and in order to attest to this, two copies of the contract will exist, each with signatures and seals affixed, one copy each to be held by each party.

1 선급금은 보통 'advance payment'를 가리키는데 5조는 로열티에 관한 조항이다. 따라서 'advance royalty payment'로 'royalty'를 살려서 번역하는 것이 좋다. 또는 'pay an advance royalty'라고 번역할 수도 있다.

2 'PPD'라는 약어는 음반 업계 용어인데 유통 용어인 'PPD(plus packing and delivery)'와 혼동되는 것을 피하기 위해 'Published Price to Dealer'를 괄호 안에 병기해야 한다.

번역 분석

1 음원사용 계약서

Audio content licensing agreement (OK)

Contract for the use of sound sources (AWK/LIT)

두 번째 번역문은 지나친 직역이다. 법률 텍스트는 전문가의 장르이기 때문에 충분한 경험을 쌓기까지 번역 과정에서 자신이 선택한 언어를 꼼꼼히 따져보는 습관을 들여야 한다. 격식성이 있는 계약서 제목의 경우 전치사를 사용해서 일반명사를 연결하는 것보다는 첫 번째 번역문과 같이 명사군을 사용하는 것이 일반적이다.

2 홍길동뮤직과 Michael L. Brown은 음원의 사용과 관련하여 다음과 같이 계약을 체결한다.

With respect to the use of audio content, Hong Gil Dong Music and Michael L. Brown hereby agree as follows. (OK)

Honggildong Music and Michael L. Brown hereby agree as follows with respect to the use of audio content. (WO)

Honggildong Music and Michael L. Brown with respect to the use of audio content hereby agree as follows. (WO)

자연스러운 논리의 흐름이 중요하다. 맥락 정보를 주절 앞에 위치시키는 것이 논리의 흐름과도 맞다.

3 제1조 [계약의 당사자]

Article 1: Parties to the contract (OK)

Article 1: PARTIES TO THE CONTRACT (OK)

Article 1: [Parties to the Contract] (AWK)

앞서 한국어와 영어 텍스트에서 부호 사용의 차이에 대해 설명한 바 있다. 한글 원문에서 사용한 대괄호를 따라 쓰는 것은 영어에서는 원문에 없는 삽입이라는 의미가 있으므로 부적절하다. 아래 예문을 참고해서 보자.

I was born in Melbourne but grew up in Sydney [Nova Scotia].

The policeman spoke to the suspect but he [the suspect] still didn't understand.

첫 번째 예문에서는 호주의 시드니가 아님을 구별해주기 위해 캐나다 지명을 괄호 안에 넣어준 것이고, 두 번째 예문에서는 인칭대명사 'he'가 경찰관이 아님을 명확히 해주기 위해 'the suspect'를 괄호 안에 넣어 제시한 것이다.

4 당사자가 수인인 경우, 그 개개인을 이 계약의 당사자로 한다.

Should one party comprise a number of people, each individual is regarded as a party to this contract. (OK)

Should one party comprise a number of people, each individual will be a party to this contract. (IN/VF)

Should one party comprise a number of people, each individual is regarded as a rightful party to this contract. (IN/WW)

계약서는 계약 당사자가 합의하는 내용을 명기할 뿐이다. 계약서로 인해 당사자가 되는 것은 아니기 때문에 두 번째 번역문은 논리적으로 문제가 있다. 이 조항은 권리에 관한 것이 아니기 때문에 세 번째 번역문과 같이 'rightful'을 쓸 이유가 없다.

5 각 조, 항과 같이 음원사용 계약서를 체결함에 있어 상호 신의성실로서 이를 이행하기로 한다.

By the conclusion of this audio content licensing agreement, both parties undertake to carry out the terms of this contract in good faith. (OK)

By the conclusion of this audio content licensing agreement, both parties undertake to carry out the terms of this contract sincerely. (WW/AWK)

'상호 신의성실'이라는 한국적인 표현 자체를 'sincerely'를 사용해 번역할 수는 있지만 문화적 차이를 고려해야 한다. 서구에서 'sincerity'는 개인적인 차원이고 주관적인 개념에 가깝기 때문에 공문서에서 사용하지 않는다. 반면, 유교 문화권에서는 '신의성실'이라는 말을 많이 사용하는 편이다. 번역자로서 정확하게 번역해야 할 윤리적 의무가 있는 것은 맞지만 목표 언어의 문화적 맥락에 민감해야 한다는 점을 감안하여 부자연스러운 표현이 되지 않도록 주의해서 번역해야 한다.

6 갑의 을에 대한 이용허락 지역은 대한민국에 한하며 비독점적으로 주어진다.

Party A grants a non-exclusive license to use this audio content in the territory of the Republic of Korea. (OK)

Party A grants a license to use this audio content not exclusively in the territory of the Republic of Korea. (WF)

한국어와 영어와 같이 매우 다른 문법 구조를 가진 언어 간의 번역에서는 원문의 구문을 똑같이 따를 수 없을 때가 많고, 원문의 품사를 번역문에서 고집하다가는 세련된 번역을 할 수 없다. 원문에서는 '비독점적으로'가 부사 형태로 동사 '주어진다'를 수식하는데, 영어에서 부사의 부정 형태(not exclusively)는 부자연스럽기 때문에 이보다는 license를 수식하는 형용사 형태(non-exclusive)로 써주는 것이 훨씬 낫다.

7 대한민국 외에서 제1조의 음원을 출시할 경우에는 갑의 승인을 별도로 요한다.

Should the audio content referred to in Article 1 be used outside the Republic of Korea, separate permission from Party A will be required. (OK)

If B party wants to use the sound sources outside Korea, it will have to get separate approval. (AWK)

두 번째 번역문의 경우 문법적인 문제는 없지만 법률 텍스트의 장르를 고려하지 않은 구어체 스타일이라서 적절하지 않으며, '제1조의'와 '갑의 승인'이라는 내용을 누락하여 정확한 번역이라 할 수 없다.

8 로열티는 MC, CD 공히 반품을 제외한 순 판매량에 대해 … 로 한다.

The royalties will be calculated on the basis of the gross sales figure minus returned MCs and CDs ... (OK)

The royalty payments will be calculated on the basis of the gross sales figure minus returned MCs and CDs ... (OK)

The royalty will be calculated on the basis of the gross sales figure minus returned MCs and CDs ... (N)

—

로열티는 저작권자에게 지급하는 것으로 인세나 저작권 사용료의 의미로 쓸 때에는 주로 복수형으로 표기한다.

9 갑에게 로열티 지불 후 추가로 반품되는 양에 대해서는 …

With respect to further returned items after royalty payments have been made, ... (OK)

With respect to the amount of further returned items after royalty payments have been made, ... (AWK/LIT)

—

두 번째 번역문은 한국어 구문의 형식에 영향을 받아 어색한 표현이 되었다. 영어에서 '양'과 '수'는 위와 같은 경우에 별도로 번역하지 않아도 뜻이 통한다. 따라서 'the amount of'는 불필요한 표현이다.

10 청구서를 발급한 날로부터 ○일 이내에 반환하여야 한다.

Party A must make the repayment within ___ days of the written refund request being made. (OK)

Party A must make the repayment within ___ days of the written refund request form being issued. (WW)

—

두 번째 번역문 역시 지나친 직역 스타일이다. 'form'과 'issue'는 둘 다 공식 문서에서 많이 쓰이는 표현이다. 이 계약은 사적인 당사자 간의 거래이기 때문에 'request'만으로 충분하며, 동사 'issue'를 쓸 필요가 없다. '○' 부호는 영어 텍스트에서는 쓰지 않기 때문에 대신 밑줄을 사용하여 '___ days'로 표현했다.

11 제3조의 곡에 대하여 저작인접권 분쟁이 생기면 갑이 전적으로 책임을 지며 이를 해결하는 주체가 된다.

With respect to the songs referred to in Article 3, should disputes relating to neighboring rights arise, Party A will take full responsibility in the matter of seeking a resolution to such disputes. (OK)

With respect to the songs referred to in Article 3, should neighboring rights disputes arise, Party A must bear the entire responsibility and has the obligation seeking a resolution to such disputes. (IN)

두 번째 번역 예문에서는 문장 구조 때문에 갑이 분쟁의 모든 책임을 다 진다는 의미가 되었다. 'the entire responsibility'와 'the obligation seeking ...'이 분리되어 'the entire responsibility'가 무엇을 가리키는지 명확하지 않으므로 갑이 분쟁 해결에 대한 전적인 책임을 진다는 의미로 번역한 첫 번째 예문이 더 적절하다.

11 을은 갑의 허락 없이 제1조 곡의 EDIT, REMIX 등 어떠한 형태로든 원곡의 녹음을 변형할 수 없다.

Party B may not alter the audio content referred to in Article 1 without the consent of Party A, either by editing, remixing or any other means. (OK)

Party B may not alter the audio content referred to in Article 1, into any other form including editing or remixing without the consent of Party A. (IN)

원문에 사용된 'edit'과 'remix'는 동사이며, 명사형일 때는 'editing'과 'remixing'을 사용해야 한다. 'editing'과 'remixing'은 원곡의 변형을 가져오는 과정일 뿐 원곡 상품의 변형된 형태라고 할 수 없다. 따라서 'alter ... into'라고 할 수 없다. 음악 상품일 때는 'remixed version'을 줄여 'remixes'라고 쓸 수 있다.

핵심 번역 기술

법률 번역

법률 번역은 법과 언어, 번역이 만나는 접점으로, 전문 번역 분야에 해당한다. 법률 번역에 포함되는 텍스트는 국제조약과 국내법과 같은 법령에서부터 개인이나 법인 간의 계약서, 법학 논문, 판결문, 고소장, 유언장을 비롯해 법률 정보 등을 담은 각종 문서가 있다. 법적인 목적을 위해 생산하거나 사용하는 텍스트를 총칭해 법률 텍스트라고 부른다. 법률 번역 전문가들은 다음과 같이 사용 목적에 따라 법률 번역을 구분한다.

1. 규범적 목적: 국제법과 국내법으로서의 효력을 가질 수 있는 다국어나 이중언어로 된 법조문의 생산을 위한 번역
2. 정보 전달 목적: 법령이나 재판 판결문, 법학 논문 등의 번역
3. 일반적인 법률상의 목적: 서증 번역, 변론서, 계약서, 사업자 간 서신, 증명서 등의 번역

번역의 주목적이 정보를 전달하기 위한 것인지, 목표 언어로 법률적 효력을 발생하도록 하기 위한 것인지에 따라 번역 방식이 달라질 수 있다. 소송에서 증거로 법원에 제출되는 문건의 경우라면 번역 시 정확성에 더욱 주의를 기울여야 한다. 이때에도 내용 파악이 목적인지 법률적 효력을 지닌 문서로서 번역문이 필요한 것인지를 확인해야 한다.

법률 문서를 번역하기 위해서는 법적 개념과 용어를 제대로 이해하고, 목표 언어권의 언어 관습에 부합하는 적절한 용어와 표현을 사용해야 한다. 영어로 번역할 때에는 대표적인 영미권 법률제도와 법률 담화 관습을 알아야 한다.

법의 기능과 성격 때문에 '법률 언어legal language'는 어휘, 구문, 화용 차원에

서 특징이 있다. 'legalese'라는 표현이 있을 정도로 법률 언어는 일반 언어와 구분되는 특징이 있고, 일반인에게 어려운 표현이 많다. 영어의 법률 어휘 중에는 고어가 많고, 일반적인 의미와 다른 법률적인 의미로 사용되는 어휘가 많이 있다. 국내에서도 어려운 한자어 위주의 법률 용어 순화 움직임이 있는데 영어권에서도 이와 비슷한 'plain language movement'가 있어서 가능한 한 이해하기 쉽게 법률 언어를 바꾸자는 노력이 있었다. 그렇지만 법률 텍스트에는 여전히 수동태, 이중 부정문, 복문 및 장문, 높은 격식성을 특징으로 하는 문어체가 많이 사용된다. 법률적인 효력과 관계를 표현하는 법률 텍스트는 정확히 번역해야 한다. 조건, 예외, 자격 등을 규정하는 법률 텍스트는 그 성격상 정확성을 강조하다 보니 일반 텍스트와 달리 문장이 복잡하고 가독성이 떨어지는 편이다.

사실 법률 전문가가 아닌 번역가가 법률 번역을 하기는 쉽지 않다. 법률 번역을 법률 전문가가 해야 하는지, 번역사가 법률 번역을 하기 위해 법률 공부를 해야 하는지에 대해서는 의견이 분분하다. 그러나 분명한 것은 법률 번역을 잘하기 위해서는 출발어와 도착어에 대한 언어적 지식과 번역 기술은 물론, 양쪽 법률제도에 대한 이해와 아울러 텍스트 맥락에 대한 정확한 이해가 수반되어야 한다는 점이다. 번역가의 전문성, 번역 경험 등에 따라 번역 시 어려움을 겪는 정도와 문제가 다르겠지만 용어에 대한 지식이나 법률 문서의 텍스트적 특성과 기능에 대한 지식이 부족한 경우, 번역 상황에 관련된 기관 및 주체에 대한 지식이 부족하거나 목표 텍스트 번역에 따른 법률적 영향 및 결과에 대한 지식이 부족한 경우 여러 가지 문제가 발생하게 된다.

한국어로 쓰여진 법률 텍스트의 경우 상당수의 법률 용어가 한자어에 기반을 두고 있기 때문에 한자어 지식도 필요하다. 법은 문화의 한 요소로 간주되는 만큼 언어 문화권마다 서로 다른 법 체계와 국내법이 존재한다. 이러한 제도 및 문화의 차이는 언어적 차이로 발현되기 때문에 법률 개념이나 용어의 등가를 찾기가 쉽지 않다. 예를 들면 '양도담보'와 같은 용어는 영미법상 등가어를 찾기 어렵다. 따라서 양도담보와 영미법에서 가장 유사하다고 생각되는 개념을 빌려 'chattel mortgage'로 번역하기도 하고, 한글을 차용해서 'yangdo dambo (security by way of transfer)'로 번역하기도 한다. 또는 'assignment (yangdodambo)'로 번역하는 예도 있다. 이처럼 등가어가 없는 용어의 번역은 사실 법률 번역뿐만 아니라 모든 번역에서 난제이다. 법률 번역 과정에서 고려해야 할 사항 몇 가지를 간단히 정리하면 다음과 같다.

1. 법적 등가를 갖는 대응어: 대응어가 있으면 가장 좋지만 위에서 설명한 것처럼 서로 다른 법률 체제와 관습상 대응어가 존재하지 않는 용어와 표현도 많고, 대응어의 의미의 범주가 사실상 서로 다른 경우도 있다. 예를 들면 공소장을 흔히 'bill of indictment'라고 번역하지만 사실 영미법 체계에서 'indictment'는 배심원 재판을 받는 중범죄에만 사용한다는 차이가 있다고 앞에서 설명한 바 있다.
2. 맥락상 등가어: 같은 단어라도 사용되는 맥락에 따라 상이한 등가어가 존재하는 경우에 해당한다. 예를 들면 'attorney'는 변호사를 의미하는데 'district attorney'라고 쓰면 미국에서는 검사를 가리킨다. 또한 검찰총장 또는 법무부장관Attorney General에 사용되기도 하고 위임장Power of Attorney에 사용되기도 한다.
3. 어휘 번역 또는 어의 차용어calque: 위의 양도담보와 같이 대응어가 존재하지 않을 때 사용할 수 있는 방법이다. 영어권에 존재하지 않는, 한국에만 있는 법 개념이나 법의 경우에는 독자에게 그 의미가 전달되도록 번역해야 할 것이다. 법령명은 법제연구원에서 영문화 작업을 상당 부분 완성한 상태이므로 가급적 이를 참조해서 쓰는 것이 좋겠다. 예를 들어 '특정범죄가중처벌등에관한법률'을 'Act on Aggravated Punishment of Specific Crimes'라고 번역하는데 동일한 법을 이와 다르게 번역해놓으면 영어권 독자들은 다른 법이라고 생각할 수 있기 때문이다. 필요하다면 한글로 법령명을 괄호 안에 넣는 것도 정확성을 기하는 한 가지 방법이 될 수 있다.

4. 풀어쓰기: 생소한 개념 또는 목표 언어권의 법률상 존재하지 않는 개념이라면 설명이 필요할 수도 있다. 이 방법은 목표어로 원천어 용어를 설명하는 것이다. 예를 들어 '가납假納'은 형이 확정되기 전에 피고인이 벌금을 납부해야 한다는 뜻이다. 보통 형사사건의 경우, 선고 후 7일 이내 항소를 제기하면 항소심 판결이 나올 때까지 벌금 납부를 유예할 수 있다. 그러나 가납 명령을 내리면 항소 신청과 무관하게 벌금은 납부해야 한다. 한자어의 뜻만 보고 '임시 납부', 즉 'temporary payment'라고 번역하면 부정확하고 의미가 통하지 않는다. 가납을 명사형으로 쓴다면 'immediate payment'로 번역하고, 풀어 쓴다면 'must pay immediately before the sentence is finalized' 등으로 번역할 수 있다.

법률 번역을 할 때에는 또한 문장이나 텍스트 단위에서 번역 텍스트의 기능적 등가를 고려해서 해야 한다. 예를 들면 계약서 첫 부분에는 계약 당사자를 밝혀주는 'ABC와 XYZ는 …와 관련해 다음과 같이 계약을 체결한다(This agreement is made by and between ABC and XYZ.)'는 문구가 나오는 것이 보편적이다. 그리고 영어 계약서에서는 날짜가 문서의 첫 부분에 'This agreement is made and entered by and between ABC and XYZ on this ... day of ...'와 같이 나오지만 한국어 계약서에서는 날짜가 보통 중간 또는 뒷부분에 나온다. 이러한 차이를 계약서 번역문 작성 시 고려해야 한다.

법률 번역을 하기 위해서는 법률용어사전 등 참고 자료와 용어 데이터베이스를 사용하는 것이 필요하다. 다만 모든 번역이 그렇겠지만 사전에 나오는 대응어를 과신하면 위험하다. 특히 법률 텍스트를 번역해본 경험이 부족할 경우 사전에만 의존해 번역하기란 여간 어렵지 않다. 예를 들어 '양도'를 번역할 때 사전을 찾으면 대응어로 'transfer'와 'assignment'가 나오는데 어떤 경우에 'transfer'를 쓰고 어떤 경우에 'assignment'를 써야 하는지 감을 잡기 어렵다. 사용 맥락까지 보여주지 않는 사전의 한계라 할 수 있다. '위탁'의 경우도 중의성으로 인해 사전만으로는 올바른 대응어를 선택하기 어려운 예이다. '위탁'은 위임, 신탁 등의 법률 관계로 사용되거나 기관 간의 업무 의뢰에 사용되는 경우, 그리고 판매 등을 위한 물품의 위탁 등 맥락에 따라 서로 다른 의미로 사용된다. 통상 '위탁'의 대응어로 제시되는 'entrustment', 'commissioning', 'consignment' 가운데 어떤 것을 선택해야 할지 판단하기가 쉽지 않다.

또한 같은 영어권이라 해도 나라마다 법률제도와 명칭이 다르다는 점에 유의해야 한다. 한국에서는 지방법원을 'District Court', 고등법원을 'High Court', 대법원을 'Supreme Court'라고 번역하는데 연방법원과 주법원 체계로 나뉘어진 호주에서 'District Court'는 하급 법원인 'Local Court'보다 심각한 사건을 다루는 법원이다. 'Local Court'에는 법관이 아닌 'magistrate'(치안판사 또는 부판사로 번역)가 사건 재판을 담당한다. 'High Court'는 연방대법원으로서 우리나라의 헌법재판소 기능도 갖고 있다. 한편 주대법원은 'Supreme Court'이다. 영국의 'High Court'는 민 · 형사사건의 항소심을 다루며, 최고 법원인 'Court of Appeal'은 상고심을 다룬다. 미국은 각 심급법원의 이름도 주마다 차이가 있다. 2심 법원은 대체로 'Court of Appeals', 3심 법원은 'Supreme Court'로 칭하지만 주에 따라 1심 법원을 'Circuit Court,' 'District Court,' 또는 'Superior Court' 등으로 달리 부르기도 한다. 그러나 뉴욕주에서는 1심 법원을 'Supreme Court'라고 한다. 이와 같이 영어를 사용하는 국가가 많고 국가 내에서도 주마다 차이가 있기 때문에 어느 사법권을 기준으로 해서 번역을 할 것인지 사전에 결정해야 일관성 있는 번역을 할 수 있을 것이다.

10장

학술

포커스 텍스트 학술서 서문 한국 국제관계사 연구

번역 과제 1 녹색성장 세제의 설계와 경제적 효과

번역 과제 2 난민의 권리 근거로서의 헌법과 기타 국제협약

핵심 번역 기술 학술 번역

Advanced Korean-English Translation Techniques

The process of translating comprises in its essence the whole secret of human understanding of the world and of social communication.

– Hans Georg Gadamer

학술 텍스트는 학자들이 지식과 정보 교환을 위해 쓴 글을 지칭한다. 한국어는 국제 학술 언어가 아니기 때문에 한국어로 쓴 학술 논문을 외국어로 번역해야 외국 학술지에 발표할 수 있다. 국제 교류의 증가와 학문의 발전으로 이러한 학술 텍스트의 번역 수요가 늘고 있으며 그 중요성 또한 커지고 있다.

학술 텍스트 번역에는 일반적인 번역 문제와 함께 전문 번역에 관련된 어려움이 수반된다. 전문 용어를 알고 있어야 하는 것은 물론이고, 번역하는 텍스트와 관련된 학제 및 서술 방식을 이해해야 학술 텍스트 번역이 가능하다. 전문적인 내용과 원문 저자의 주장이나 논증에 대해 잘 이해하는 것은 번역자로서 지적 도전 과제이자 정확한 번역을 위한 전제 조건이다.

이 장에서는 학술 텍스트의 대표적인 유형에 해당하는 세 가지 텍스트를 번역해본다. 포커스 텍스트로는 학술 서적의 서문을, 번역 과제로는 각각 논문의 초록과 본문 일부를 번역하게 된다. 학술 텍스트의 구성과 특징을 아는 것이 번역에 도움이 되므로 간략히 설명해본다. 서문은 저자가 쓴 책에 대한 소개로서 책의 목적이나 배경, 구조 등을 밝히는 글이다. 본문은 일반적으로 서론, 본론, 결론으로 구성된다. 연구 논문의 서론에서는 논문의 배경, 주제, 연구 방법과 결과 등에 대해 간략히 설명하며 문헌 연구를 통해 이론적 배경을 서술한다. 본론에 해당하는 부분에서는 연구 방법과 연구 결과를 소개하며, 끝으로 결과를 요약하는 결론 부분에서 연구의 의의나 한계를 밝히고 향후 후속 연구를 제안한다. 초록은 논문의 개요 내지 요약문이라 보면 된다.

전문 번역에 속하는 학술 텍스트 번역의 경우에도 학술 논문 장르에 대한 개념이 잡히고 학문 분야별 담화 관습에 대한 지식을 갖추게 되면 번역의 수준을 높일 수 있을 것이다. 가급적이면 학술 텍스트 번역에 대해 설명한 핵심 번역 기술을 먼저 읽어본 후 포커스 텍스트와 번역 과제를 번역하기 바란다.

포커스 텍스트 학술서 서문 **한국 국제관계사 연구**

자신의 저서를 해외에서 출판할 계획을 가지고 있는 학자가 아래 서문의 영문 번역을 의뢰했다고 가정하고 번역해보기 바란다. 이 서문은 출판 제안서와 함께 미국 출판사로 보낼 예정이라고 한다.

한국 국제관계사 연구

본 연구는 일제 식민지시기 한반도의 국제관계를 검토하려는 것이다. 엄밀하게 말해 이 시기 한국의 국제관계란 성립되지 않는다. 전통적으로 국제정치의 공식 행위자는 국가인데, 한국은 1905년 보호조약으로 일본에 외교권을 박탈당하고 1910년 합방되어 그 자격을 상실했기 때문이다. 1907년의 헤이그 국제평화회의가 한국 밀사의 대표권을 인정하지 않은 것이 이를 말해준다. 따라서 통상적인 의미에서 한국 국제정치사(외교사)는 1905년에 끝나며 40년간 일본의 식민지로서 공백기간을 거쳐 1945년 해방, 1948년 독립국가 수립과 함께 한국의 국제관계는 다시 부활되는 것이다.

그렇다면 일제 식민지시기 한반도의 국제관계란 주제는 학문적 연구대상이 될 수 있는가. 국가를 상실한 한민족이 주체가 되지 않는 외교사란 의미가 있는가, 있다면 어디에서 찾을 것인가. 또 이 주제는 궁극적으로 한국문제에 대한 열강들의 정책을 다루는 것인데, 여기에서 한국의 주체적 존재가 차지하는 공간을 어디에서 찾아야 할 것인가. 최근 활발히 진행되는 일제시기 정치·사회사 등 국내사에 대한 연구는 명시적이든 묵시적이든 모두 민족주체성이란 입장에서 출발하는 것 같은데 이에 대한 본 연구의 입장은 무엇인가. 이것은 필자가 본 연구를 시작하면서 가진 문제의식이며 또 스스로 해답을 제시해야 했던 의문들이었다.

물론 한국 외교사에서 취급되지 않은 '공백기간'을 메운다는 것도 본 연구의 한 의의라고 할 수 있겠지만 이것은 어디까지나 단순한, 가시적인 목표일 뿐 위에서 제기한 의문에 대한 완전한 해답이 되지는 못한다. 이 문제들에 대한 해답은 일제시기 '한국문제'가 무엇을 의미하는지 그 구체적 내용을 검토하면 아마도 어느 정도 규명될 수 있을 것이다. 이 시대 한국문제란 한마디로 '해방과 독립'이다. 맑시스트 관점에서는 이 시대의 문제를 민족문제와 계급문제로 나눌 수 있겠지만 식민지의 계급문제는 민족문제와 밀접하게 관련되어 전개된다. 그러나 해방과 독립이란 주제는 민족문제라는 관점만으로는 완전한 실체에 접근할 수가 없다. 일제시기 한반도의 총체적 상황은 한민족의 식민지적 조건이라는 한일 양 민족관계만이 아니라 당시의 국제 정치적 요소도 그 성격을 규정하는 데 일정한 역할을 하기 때문이다.

출처: 『한국 국제관계사 연구』(구대열 저, 1995) 서문 중에서 발췌

번역 준비

번역을 통해 메시지를 정확하게 전달하기 위해서는 원문의 성격과 목적을 확실히 이해해야 한다. 원문에 대한 분석이 번역에 앞서 이루어져야 목표 텍스트 생산 과정에서 어휘와 구문 선택에 관한 결정을 잘할 수 있다. 번역을 시작하기 전에 먼저 다음과 같은 기본적인 사항을 짚어보아야 한다.

누가 쓴 글인가(Who)? 국사학자가 쓴 글이다.

무엇에 관한 글인가(What)? 한국 국제관계사 연구에 관한 소개에 앞서 연구의 배경과 의의를 다루고 있다.

누구를 위한 글인가(For whom)? 의뢰한 번역문은 일차적으로 미국의 출판사 관계자들이 보게 될 것이고, 책으로 출판되면 원어민 독자들이 목표 독자이다.

글을 쓴 목적은 무엇인가(Why)? 영어 번역문을 통해 해외 출판 관계자들이 이 학술 서적의 영문판을 출판할 의사가 있는지 여부를 타진하기 위함이다.

어디에/어떤 매체에 글이 실리는가(Where)? 출판 제안서와 함께 서한으로 보낼 예정이다.

어떻게 메시지를 전달하는가(How)? 학술 서적의 격식성을 갖추었으며 논리적이다.

주의할 어휘와 표현

- 1905년 보호조약 The 1905 Protectorate Treaty. 1905년 보호조약을 을사보호조약이라고도 하기 때문에 The Eulsa Protective Treaty도 가능하다. 그렇지만 한국사 전문가가 아닌 영어권 독자가 을사년의 의미를 알 수 없으므로 1905년을 포함시키는 것이 좋다.
- 외교권 diplomatic rights로 직역하면 외교적 특권diplomatic immunity의 의미가 된다. 외교적 주권의 의미이므로 diplomatic autonomy로 번역할 수 있다.
- 헤이그 국제평화회의 The International Peace Conference at The Hague, The Hague International Peace Conference. 헤이그 국제평화회의는 1899년과 1907년 두 차례 열렸는데 1907년도 회의는 두 번째이기 때문에 The Second Hague International Peace Conference 또는 The Hague Convention of 1907 등으로 구분한다. 지명인 헤이그의 정식 영어 명칭은 The Hague이다.
- 밀사 특사는 special envoy로 번역하는데 밀사는 비밀리에 파견했으므로 secret envoy라고 번역한다.
- 한국문제 the Korean question. 문제는 problem, question, issue 등으로 번역할 수 있는데, 이 세 단어는 각각 의미와 뉘앙스가 다르고 같이 사용되는 어휘도 다르기 때문에 문맥을 보고 어떻게 번역할 것인지 판단해야 한다. problem이나 question은 어렵거나 복잡하다는 뜻을 내포하는 반면 issue는 문제나 논쟁의 쟁점을 가리킬 때 쓰지만 주로 주제나 분야를 일컬을 때 사용한다. problem은 다른 두 단어에 비해 실제로 문제점이 있다는 의미가 강한 표현이다.
- 열강 the powers 또는 the Great Powers로 번역할 수 있다.

A study on Korea's international relations

This work[1] seeks to examine Korea's international relations during the period of Japanese colonization (1910–1945). Strictly speaking, Korea had no international relations during this time, since traditionally the formal actors in international politics are nation-states, and by the time of the 1905 Protectorate Treaty, it was deprived of diplomatic autonomy, and then with the 1910 annexation, it lost its status as an independent nation-state. The refusal of the 1907 International Peace Conference at The Hague to give delegate status to Korea's secret envoy attests to this. Thus, in the conventional meaning of the word, the history of Korea's international relations ceased at this point and only resumed after a forty-year hiatus as a Japanese colony with the re-establishment of an independent Republic of Korea in 1948, following Liberation in 1945.

This being the case, is the topic of Korea's international relations during the Japanese Colonial Period an appropriate one for academic research? Does it mean anything to talk of diplomatic history on the part of the Korean people who had no control over events and had no nation-state? And if so, where should we look for it? Moreover, as this topic ultimately deals with the policies of the Great Powers on the Korean question, where should we find space occupied by Korea as an autonomous actor? Since all contemporary research on the internal history of Korea under Japanese rule dealing with politics and society, appears to take as its point of departure those areas where the Korean people retained autonomy, regardless of what it may highlight or overlook, where, then, does this study stand? I was aware of this issue when I began this work, and also had doubts as to whether I needed to make clear my own personal response.[2]

Of course, one could say that one purpose of this work is to fill up a blank space in the history of Korea's foreign relations, but this cannot provide complete responses to the questions that arise beyond such a straightforward, transparent objective. To some extent we may seek answers through examining closely just what 'the Korean question' during the Japanese colonial period consisted of. The question was one of 'liberation and independence.'

The Marxist point of view would divide the problem into the components of national and class struggle, but the two remain closely intertwined in a colonized country. However, we cannot grasp the total picture of what people meant by 'liberation and independence' by regarding it solely as a national issue. This is because the conditions that prevailed on the Korean Peninsula during the period of Japanese colonization were not just a matter between the Koreans and the Japanese; core elements of contemporary international politics also played a constant role in determining the nature of these conditions.

1 'this study'라고도 할 수 있으나 'this work'가 좀 더 포괄적인 표현이다. 연구 저서일 경우 'this research volume'이라고도 한다.

2 = wondered whether or not I should make clear my own personal stance.

번역 분석

1 한국 국제관계사 연구

A study on Korea's international relations (OK)

A research on Korea's international relations (WW)

The study of Korea's international relations (A/PR)

'research'는 불가산명사로 부정관사를 붙일 수 없고 이 맥락에서는 부자연스러운 표현이다. 'A research on Korea's international relations'라고 번역하면 이 연구를 가리키는 것인지도 불명확하고 관련 연구를 통틀어 말할 수 있기 때문에 논문이나 책 제목으로서는 적합하지 않다. 다만 관련 문헌 연구를 가리키는 맥락에서는, 예를 들면 'North Korea: trends in recent economic research'와 같은 제목을 달 수 있다. 따라서 여기에서는 'research'보다는 'study'가 적합하다. 앞서 설명한 바와 같이 정관사, 부정관사는 다른 의미가 있다. 세 번째 예문에서와 같이 정관사를 사용한 'The study of ...'가 부정확한 이유는 과거에 한국의 국제관계사를 어떻게 연구했는지 기술하겠다는 뜻이 되기 때문이다. 학자로서의 견해를 제시하는 논문을 포함한 학술 텍스트의 제목에는 부정관사 'a'가 자주 사용된다. 제목에 관사를 사용한 몇몇 예문을 소개한다.

A history of Korea (OK)

The history of Korea (AWK)

The Sunshine Policy: a success or failure? (OK)

Sunshine Policy: a success or failure? (AWK)

A reassessment of the Korean War (OK)

The reassessment of the Korean War (AWK)

2 엄밀하게 말해 이 시기 한국의 국제관계란 성립되지 않는다. 전통적으로 국제정치의 공식 행위자는 국가인데,⋯

Strictly speaking, Korea had no international relations during this time, since traditionally the formal actors in international politics are nation-states, ... (OK)

Strictly speaking, Korea had no international relations during this time, since traditionally the formal doers in international politics are nation-states, ... (WW/LIT)

'행위자'에 대한 올바른 영어 표현을 찾는 문제이다. 두 번째 번역 예문에 사용된 'doer'는 말이 앞서는 사람이 아니라 행동하는 사람이라는 뜻이다. 비격식적인 표현이지만 그리 자주 사용되는 표현은 아니다. 반면 'actor'는 배우만 의미하는 것이 아니라 학술 'participant'의 의미로도 사용된다.

3 … 1948년 독립국가 수립과 함께 … 다시 부활되는 것이다.

... and only resumed ... with the re-establishment of an independent Republic of Korea in 1948. (OK)

... and only resumed ... with the re-establishment of an independent Korean state in 1948. (AWK)

명명법nomenclature에 주의해야 한다. 두 번째 번역 예문과 같이 한국을 'an independent Korean state'라고 하면 1948년에 한국이 하나였던 것처럼 보이지만 당시에는 남북한으로 나뉜 상황이었으므로 정확한 번역이 아니다. 또한 한국을 'Korea'로만 옮겼을 때 혼동을 줄 수 있기 때문에 1910년 이전의 한국과 구분하여 1948년 독립국가는 대한민국임을 첫 번째 번역문과 같이 표기해주어야 한다. 궁극적으로 목표 텍스트의 독자는 일반인보다는 전문가나 최소한 한국 국제관계사에 관심이 있는 사람이기 때문에 명칭을 번역할 때에는 주의해야 한다. 또 한 가지 덧붙이자면, 한국을 Korea로만 써도 충분할 것 같지만 외국인들에게는 항상 'South Korea'와 'North Korea' 또는 'ROK'와 'DPRK'로 구분해주어야 혼동을 피할 수 있다.

4 또 이 주제는 궁극적으로 한국문제에 대한 열강들의 정책을 다루는 것인데, 여기에서 한국의 주체적 존재가 차지하는 공간을 어디에서 찾아야 할 것인가.

Moreover, as this topic ultimately deals with the policies of the Great Powers on the Korean question, where should we find space occupied by Korea as an autonomous actor? (OK)

As this topic eventually boils down to the Great Powers' policies towards Korea, where does Korea's presence stand as an independent being? (CS)

위 두 번역문은 모든 면에서 다르다. 번역하는 방식이 한 가지만 있는 것이 아니기 때문에 이러한 방식의 차이가 문제가 되는 것은 아니다. 두 번째 번역문은 'where does Korea's presence stand as an independent being?'의 문장 자체의 의미가 통하지 않을 뿐더러 'presence stand'는 같이 사용하지 않아 연어 사용에 있어서도 어색한 표현이다.

5 이것은 필자가 본 연구를 시작하면서 가진 문제의식이며 또 스스로 해답을 제시해야 했던 의문들이었다.

I was aware of this issue when I began this work, and also had doubts as to whether I needed to make clear my own personal response. (OK)

As I wrote this paper, I had the above questions in my mind and looked for the answers myself. (IN)

번역가가 원문의 의미를 충분히 이해하지 못했을 때 불완전한 번역이 된다. '스스로 해답을 제시해야 했다'는 필자의 표현 의도를 생각하면 '... and looked for the answers myself'가 정확하지 않은 번역이라는 것을 알 수 있다.

6 그러나 해방과 독립이란 주제는 민족문제라는 관점만으로는 완전한 실체에 접근할 수가 없다.

However, we cannot grasp the total picture of what people meant by 'liberation and independence' by regarding it solely as a racial issue. (OK)

Yet we cannot grasp the total picture of what people meant by 'liberation and independence' by regarding it as a racial issue. (INC)

텍스트의 응결성을 높여주는 언어적 요소는 아이디어 간의 논리 관계를 보여주기 때문에 효과적인 번역을 하기 위해 중요한 역할을 한다. 두 번째 번역문의 경우 문장 첫머리에 사용된 'yet'은 대조의 의미가 약하다. 또한 의미적으로도 'solely'가 있는 것과 없는 것은 차이가 있다. 'solely'가 없는 두 번째 번역문은 원문의 '관점만으로는'이 가진 정확한 의미를 나타내지 못해 적절하지 않은 번역이다.

7 일제시기 한반도의 총체적 상황은 …

... the conditions that prevailed on the Korean Peninsula during the period of Japanese colonization ... (OK)

... the overall situation on the Korean Peninsula during the Japanese colonization period ... (OK)

... the overall situation on the Korean Peninsula during the Japanese colonization ... (A)

'colonization'은 추상명사이기 때문에 앞에 관사를 넣지 않는다. 따라서 세 번째 번역문과 같이 'the Japanese colonization'이라고 정관사를 쓰면 맞지 않은 표현이 된다. 반면 첫 번째, 두 번째 번역 예문과 같이 'the period of Japanese colonization', 'the Japanese colonization period'와 같이 'colonization'에 대한 부가 정보가 있거나 다른 식민지화와 비교하는 경우라면 정관사를 쓴다. 따라서 'of Korea' 등의 부가 정보가 포함된 경우에도 정관사를 넣어 'the Japanese colonization of Korea'로 쓰는 것이 바른 표현이다.

번역 과제 1 녹색성장 세제의 설계와 경제적 효과

국제학술대회 발표논문집에 수록될 아래 학술 논문 초록의 영문 번역을 의뢰받았다고 가정하고 번역해보기 바란다.

녹색성장 세제의 설계와 경제적 효과

주요 선진국들은 기후변화와 환경문제 및 자원위기로 인한 경제활동 문제를 해결하기 위하여 이미 탄소세, 환경세 등을 도입하고, 기업의 친환경 투자에 대해서는 세제지원을 강화하는 등 각종 친환경적 조세개편을 활발히 추진하고 있다. 최근 우리나라도 중기 온실가스 감축 목표를 달성하고 국제적으로 녹색경쟁시대에 미래 성장 동력으로 녹색기술 · 산업의 육성 및 수출전략화와 시장 선점을 지원하기 위하여 탄소세 도입 등 관련 친환경 세제개편의 구체적 실천 수단 마련을 모색하고 있다.

이러한 국내외적 환경변화에 대비하고 저탄소 녹색성장을 달성하기 위하여, 향후 우리나라의 에너지 관련 세제의 운용 방향은 기본적으로 탄소세 등 환경세적 기능 강화를 통한 효율성 향상 및 녹색성장 구현을 위한 정책수단으로 그 위상을 강화하는 방향으로 추진할 필요가 있다. 또한 저소득층 및 에너지 취약 계층에 대한 형평성 제고는 에너지복지 등 직접 재정지원 강화와 환급 등의 세출 측면에서의 보조적 수단을 적극 활용하는 것이 요구된다.

무엇보다도 기존 에너지 세제의 운용에서 환경세적 관점을 강화할 경우, OECD 국가들과 같이 에너지원 간 세율 책정을 기후변화를 포함한 각종 환경오염의 피해비용에 따라 더욱 합리화하고, 녹색성장 대책의 재원 마련을 위하여 별도로 탄소세를 도입하는 방안을 적극 검토하여야 한다. 또한 중장기적으로는 에너지 관련 세제는 환경세로 통합 · 개편하면서 탄소세적 기능도 점진적으로 강화해 나가는 것이 바람직하며, 이러한 과정에서 법인세, 사회보장기여금 등 기타 소득 관련 세제의 부담 완화를 적극 연계하는 방안도 신중하게 검토하여야 한다.

출처: 조세연구원 발행 '녹색성장 세제의 설계와 경제적 효과'
(김승래 · 김지영 저, 2010) 요약문 중에서 발췌

번역 준비

누가 쓴 글인가(Who)? 조세 전문가가 썼다.

무엇에 관한 글인가(What)? 녹색성장 세제의 필요성에 관한 글이다.

누구를 위한 글인가(For whom)? 조세 전문가들이 목표 독자이다.

글을 쓴 목적은 무엇인가(Why)? 녹색성장 세제의 필요성과 경제적 효과에 관해 논하고자 쓴 논문이다. 초록은 논문의 전체 내용을 요약하여 한눈에 볼 수 있도록 하기 위한 것이다.

어디에/어떤 매체에 글이 실리는가(Where)? 관련 전문가들이 참가하는 국제학술대회의 발표논문집에 실리게 된다.

어떻게 메시지를 전달하는가(How)? 녹색성장 세제에 관한 전문적인 내용을 논리적으로 기술하고 있다.

주의할 어휘와 표현

- **탄소세** carbon tax로 번역할 수 있다. 탄소 성분을 과세 표준으로 삼아 화석 연료를 생산하거나 사용하는 자에게 부과하는 세금으로 기후변화협약과 교토의정서에서 비롯되었다.
- **세제지원** 결국 세금을 낮춰주는 것이기 때문에 tax breaks, tax benefits 등의 표

현이 가능하다.

- **녹색경쟁시대** '녹색'을 'green'으로 번역해 그대로 사용해서는 안 되는 표현에 주의해야 한다. 녹색성장green growth, 녹색기술green technology은 직역이 가능하다. 신조어인 녹색경쟁이 한국어로는 수용 가능한지 몰라도 영어로 green competition이라고 쓰면 부자연스럽다. 다른 말로 풀어서 번역해야 한다.
- **중기 온실가스 감축 목표** medium term greenhouse gas reduction targets. 여기서의 '목표'는 goal이나 objective가 아닌 목표치를 의미하는 target이 맞는 번역이다.
- **조세개편** tax reform. 개편은 어떤 어휘와 같이 사용되느냐에 따라 reform, revamp, change 등으로 다양하게 번역할 수 있다.
- **미래 성장 동력** a future growth engine으로 번역할 수 있다.
- **수출전략화** 국제화(globalization)와 같이 '-zation'을 붙여서 번역 가능한 경우도 있으나 '－화'로 끝나는 한국어 명사를 영어 명사로 간단히 옮기기 어려운 경우가 많다. 전략화도 후자에 속하는 예이다. 명사에 해당하는 등가적 표현이 없는 이와 같은 경우 다른 말로 풀어서 번역해주어야 한다. 수출전략화는 수출을 전략적으로 키운다는 의미가 전달되도록 번역하면 된다.
- **에너지 취약 계층** 취약 계층이면 에너지뿐 아니라 전반적으로 경제적인 어려움을 겪고 있거나 부족한 현실에 처해 있음을 생각할 때 vulnerable이라는 형용사를 넣어 vulnerable citizens로 번역하면 충분하다. 괜히 energy를 넣으면 어색한 표현이 되기 때문에 무리하게 번역하지 말아야 한다. 에너지 복지도 마찬가지이다. energy welfare라고 번역할 때 이것이 무엇을 뜻하는지 영어권 독자들은 쉽게 알 수 없다.
- **기타 소득 관련 세제** 세제 전문가가 아니기 때문에 자칫 주제 지식의 부족과 원문 이해 과정에서의 오류로 인한 오역이 없도록 주의해야 한다. 기타와 소득 사이가 띄어졌기 때문에 '기타소득'을 의미하는 것이 아니라는 점을 알 수 있지만 원문의 오기일 수 있으므로 사실 확인이 필요하다. 법인세와 사회보장기금 납부는 기타소득에 해당되지 않는다는 점을 확인함으로써 원문은 소득 관련 기타 세제임을 알 수 있다.

참고 번역문

A green growth taxation system: design and economic impact

With a view to addressing the economic challenges that have arisen from climate change, environmental problems, and the resources crisis, the major advanced economies[1] have already introduced measures such as carbon taxes and environmental taxes, and are actively pursuing various environment-friendly tax reform measures, such as strengthening tax breaks for companies making eco-friendly[2] investments. In order to attain its medium term greenhouse gas reduction targets, and in order to support both the growth of green technologies and industries as a future growth engine[3] and also to support export strategies and the securing of a dominant market position in an era of international competition in green technologies, in recent times Korea too has been seeking to put in place concrete measures for environment-friendly tax reform, such as implementing a carbon tax.[4]

In order to cope with such domestic and international changes and achieve low carbon green growth, in the future, there is a need for a shift in the taxation system as it relates to energy so that it aims fundamentally towards strengthening policy measures to achieve green growth and heightened efficiency through the strengthening of environmental tax instruments such as the carbon tax. At the same time, ensuring equity for low income earners and other vulnerable citizens will call for direct budgetary measures such as subsidizing energy costs, and both providing and strengthening direct financial assistance to them.[5]

Above all, in seeking to strengthen the focus on environmental taxes in the operation of the existing energy tax system,[6] just like the other

OECD countries, we need to further rationalize the tax rates levied on the energy source in accordance with the overall cost of the environmental pollution it produces, including its effect on climate change, as well as positively appraising the introduction of a carbon tax in order to set aside the resources required for green growth policies.[7]

Moreover, in the medium and long term it is desirable that energy-related taxes be incorporated into environmental taxes, while gradually strengthening the functions of the carbon tax. In this process, the government will need to carefully consider measures which are proactively linked to the easing of the tax burden in other income-related areas, such as corporate tax and social security payments.

1 당시 선진국들이 취한 행동은 잘 알려진 사실이기 때문에 이들 국가를 집단적으로 지칭하기 위해 정관사가 필요하다. 'economies' 대신 'countries'를 사용하여 'advanced countries'와 같은 표현도 가능하다.

2 'environment-friendly'와 'eco-friendly'는 같은 의미로, 전자는 경제정책을 논하는 맥락에 주로 쓰이는 표현이고 후자는 문화적 가치 판단이 실린 표현이다. 같은 표현을 반복해서 사용하는 것을 피하기 위해 'eco-friendly'를 썼는데 이는 'environment-friendly'보다는 비격식적인 표현이다.

3 'engines'라고 번역할 수도 있지만 '녹색' 카테고리 하나에 속한다는 의미에서 'engine'이라고 썼다.

4 복잡한 장문을 잘 번역하기 위해서는 문장 요소들이 어떤 논리 구조로 이루어졌는지 분석해야 한다. 원문의 기본 구조는 '우리나라도 … A, B, C 하기 위하여 D 하고 있다.'로서 이를 영어로 옮겨보면, 'In order to achieve A (an environmental target) and in order to do both B and C (economic targets), Korea too has been doing D (tax reform).'이다. 'in order to'가 대구를 이루어 텍스트의 응결성을 높인다.

5 '– 등의 세출 측면에서의 보조적 수단'을 다른 말로 풀어서 번역했다. '… will call for positive support measures such as further direct financial assistance through energy welfare, and tax relief measures such as refunds.'로 번역할 수도 있다.

6 환경세적 관점을 강화한다는 표현은 직역할 수 없기 때문에 최대한 풀어서 번역했다.

7 번역문에서 원문과 동일하게 꼭 한 문단으로 하지 않고 내용에 따라 문단을 분리할 수도 있다는 것을 보여주기 위해 문단을 나누었다.

번역 분석

1 녹색성장 세제의 설계와 경제적 효과

A green growth taxation system: design and economic impact (OK)
The design of green growth taxation system and its economic impact (OK)
Designing a green growth taxation system and its economic impact (OK)
Designing green growth taxation system and economic impact (AWK)

원문은 녹색성장 세제에 대해 '저자'가 갖고 있는 개념을 다루기 때문에 부정관사를 사용해서 'a green growth taxation system'으로 번역해야 옳은 표현이다. 위 세 번째와 네 번째 예문의 차이는 부정관사와 소유격 'its'의 유무이다. 두 번째 예문에서와 같이 'its'가 있어야 녹색성장 세제의 경제적 효과라는 점이 분명해진다. 네 번째 번역문에는 'its'가 없어 세제가 생김으로써 경제효과가 발생하는 것인지 논리가 불분명하다.

2 주요 선진국들은 기후변화와 환경문제 및 자원위기로 인한 경제활동 문제를 해결하기 위하여 …

With a view to addressing the economic challenges that have arisen from climate change, environmental problems, and the resources crisis, the major advanced economies ... (OK)
With a view to addressing climate change, environmental problems, and the resources crisis, the major advanced economy countries ... (IN)

원문과 같이 많은 명사가 포함된 텍스트를 접할 때 번역에 미숙한 사람들은 전체 의미를 파악하지 못하는 경우가 있다. 이 문장의 의미는 주요 선진국들이 기후변화와 같은 문제들로 인해 발생하는 경제 문제를 다루고 있다는 것이다.

따라서 두 번째 번역문과 같이 기후변화, 환경문제, 자원위기만 해결할 문제로 열거하는 것은 부정확한 번역이다. 그리고 자원위기는 단순히 'resource crisis'가 아니라 'the resources crisis'로 번역해야 한다. 왜냐하면 자원위기는 이미 공론화되었고 사람들이 아는 지식이기 때문에 'the'가 필요하며, 대체로 광물자원mineral resources을 포함하기 때문에 복수가 적절하다.

3 … 구체적 실천수단 마련을 모색하고 있다.

... has been seeking to put in place concrete measures ... (OK)

... has been seeking concrete measures ... (AWK)

두 번째 번역문은 동사 사용에 문제가 있어서 어색한 표현이 되었다. 원문에서 '모색'한다는 의미는 한국이 수단을 찾고(seeking) 있다는 것이 아니다. 한국도 알고 있는 탄소세와 같은 아이디어를 찾는다는 것은 논리적으로 맞지 않다. 실천수단 마련을 모색하고 있다는 원문의 의미는 이런 조치의 실행 방안을 찾는다는 것이다.

4 또한 저소득층 및 에너지 취약 계층에 대한 형평성 제고는 …

... ensuring equity for low income earners and other vulnerable citizens ... (OK)

... ensuring the equity for the low income earners and the other vulnerable citizens ... (A)

두 번째 번역 예문은 관사를 잘못 사용했다. 번역할 때에는 원문이 전하고자 하는 메시지와 맥락에 주의해야 하고, 이에 따라 가산명사와 불가산명사를 구분해야 한다. 'equity'는 추상적 개념으로 정관사를 쓰지 않는 것이 맞다. '서울의 저소득층(the low income earners who live in Seoul)'과 같이 독자들이

인식할 만한 특정한 집단을 말할 경우에는 정관사를 필요로 한다. 반면 'low income earners'는 한글 원문에서 특정한 집단을 나타내는 수식 어구도 없고 경제 전문 용어도 아니므로 정관사가 필요 없다. 그렇지만 예를 들어 'people in the low income bracket'의 표현에서 사용된 'low income bracket'는 경제 용어에 해당하는 표현이므로 정관사가 필요하다.

5 … 에너지원 간 세율 책정은 기후변화를 포함한 각종 환경오염의 피해비용에 따라 더욱 합리화하고, …

... we need to further rationalize the tax rates levied on the energy source in accordance with the overall cost of the environmental pollution it produces, including its effect on climate change, ... (OK)

... we need to further rationalize the taxation depending on the damage expenses of various environmental contaminations including climate change ... (WW/AWK)

두 번째 번역문은 몇 가지 문제점이 있다. 먼저 세율 책정을 간단히 'taxation'으로 번역했는데 이는 세율 책정이라는 표현만 보면 가능할 수 있지만 이 글에서는 에너지원 간 세율 책정을 의미하므로 틀린 번역이다. 또한 한글 원문에서는 '기후변화를 포함한 각종 환경오염'이라는 표현을 사용했지만 논리적으로 기후변화가 환경오염 안에 포함될 수 없는 관계이므로 'various environmental contaminations including climate change'는 적절한 번역이 아니다. 피해비용을 'damage expenses'로 번역한 것도 매우 어색한 표현이다. 첫 번째 번역문과 같이 'the cost of the environmental pollution'으로 표현하면 피해비용이라는 뜻이 내포되어 충분하다.

번역 과제 2 난민의 권리 근거로서의 헌법과 기타 국제협약

인권변호사이자 법률가가 자신의 논문을 국제 학술지에 투고하고자 한다. 논문의 영문 번역을 의뢰받았다고 가정하고 번역해보기 바란다.

Ⅵ. 난민의 권리 근거로서의 헌법과 기타 국제협약

난민의 권리에 관한 규범적 근거로 난민협약 외에 헌법 및 기타 국제법도 살펴봐야 한다.

헌법 제34조 제1항의 인간다운 생활을 할 권리는 국민의 권리라고 하기보다는 인간의 권리로 봐야 하므로 난민 역시 최소한의 인간다운 생활을 누릴 권리가 있다고 해야 하고, 특히 경제적, 사회적 및 문화적 권리에 관한 국제규약(이하 '사회권 규약')과 아동권리협약은 모든 사람에게 근로의 권리 내지 교육에 대해 일정한 권리를 인정하고 있으므로 체약국은 난민에게 위 협약에 따라 일정한 권리를 보장할 의무가 있다고 할 것이기 때문이다.

물론 헌법상 인정되는 기본권은 물론이고 사회권 규약에서 인정되는 권리를 보장함에 있어 헌법 제37조 및 사회권 규약 제4조는 그 권리의 제한이 가능하다고 하고 있을 뿐 아니라 사회권 규약 제2조는 가용 자원이 허용하는 범위에서 위 사회권 규약이 규정한 권리를 실현하도록 하고 있다.

그러나 이러한 권리를 제한함에 있어서 아무런 한계가 없는 것은 아니다. 헌법 제37조와 사회권 규약 제4조는 권리를 제한함에 있어서 권리의 본질과 양립할 수 있는 한도 내에서 제한하되 그 제한의 목적이 정당할 것(공공복리, 질서유지, 국가안정보장 등)을 요구하고 있고, 같은 규약 제2조는 가용 자원이 허용하는 범위에서 '점진적으로 권리를 실현'하도록 하고 있기 때문이다.

따라서 난민 특히 난민신청자에게 정당한 목적 없이 경제적, 사회적 권리를 제한하거나 가용 자원이 있음에도 불구하고 위 권리를 송두리째 부인하는 것은 위법이라고 할 것이다.

그렇다면 이렇게 살펴본 난민의 권리 가운데 강제 이주민이라는 난민의 특수성을 고려할 때 현실적으로 사회통합을 위해 반드시 보장되어야 할 중요한 권리는 어떤 것이 있고 그 권리는 어떻게 확대 해석되어야 하고, 충분한 향유를 위해 어떠한 추가적인 조치가 필요하며 나아가 난민협약 등의 법적인 의무가 없더라도 사회통합을 위해 더 보장되어야 하는 권리는 무엇인가?

출처: '난민의 사회통합을 위한 개선 과제와 방향'(김종철 저, 2009) 중에서 발췌

번역 준비

누가 쓴 글인가(Who)? 난민 문제 전문가인 변호사가 작성했다.

무엇에 관한 글인가(What)? 난민의 권리에 관한 글이다. 구체적으로는 난민의 권리에 관한 법률 근거를 다룬다.

누구를 위한 글인가(For whom)? 번역문의 목표 독자는 일차적으로는 국제 학술지 심사위원 및 편집위원들이고 게재가 되면 학술지 논문을 읽을 관련 분야의 학자 및 전문가들이다.

글을 쓴 목적은 무엇인가(Why)? 난민의 사회통합과 관련된 법률의 해석을 통해서 난민의 사회통합을 도모하고 그들의 권리를 보호하기 위한 목적을 띠고 있다.

어디에/어떤 매체에 글이 실리는가(Where)? 난민 문제와 관련 있는 국제 학술지에 실릴 논문이다.

어떻게 메시지를 전달하는가(How)? 일반적인 학술 논문의 형식으로, 법률 텍스트에서 자주 볼 수 있는 바와 같이 장문이 많다.

주의할 어휘와 표현

- 규범적 근거 norms 또는 normative grounds로 번역할 수 있다.
- 난민협약 난민협약이 하나만 있는 것이 아니기 때문에 refugee conventions로 복수를 쓰는 것이 안전하다. 보통 1951년 UN난민협약(The United Nations Convention relating to the Status of Refugees 1951)을 가리킨다.
- 경제적, 사회적 및 문화적 권리에 관한 국제규약 정식 명칭은 The International Covenant on Economic, Social and Cultural Rights이다.
- 이하 논문이나 법률 문서에서 자주 볼 수 있는 표현이다. henceforth 또는 'hereafter referred to as+약칭'의 형식으로 번역할 수 있다.
- 아동권리협약 international conventions of the rights of the child로 번역할 수 있지만 이 논문의 다른 부분에서 아동권리협약 28조를 언급하는 등 내용을 비추어볼 때 '유엔 아동의 권리에 관한 협약(United Nations Convention on the Rights of the Child)'을 가리키는 것임을 알 수 있다.
- 난민신청자 asylum seekers 등으로 번역할 수 있다. asylum seekers를 비호신청자로 부르기도 한다.

참고 번역문

6. The basis for refugee rights in the ROK Constitution and in international covenants

Apart from refugee conventions, in order to determine the norms relating to the rights of refugees, we also need to examine both the ROK Constitution and international law.

In view of the fact that the right to a life worthy of a human being which is set forth in Article 34, Paragraph 1 of the ROK Constitution is seen not just as a citizen's right but as a human right,[1] at the very least we must regard refugees as possessing such a right, and this is especially so since international treaty signatories recognize established rights relating to the right of all people to have work and education, as set down in the International Covenant on Economic, Social and Cultural Rights (hereafter referred to as the Social Rights Covenant) and the UN Convention of the Rights of the Child, and have a duty to uphold the rights of refugees guaranteed under these covenants.

In the matter of guaranteeing basic rights recognized in the ROK Constitution and rights which are recognized under the Social Rights Covenant, not only do Article 37 of the Constitution and Article 4 of the Covenant state that these rights may become subject to restrictions, but Article 2 of the Covenant stipulates that they should be implemented to the maximum extent allowed by available resources.

However restrictions on the application of these rights do not mean any kind of limitation is being imposed on them. This is because Article 37 of the Constitution and Article 4 of the Covenant require that the restrictions in question[2] be applied only when they are compatible with the fundamental nature of these rights, and are designed to serve rightful objectives – for example, to serve the public welfare, to maintain law and order, or to guarantee national security, while Article 2 of the Covenant advocates the taking of steps 'with a view to achieving progressively the full realization of the rights recognized in the present Covenant by all appropriate means.'

Thus we may say that it is illegal to place restrictions on the economic and social rights of refugees, and especially people applying for refugee status, or to categorically deny them their rights despite the availability of resources, unless there is some rightful objective.

This being the case, when as part of the issue relating to refugee rights which we have examined here, we consider the particular phenomenon that refugees are forced immigrants,[3] we need to ask ourselves what in reality are the key rights that need to be guaranteed for their social integration. We need to ask how we can interpret these rights broadly, and in order for them to be adequately exercised, what supplementary measures are called for, and what further rights must we guarantee for the cause of social integration, even in the absence of legal obligations under the 1951 UN Refugee Convention.

1 인간의 권리를 'human right'가 아닌 'a human right'라고 번역한 이유는 'a citizen's right'와 대구를 이루게 하고, 또 일반적인 '인권'이 아니라 구체적 성격, 즉 인간다운 생활을 할 권리를 가리키기 때문이다.

2 이 문장에서 'Article 37 of the Constitution and Article 4 of the Covenant require that'을 생략해도 헌법 제37조와 사회권 규약 제4조에 나오는 제한을 'the restrictions in question'으로 표현했기 때문에 가능하다.

3 = This being the case, when we consider the rights of refugees, taking into account of their particular status as forced immigrants, ...

번역 분석

1 난민의 권리 근거로서의 헌법과 기타 국제협약

The basis for refugee rights in the ROK Constitution and in international covenants (OK)

The basis for refugee rights in the ROK Constitution and in other international covenants (IN)

두 번째 번역문은 '기타'를 'other'로 번역해 마치 한국 헌법이 국제협약의 하나인 것처럼 암시함으로써 원문의 의미를 정확하게 표현하지 못했다.

2 헌법 제34조 제1항의 인간다운 생활을 할 권리는 …

... the right to a life worthy of a human being which is set forth in Article 34, Paragraph 1 of the ROK Constitution ... (OK)

... the right to a life worthy of a human being in Article 34, Paragraph 1 of the ROK Constitution ... (AWK/LIT)

먼저 한글 원문의 구조를 확인해보고, 번역된 영어를 읽어본 후 논리적으로 문제가 없는지 살펴보아야 한다. 두 번째 번역 예문을 보면 마치 헌법에 권리가 있는 것처럼 표현이 되었다. 원문의 정확한 의미는 헌법이 권리를 보장한 것이다. 따라서 'in Article 34' 앞에 'set forth' 또는 'guaranteed'와 같은 분사구가 필요하다.

3 헌법 제34조 제1항의 인간다운 생활을 할 권리는 국민의 권리라고 하기보다는 인간의 권리로 봐야 하므로 난민 역시 최소한의 인간다운 생활을 누릴 권리가 있다고 해야 하고, …

In view of the fact that the right to a life worthy of a human being which is set forth in Article 34, Paragraph 1 of the ROK Constitution is seen not just as a citizen's right but as a human right, at the very least we must regard refugees as possessing such a right, ... (OK)

In view of the fact that the right to a life worthy of a human being which is set forth in Article 34, Paragraph 1 of the ROK Constitution is seen not just as a citizen's right but as a human right, at the very least we must regard refugees as possessing the right to a life worthy of a human being, ... (AWK/LIT)

잘 쓰여진 영어 텍스트에서는 같은 문장이나 문단에서 앞서 나온 표현을 가능하면 똑같이 반복하지 않는다. 응결성에 대한 설명에서도 생략과 대체를 다루었는데 두 번째 번역문에서와 같이 'the right to a life worthy of a human being(인간다운 생활을 누릴 권리)'를 반복하지 말고 첫 번째 번역문과 같이 'such a right'로 대체하는 것이 바람직하다.

4 … 특히 … 일정한 권리를 인정하고 있으므로 체약국은 난민에게 위 협약에 따라 일정한 권리를 보장할 의무가 있다고 할 것이기 때문이다.

... and this is especially so since international treaty signatories recognize established rights ... and have a duty to uphold the rights ... (OK)

... and this is especially so since established rights ... are recognized, and signatories have a duty to uphold these rights ... (PS)

장문의 경우 문장 구조를 잘 잡아야 정확한 번역을 할 수 있다. 한 문장을 둘 이상의 단문으로 나누어 번역하는 것도 한 가지 방법인데 만일 이 방법을 사용할 수 없다면 누가 무엇을 하는지 독자가 정확히 이해할 수 있도록 해야 한다. 두 번째 번역문과 같이 수동태를 사용하면 누가 권리를 인정하는 것인지 그 주체가 불분명해진다. 가능하면 불필요한 모호성을 피하는 것이 좋다. 또한 두 번째 번역문은 since 이하 절에서 수동태와 능동태를 섞어서 사용했는데 이것 역시 문장 구조상 좋지 않다. 첫 번째 번역문과 같이 'signatories recognize ... and have a duty'로 둘 다 능동태로 하는 것이 좋다.

학생들이 한영번역을 할 때 수동태를 자주 사용하여 실수할 가능성이 많다. 수동태를 사용할 것인가 또는 능동태를 사용할 것인가는 문맥에 따라 결정하지만 일반적으로 격식성이 약한 구어체 텍스트보다 격식성 있는 문어체 텍스트(예: 과학이나 기술 텍스트, 법률 텍스트)에서 수동태를 더 많이 사용한다. 따라서 영어에서 수동태는 일반적으로 보도 기사문, 사설, 오피니언 텍스트, 경영 보고서 등에서 많이 쓰이는 편이다. 하지만 원어민 영어 사용자들도 작문 클래스에서 절대적으로 필요한 경우를 제외하고는 수동태 사용을 피하라는 교육을 받는다는 점을 고려하면 수동태를 습관적으로 쓰는 버릇은 고치는 것이 좋다.

5 물론 헌법상 인정되는 기본권은 물론이고 사회권 규약에서 인정되는 권리를 보장함에 있어 헌법 제37조 및 사회권 규약 제4조는 그 권리의 제한이 가능하다고 하고 있을 뿐 아니라 사회권 규약 제2조는 가용 자원이 허용하는 범위에서 위 사회권 규약이 규정한 권리를 실현하도록 하고 있다.

In the matter of guaranteeing basic rights recognized in the ROK Constitution and rights which are recognized under the Social Rights Covenant, not only do Article 37 of the Constitution and Article 4 of the Covenant state that these rights may become subject to restrictions, but Article 2 of the Covenant stipulates that they should be implemented to the maximum extent allowed by available resources. (OK)

In the matter of guaranteeing basic rights recognized in the ROK Constitution and rights which are recognized under the Social Rights Covenant, not only do Article 37 of the Constitution and Article 4 of the Social Rights Covenant state that these rights may become subject to restrictions, but Article 2 of the Social Rights Covenant stipulates that the Social Rights Covenant should be implemented to the maximum extent allowed by available resources. (AWK)

번역 분석 3과 같이 대체substitution의 중요성을 잘 보여주는 또 다른 번역 예문이다. 한국어에서는 '사회권 규약'이 네 번 나오지만 영어 텍스트에서 계속 'Social Rights Covenant'를 반복 사용한다면 좋은 글이 될 수 없다. 첫 번째 번역 예문에서 이를 어떻게 처리하고 있는지 주의하여 읽어보기 바란다.

6 … 그 제한의 목적이 정당할 것(공공복리, 질서유지, 국가안정보장 등)을 요구하고 있고, …

... the restrictions ... are designed to serve rightful objectives – for example, to serve the public welfare, to maintain law and order, or to guarantee national security, ... (OK)

... the restrictions ... are designed to serve rightful objectives – for example, to serve the public welfare, to maintain the law and order, or to guarantee the national security, ... (A)

추상적인 의미의 'law and order'와 'security'에는 정관사를 사용하지 않는다. 이런 원칙을 기준으로 할 때 두 번째 번역 예문은 정관사 사용에 오류가 있다. 구분이 어렵긴 하지만 'public welfare'는 추상적인 개념이 아니기 때문에 정관사를 사용하는 데 문제가 없다.

7 … 같은 규약 제2조는 가용 자원이 허용하는 범위에서 '점진적으로 권리를 실현'하도록 하고 있기 때문이다.

... while Article 2 of the Covenant advocates the taking of steps 'with a view to achieving progressively the full realization of the rights recognized in the present Covenant by all appropriate means.' (OK)

... while Article 2 of the Covenant advocates the taking of steps 'for the progressive implementation of the rights' recognized in the present Covenant by all appropriate means. (IN)

두 번째 번역문도 텍스트 자체만 보면 문법적으로 문제가 없는 좋은 번역이다. 그런데 두 번째 번역문은 원문과 똑같이 '점진적으로 권리를 실현'에 해당하는 'for the progressive implementation of the rights'에만 인용 부호 표시를 한 반면 첫 번째 번역문은 규약 내용과 일치하는 부분 전체(with a view ... means)를 인용 부호로 표시했다. 원문이 규약을 그대로 인용하고 있기 때문에 가능하면 번역문에서는 규약의 표현을 그대로 사용하는 것이 좋다. 이와 같은 규약이나 협약의 내용과 관계 있는 텍스트를 번역할 경우에는 규약의 영문본과 국문본을 모두 참조하면서 번역해야 한다. 사소한 것 같지만 가급적 논문에서 언급하는 텍스트 원문까지도 확인하는 습관이 정확한 번역을 가능하게 하는 안전장치이다.

8 … 강제 이주민이라는 난민의 특수성을 고려할 때 …

... when we consider the particular phenomenon that refugees are forced immigrants, ... (OK)

... when we consider the special characteristic of refugees of being forced immigrants, ... (WK/LIT)

두 번째 번역문은 표현과 구문에 있어 문제가 있다. 번역을 할 때에는 원문의 표현이 아닌 맥락을 고려해서 어휘 선택을 해야 한다. 'characteristic'은 행동의 공통적 특성을 가리키는데 여기에서는 난민의 처지가 된 것이 행동 특성이라고 할 수 없다. 또한 'refugees of being forced immigrants'는 관계대명사를 사용하여 'refugees who are forced immigrants'와 같은 관계절로 바꿔야 한다.

핵심 번역 기술

학술 번역

학술 번역을 잘하려면 번역자가 장르 지식을 갖추고 있어야 하며 또한 학술적 글쓰기academic writing가 되어야 한다. 학술 텍스트의 범위가 매우 넓고 주제도 다양해 그 특징을 간단히 요약할 수 있는 것은 아니지만 아래에 주요한 언어적 특징에 대해 설명하겠다.

과학적 연구는 알려지지 않은 사실에 대해 가설을 수립하고 실험을 통해 발견한 사실을 바탕으로 가설을 뒷받침하는 것으로 진행된다. 이에 비해 인문학에서는 사례 연구나 내러티브에 의존하여 논증을 펼침으로써 수용되는 편이다. 사회과학은 이 중간쯤에 위치하여 양자의 특성이 혼재한다. 대부분의 학술적 글이 학문 분야에서 통용되는 방식으로 연구자 자신의 연구에 대한 지지를 호소하고 이견과 대립을 줄이고자 한다는 점에서는 유사하나 학문 분야별 학술적 글쓰기 방식에는 차이가 있다. 쉬운 예를 들면 우주공학자가 철학자와 같은 스타일로 논문을 쓰지 않고, 법학자의 논문과 문화인류학자의 논문 스타일이 다르다. 또한 학문 분야마다 장르 차이도 있다. 화학자는 랩lab 리포트를 많이 쓰고, 컴퓨터공학자는 프로그램을 만들고, 사회학자는 프로젝트 보고서를 쓴다.

학문적 특성이 다르기 때문에 학문 분야별로 다른 식으로 논리를 전개하고 글을 써야 한다. 인문학과 사회과학에서는 다양한 출처의 정보를 분석하고 종합하는 데 비해 자연과학과 공학은 절차를 기술하고 목적을 정의하고 해법을 찾는 행동에 기초한 기술description을 요한다. 사회과학과 인문학 텍스트의 저자는 자신의 견해를 제시하는 편이며 기존의 이론이나 정설에 도전하기도 하는데 이때에는 반드시 자신의 주장을 뒷받침할 증거를 제시한다.

학문 분야에 따라 글을 쓰는 방식에 차이가 있음을 보여주는 언어적 수단 가운데 헷지hedge와 부스터booster가 있다. 이 둘은 어떤 주장에 대한 화자나 저자의 입장 및 확신 정도를 표현하는 것이다. 헷지에는 'possible', 'might', 'likely' 등이 포함되는데 예로 든 단어를 보아서도 감을 잡을 수 있겠지만 개연적 추론에 근거한 주장으로서 명제에 대한 100% 확신을 유보할 때 사용한다. 반면 부스터에 포함되는 'certainly', 'definitely' 등은 확신을 표시하고 글쓴이가 청자나 독자와의 강한 유대를 보이는 표현이다. 켄 하일랜드Ken Hyland에 의하면 헷지와 부스터의 사용이 인문·사회과학 논문에서 자연과학 논문보다 2.5배 정도 더 빈번하다고 한다.[1] 한편 자연과학에서는 인지동사보다 조동사를 많이 사용하는데 이는 연구를 객관화하고 주관적 평가나 해석을 최소화하는 학풍과 관계가 있다.

기존의 연구에 대해 언급하는 논문의 인용 방식도 학문 분야별로 차이가 있다. 'Engineers show, philosophers argue, biologists find and applied linguists suggest.'라는 짧은 문장이 학술적 텍스트의 표현상 특징을 압축적으로 말해준다. 철학 논문에서는 say, suggest, argue, claim, propose 등의 동사를 많이 사용하고, 사회학의 경우는 argue, suggest, describe, discuss, note, 응용언어학은 suggest, argue, show, explain, point out, 마케팅은 suggest, argue, demonstrate, propose, 생물학은 describe, find, report, show, observe, 전기공학은 show, propose, use, report, describe, 기계공학은 show, report, describe, discuss 등의 동사를 많이 사용한다.[2]

---

1 참고 문헌 Hyland(2008: 550) 참조.

2 Hyland의 같은 논문 553쪽 참조. 논문 본문 내에서는 참고 문헌의 저자, 출판 연도, 참고한 페이지를 표기하지만 논문 마지막 부분의 참고 문헌 목록에서는 전체 문헌 정보를 제시해야 한다. 논문의 참고 문헌을 표기하는 방식도 학문 분야와 학술지에 따라 차이가 있다. 일반적인 APA 문헌 표기 방식을 따를 경우 참고 논문의 표기는 Hyland, K. (2008). Genre and academic writing in the disciplines. *Language Teaching* 41(4): 543−562와 같이 할 수 있다. Hyland는 저자의 성이고, 성과 이름 사이에는 콤마를 넣는다. Ken이 이름인데 여기서는 이니셜 K로만 표기했다. 뒤이어 나오는 괄호 안의 숫자는 출판 연도이다. 'Genre and academic writing in the disciplines'는 소논문 제목이다. 이탤릭체로 표기된 *Language Teaching*은 학술지의 제목이고 뒤의 숫자는 학술지의 권호를 표시한다. 콜론 뒤의 숫자는 논문이 수록된 페이지를 가리킨다.

학술적 글쓰기도 당연히 언어 문화의 산물인지라 언어문화권에 따라 논문의 글쓰기 방식에도 특징적 차이가 있다. 언어학자들에 의하면 문화 가치가 학술적 글쓰기 방식에 영향을 미친다고 한다. 예를 들면, 그리스인 논문 저자들이 영어 원어민 저자들에 비해 강한 확신을 표현하는 편인데, 이는 불확실성을 기피하고 집단주의 특성이 강하며 권력거리power distance가 큰 편인 그리스의 문화적 특성과 관계가 있다는 것이다. 이에 비해 영어권 저자들은 대체로 단호한 표현을 기피하는데 이러한 경향은 개인주의적 특성이 강하고 권력거리가 작은 영미 문화적 특성과 관련이 있으며, 상대에게 부담을 주거나 강요하는 듯한 인상을 주기를 꺼리는 경향과도 관계가 있다고 한다.[3]

마찬가지로 독일어로 쓴 학술 논문과 영어로 쓴 학술 논문의 저술 방식에서도 문화 간 차이가 있다고 알려져 있다. 선형 논리가 지배적인 영어 논문에서는 글을 전개함에 있어 주제를 벗어나는 경우가 드물고, 독자가 읽고 이해하기 쉽게 써야 할 책임이 저자에게 있는 것으로 본다. 반면 독일어 논문은 쉽게 읽히는 것보다 독자에게 지식, 이론, 생각할 거리를 주는 것을 더 중시하는 편이고 약간씩 주제를 벗어나기도 하며, 영어보다 수동태를 빈번하게 사용한다.

한편, 한국어, 일어, 중국어 등 아시아 언어를 사용하는 저자들이 영어로 글을 쓸 때 영어 원어민의 글 쓰는 방식과 차이가 있다는 점도 이미 알려진 바이다. 일반적으로 아시아인들은 글을 쓴 목적을 서두에 제시하지 않는데 이는 영어권 독자들에게는 논리성이 결여된 느낌을 준다는 것이다. 따라서 문화권에 따라 차이를 보이는 글의 구성 및 논리 전개 방식에 유의하면서 번역문을 생산해야 다른 언어 문화권 내에서 효과적인 커뮤니케이션이 가능하다.

학술 텍스트를 제대로 번역하려면 결국 학술적 글쓰기academic writing 능력을 갖추어야 한다. 좀 더 깊이 있게 academic writing을 공부하려면 이에 관해 설명해놓은 웹사이트 http://www.discourse-analysis.de/pages/academic-writing.php 등 다양한 참고 자료를 이용하면 좋다.

---

3 참고 문헌 Koutsantoni(2005: 142) 참조.

부록

클라이언트와 커뮤니케이션

번역사의 직업윤리

지금까지 1장에서 번역과 관련된 기초 이론을 살펴본 후 2장부터 10장까지 여러 가지 주제와 유형의 한국어 텍스트를 영어로 번역해보았다. 지면상의 제한과 매체의 제약으로 인해 영상 번역 등 보다 광범위한 영역을 다 다루지 못하고 일부 주제로 제한해 아쉬운 느낌이 있지만 번역 대상이 될 만한 텍스트 유형 위주로 고급 한영번역 실무 연습을 할 수 있도록 했다. 번역하기 쉽지 않은 총 27개의 텍스트를 다 번역해보았다면 어려운 과정을 마친 것을 자축할 만하다. 이 책에서 제안한 대로 원문 텍스트를 충분히 분석 · 이해한 후 이를 성실하게 번역하고, 자신의 번역문과 참고 번역문을 꼼꼼히 비교 · 분석하는 과정을 거쳤다면 조금이라도 번역에 대한 이해가 깊어지고 번역에 접근하는 태도, 그리고 번역 기술이 향상되었을 것이다. 무엇보다 자신의 모국어가 영어가 아닌 학습자로서 번역 과제를 완성해보는 것 자체가 좋은 훈련이 되었으리라 생각된다.

서구에서는 자신의 모국어를 출발어로, 모국어가 아닌 언어를 도착어로 하는 번역 업무를 맡지 않도록 한다. 이는 그만큼 번역의 정확성을 추구하기 때문이며, 유럽의 경우 양방향 번역 업무를 따로 커버할 인력의 수급이 그만큼 원활하다는 것을 의미한다. 그러나 한국어와 한국 번역시장의 특성상 영어를 모국어로 하는 번역가의 수가 상대적으로 적기 때문에 영어가 모국어가 아닌 번역가들이 한영번역을 하는 경우가 빈번하며, 실제로 영한번역보다 한영번역 업무를 더 많이 하는 번역가들도 있다. 영어가 모국어가 아닌 사람이 한국어 텍스트를 영어로 번역하는 것은 영어 텍스트를 한국어로 번역하는 것보다 당연히 더 어렵다고 할 수 있다. 모국어로 번역하게 되면 언어 직관이 작용하지만 모국어가 아닌 언어로 번역하게 되면 아무래도 모국어보다 감각이 부족하여 부자연스럽고 어색한 표현을 사용하거나 오류를 범할 가능성이 있고, 이에 따른 심리적 부담이 있기 때문이다.

이 책의 독자들은 전문 번역가가 아닌 학습자이기 때문에 번역을 해보면서 당연히 좌절을 맛보기도 했을 것이다. 그렇지만 모든 언어 학습이 그렇듯이 번역 기술도 단시간에 마스터할 수 없기 때문에 끈기를 가지고 분석적인 읽기와 체계적인 번역 훈련을 꾸준히 함으로써 번역 능력을 향상시킬 수 있다. 어떤 전문 번역사라도 평생 학습이 중요하다는 점에 동의할 것이다.

이제 클라이언트와 커뮤니케이션의 중요성, 올바른 영문 이메일 작성법, 그리고 번역사의 직업윤리에 대해 간단히 언급하면서 이 책을 마무리하고자 한다.

클라이언트와 커뮤니케이션

교실 수업이나 번역 연습과 달리 현실적인 번역 업무에는 번역을 의뢰한 상대방, 즉 클라이언트client가 있다. 번역 훈련이나 교육 과정에 있는 학습자들은 클라이언트를 상대하고 커뮤니케이션을 해야 한다는 점을 간과할 수 있지만 전문 번역사로서 견적서를 보내거나, 번역일을 받고, 번역문을 보내고, 번역료를 청구하는 등 번역과 관련된 커뮤니케이션도 번역가가 처리해야 할 일의 일부이고 업무의 연장선상에 있다.

책을 마무리하면서 간단히 영문 커뮤니케이션에 대해 짚고 넘어가고자 한다. 영어 이메일을 받다 보면 이메일을 쓴 언어는 영어이지만 한국식으로 의사소통하는 학생들이 종종 있다. 또 간혹 아무 내용 없이 첨부 파일만 보내는 결례를 범하는 경우도 있는데 커뮤니케이션도 전문가다워야 한다는 점을 명심해야 한다. 번역자가 보낸 이메일은 번역자에 대한 인상을 좌우한다. 이메일에 표현상 문제가 있으면 번역물을 보기도 전에 그 사람의 번역 능력에 의문이 들 수 있다. 외국인 클라이언트에게 보내는 이메일도 문화 간 커뮤니케이션인 점을 감안해서 실수를 피해야 한다.

번역자로부터 다음과 같은 이메일을 받았다고 생각해보자. 한국식 편지나 이메일 작성 방식을 따른 이 이메일을 받은 클라이언트는 번역자의 능력에 대해 실망할 수밖에 없다. 영어 커뮤니케이션의 기본적인 부분에 관해 경험과 지식이 부족함을 여실히 드러내기 때문이다.

> Dear Mr. Smith,
>
> Hello, this is Hye-young Kim
> I attach the document.
> Thank you, sir.
>
> Hye-young Kim

위 이메일의 문제점을 설명하면 아래와 같다.

- Dear Mr. Smith: 본인보다 상급자나 클라이언트를 대할 때 어느 정도의 격식을 갖춰 쓰는 게 좋은지 판단하는 것은 쉽지 않다. 개인적으로 Smith 씨를 모르면 이 정도는 무난한 표현이라고 생각되지만, 만난 적이 있고 아는 사이라면 이 표현은 매우 딱딱하고 거리감이 느껴진다. 일반적으로 성이 아닌 이름을 사용하여 'Dear+이름'을 많이 쓴다. 'Dear' 대신 'Hi'도 많이 쓰는 편이다.
- Hello: '안녕하세요'의 대응 표현으로 생각했는지 몰라도 전화 응대나 면대면 상황에서는 인사가 될 수 있으나 문어 커뮤니케이션에서 'hello'는 잘 사용하지 않는다.
- 'This is …' : '(나는) …입니다'라고 소개하는 한국식 인사 방식에 영향을 받은 것으로 보인다. 그렇지만 이메일을 누가 보냈는지 알 수 있기 때문에 이런 식의 소개는 불필요하다.

- 'I attach …': 파일을 첨부했다고 할 때 가장 많이 사용되는 표현은 'I have attached …' 또는 'Please find attached …'이다. 파일을 첨부할 때에는 'Please find attached the translation which you commissioned titled …' 와 같이 어떤 파일을 첨부하는지 밝히는 것이 좋다.
- Thank you, sir.: 'Thank you' 는 무엇에 대해 감사한지 맥락이 필요하다. 예를 들면 'Thank you for the opportunity of working on this project.'와 같이 무엇에 감사하다고 보다 구체적으로 표현하는 것이 보통이다. 'sir'이라는 호칭은 번역가가 클라이언트를 대할 때 쓰기에는 부적절하며 다소 구식 표현이라고 할 수 있다.

아래에 기본적인 내용의 영문 이메일 스타일을 제안해본다.

> Dear/Hi + [name of client]
>
> As agreed upon, please find attached an English translation of the document titled [name of document]
>
> Yours sincerely,
>
> [your name]

번역사의 직업윤리

프로페셔널리즘과 직업윤리는 불가분의 관계이다. 모든 전문직마다 윤리적 행동규범과 강령이 있는데 전문 번역사도 예외가 아니다. 번역사의 직업윤리는 직업적 윤리성을 지키는 동시에 번역 서비스 이용자의 이익을 보호하는 측면이 있다. 윤리적 번역은 번역 서비스의 질과 직결된다. 번역의 정확성을 강조하는 것은 번역의 기본 원칙에 해당한다. 따라서 자신의 번역 능력이 모자람에도 불구하고 어려운 번역 과제를 맡아 번역의 품질을 보장할 수 없다면 이는 클라이언트의 이해에 배치되며 당연히 직업인으로서 비윤리적인 행위라고 할 수 있다. 번역사들은 또한 업무와 관련된 비밀을 유지해야 하는데, 그 중요성을 간과한다면 매우 심각한 결과를 초래할 수 있다. 기업의 중요한 영업 비밀이 포함된 문건이나 개인 정보가 포함된 문건을 번역한 번역자가 타인이나 타 기관에 정보를 누설하는 것은 직업윤리에 어긋날 뿐만 아니라 클라이언트에게 피해를 줄 수 있다. 또한 번역자가 개인적으로 강하게 거부감을 갖고 있는 사안에 대해 번역을 맡을 때 중립적인 번역이 힘들 수 있기 때문에 자신의 번역물에 대한 품질을 장담할 수 없다면 거절하는 것이 현명하다. 번역사로서 직업윤리의 원칙을 알고 있으면 다양한 상황에서 원칙에 입각해 지혜롭고 신중한 결정을 내리는 데 도움이 된다.

현재 한국에는 번역사협회가 몇몇 있지만 국가적인 차원의 전문 번역사 자격인증제도가 없고 번역가가 되는 경로나 교육 배경이 다양하기 때문인지 직업 단체로서의 결속력이 약하고 활발하게 활동하는 단체가 많지 않다. 따라서 번역윤리에 관한 담론도 직업 단체보다는 주로 학계 중심으로 이루어지고 있는 편이다.

반면 해외로 눈을 돌려보자면, 외국에서는 통역사협회나 번역사협회가 전문 직업인 조직으로 활발히 활동하며 자격 인증 등의 중요한 기능을 해왔다. 예를 들면 미국번역가협회인 American Translators Association(ATA)은 전문 직업 단체에 그치지 않고 회원들의 학술 연구를 활발히 증진하고 있다. ATA 회원들은 번역의 정확성, 직무상 습득한 비밀 유지, 자격의 성실한 공개, 자기계발, 동료 간의 협력을 핵심 내용으로 한 윤리적 책임을 따라야 한다. 번역가로서의 윤리에 관한 자세한 내용은 ATA 웹사이트(http://www.atanet.org/membership/code_of_ethics_commentary.pdf)를 방문해 참고할 수 있다.

미국은 사법통역사court interpreter 외에 통·번역사 자격 시험이 없지만 호주는 국가적인 통역사와 번역사의 자격인증제도인 NAATI가 있다. 통·번역사 자격 시험 내용 중에는 윤리적 번역을 위한 원칙, 다시 말해 번역사의 윤리적 업무 원칙에 대한 지식을 테스트하는 문제가 반드시 포함된다. 호주 통번역사협회인 Australian Institute of Interpreters and Translators(AUSIT)도 회원들의 윤리 준수를 강조하며 최근 윤리강령을 개정한 바 있다. AUSIT 윤리강령의 주요 원칙도 크게 다르지 않아 통·번역 품질 보장, 전문 직업인다운 처신, 업무상의 비밀 유지, 중립성, 능력에 맞는 업무 수임, 직업 기술 개발과 동료들과의 협력 등이다. 더 자세한 내용은 AUSIT 웹사이트(http://www.ausit.org)를 참고해볼 수 있다. 이러한 윤리 기준은 국가와 상관 없이 모든 번역사가 준수해야 할 보편적 직업윤리 강령이라 할 수 있다.

참고 문헌

이석규 외(2002). 『우리말답게 번역하기』. 서울: 역락.

Baker, Mona & Saldanha, Gabriela (eds.) (2008). (2nd edn.) *Routledge Encyclopedia of Translation Studies*. London and New York: Routledge.

Hyland, Ken (2008). Genre and academic writing in the disciplines. *Language Teaching* 41(4): 543–562.

Koutsantoni, Dimitra (2005). Certainty across cultures: A comparison of the degree of certainty expressed by Greek and English speaking scientific authors. *Intercultural Pragmatics* 2(2): 121–149.

Nord, Christiane (1997). *Translating as a Purposeful Activity*. Manchester: St. Jerome.

Paltridge, Brian (2006). *Discourse Analysis: An Introduction*. London: Continuum International.

Reiss, Katherine & Vermeer, Hans J. (1984). *Grundlegung einer Allgemeinen Translationstheorie*. Tübingen: Niemeyer.

Wesche, Marjorie & Paribakht, T. Sima (1996). Assessing second language vocabulary knowledge: Depth versus breadth. *Canadian Modern Language Review* 53(1): 13–40.

기타 추천 참고 문헌

Alzaraz, Enrique & Hughes, Brian (2002). *Legal Translation Explained.* Manchester: St. Jerome.

Baker, Mona (2011). (2nd edn.) *In Other Words: A Coursebook on Translation.* London: Routledge.

Bielsa, Esperança & Bassnet, Susan (2009). *Translation in Global News.* London and New York: Routledge.

Bielsa, Esperança (2007). Translation in global news agencies. *Target* 19(1): 135–155.

Byrne, Jody (2006). *Technical Translation: Usability Strategies for Translating Technical Documentation.* Dordrecht: Springer.

Cao, Deborah (2007). *Translating Law.* Clevedon: Multilingual Matters.

Gambier, Yves & Doorslaer, Luc van (eds.) (2010). *Handbook of Translation Studies.* Vol. 1 Amsterdam: John Benjamins.

Gambier, Yves & Doorslaer, Luc van (eds.) (2011). *Handbook of Translation Studies.* Vol. 2 Amsterdam: John Benjamins.

Hatim, Basil & Mason, Ian (1997). *The Translator as Communicator.* London: Routledge.

Kastberg, Peter (2007). Cultural issues facing the technical translator. *The Journal of Specialised Translation* 8: 104–109. http://www.jostrans.org/issue08/art_kastberg.pdf

Malmkjaer, Kirsten & Windle, Kevin (eds.) (2011). *The Oxford Handbook of Translation Studies.* Oxford: Oxford University Press.

Sarcevic, Susan (1997). *New Approach to Legal Translation.* The Hague: Kluwer Law International.

Venuti, Lawrence (ed.) (2012). (3rd edn.) *The Translation Studies Reader.* London: Routledge.

Wright, Sue Ellen, et al. (1993). *Scientific and Technical Translation.* Amsterdam: John Benjamins.

고급 한영번역의 기술

펴낸날 초판 1쇄 2013년 8월 30일
2쇄 2016년 2월 1일
지은이 아드리안 부조 · 이지은
펴낸이 김훈순
펴낸곳 이화여자대학교출판부
주소 서울특별시 서대문구 이화여대길 52(우 03760)
등록 1954년 7월 6일 제9-61호
전화 02) 3277-2965(편집), 02) 362-6076(마케팅)
팩스 02) 312-4312
전자우편 press@ewha.ac.kr
홈페이지 www.ewhapress.com
책임편집 김미정
디자인 정혜진
찍은곳 한영문화사

ISBN 978-89-7300-988-6 13740

값 22,000원

이 도서의 국립중앙도서관 출판시도서목록(CIP)은 서지정보유통지원시스템 홈페이지 (http://seoji.nl.go.kr)와 국가자료공동목록시스템(http://www.nl.go.kr/kolisnet)에서 이용하실 수 있습니다. (CIP제어번호 : CIP2013015065)